natürlich oekom!

Mit diesem Buch halten Sie ein echtes Stück Nachhaltigkeit in den Händen. Durch Ihren Kauf unterstützen Sie eine Produktion mit hohen ökologischen Ansprüchen:

- 100 % Recyclingpapier
- mineralölfreie Druckfarben
- Verzicht auf Plastikfolie
- Finanzierung von Klima- und Biodiversitätsprojekten
- kurze Transportwege – in Deutschland gedruckt

Weitere Informationen unter www.natürlich-oekom.de und #natürlichoekom

natürlich oekom · nachhaltig seit 1989

Bibliografische Information der Deutschen Nationalbibliothek:
Die Deutsche Nationalbibliothek verzeichnet diese Publikation in der Deutschen Nationalbibliografie; detaillierte bibliografische Daten sind im Internet über www.dnb.de abrufbar.

oekom – Gesellschaft für ökologische Kommunikation mbH
Goethestraße 28, 80336 München
+49 89 544184 – 200
info@oekom.de

Layout und Satz: Markus Miller
Korrektur: Silvia Stammen
Umschlaggestaltung: Laura Denke, oekom verlag
Umschlagabbildung: © Adobe Stock: high_resolution; Moleng24
Druck: Franz X Stückle Druck und Verlag e. K., Ettenheim

ISBN 978-3-98726-190-9
https://doi.org/10.14512/9783987266089

RECYCLED
Papier aus Recyclingmaterial
FSC® C107500

Steffen Nitsche

Green Longevity

Dein Weg zu einer gesunden und bewussten Lebensweise

oekom

INHALTSVERZEICHNIS

VORWORT

Es begann mit einer Unruhe. Einem Gefühl, dass da mehr sein muss als nur Funktionieren. Ich war erfolgreich, gesund, vielleicht sogar privilegiert – und trotzdem fehlte etwas. Erst leise, dann immer drängender stellte sich die Frage: Wie will ich wirklich leben? Was hinterlasse ich? Für mich, für andere, für die Welt?

Dieses Buch ist meine Antwort auf diese Fragen. Es ist kein Ratgeber im klassischen Sinn. Es ist ein persönlicher Kompass für dein Lifestyle-Upgrade. Eine Sammlung aus Erfahrungen, Erkenntnissen und Fehlern, die ich selbst gemacht habe. Ich habe viele der beschriebenen Maßnahmen ausprobiert, verworfen, neu entdeckt. Nicht alles wird zu deinem Alltag passen oder den gleichen Stellenwert für dich haben – und das ist okay. Es geht nicht um Perfektion. Es geht darum, dass du deinen Weg findest. Und vielleicht hilft dir dieses Buch dabei, ein Stück bewusster durchs Leben zu gehen und dein Leben gezielter auszurichten.

Ich habe gelernt, dass Langlebigkeit und Nachhaltigkeit kein Widerspruch sind. Wer achtsam mit seinem Körper umgeht, wird auch achtsamer mit der Welt. Wer sich selbst heilt, heilt oft mehr als sich selbst. Es sind die kleinen Dinge – das Glas Wasser am Morgen, das Gespräch mit einem Nachbarn, die Entscheidung, den Zug statt das Flugzeug zu nehmen – die am Ende das große Ganze formen.

Und ich habe eine Entscheidung getroffen: Jeder Euro, den ich mit diesem Buch verdiene, werde ich in Nachhaltigkeits-relevante Projekte investieren. In erneuerbare Energien, in soziale Innovationen, in nachhaltige Geschäftsmodelle. Ich glaube an Kapital als Gestaltungsmacht. Und ich glaube daran, dass man Verantwortung nicht delegieren sollte – schon gar nicht in herausfordernden Zeiten wie diesen.

Dieses Buch – kein Dogma, kein fertiges Konzept – sondern ein Kompass. An dich. Lies es nicht wie ein Gesetzbuch. Lies es wie ein Gespräch und nutze deine aktuellen Gestaltungsspielräume. Vielleicht ist genau das die Veränderung, die du brauchst. Schön, dass du da bist.

KAPITEL 1

Lies das hier, wenn du zweifelst

»Was haben Langlebigkeit und Nachhaltigkeit eigentlich miteinander zu tun – sind das nicht bloß widersprüchliche Modebegriffe ohne echten Nutzen für mein eigenes Leben?«

Diese Frage höre ich oft – und sie ist berechtigt. Auf den ersten Blick wirken Langlebigkeit und Nachhaltigkeit wie zwei getrennte Welten. Doch sie sind tief miteinander verbunden. Beide Konzepte bilden das Fundament für ein gesundes, erfülltes und glückliches Leben – für dich und die, die nach dir kommen. In diesem Buch zeige ich dir, warum das so ist – wissenschaftlich fundiert, praxisnah und persönlich.

Das Buch zeigt, dass die sieben Säulen der Langlebigkeit – gesunde Ernährung, Bewegung, Schlaf, Stressbewältigung, soziale Bindungen, kognitive Stimulanz und Dankbarkeit – wissenschaftlich fundierte Grundpfeiler sind und gleichzeitig mit Nachhaltigkeit verknüpft werden können. Diese Prinzipien basieren auf Forschungsergebnissen einer renommierten Institution, des Stanford Center on Longevity, und helfen dir dabei, dein volles Potenzial auszuschöpfen, produktiver zu sein und Volkskrankheiten vorzubeugen.

Dabei lasse ich persönliche Erfahrungen mit einfließen, als ich bspw. auf einer Geschäftsreise die Wucht der Luftverschmutzung in einer großen asiatischen Stadt erfahren habe, in der ein Aufenthalt innerhalb weniger Wochen zu einer Atemwegserkrankung führte, die noch Monate anhielt und mir das Risiko von Luftverschmutzung innerhalb kürzester Zeit persönlich bewusst gemacht und eine andere Realität gezeigt hat. Weiterhin habe ich gelernt, was Stress mit meinem Körper macht – dabei wurde meine Leistungsfähigkeit bspw. durch regelmäßiges Fast Food, häufigen Alkoholkonsum und überdurchschnittliche Arbeitszeiten massiv eingeschränkt, was zu körperlichen Beschwerden führte. Darüber hinaus verdeutlichte ein schwerer Autounfall, dass der Körper und die Gesundheit das Fundament für alle Ambitionen sind – ohne einen funktionierenden Körper und Geist ist alles andere wertlos.

Zwei der größten Denker der deutschen Philosophie führen uns zu einer simplen, aber tiefgreifenden Wahrheit, dass ohne Gesundheit alles andere an Wert verliert. Oder etwas poetischer: »Wer das Leben begreifen will, muss bei der Gesundheit beginnen« – denn wie Schopenhauer und Nietzsche erkannten, ist sie das stille Fundament allen Handelns. Dabei ist die größte aller Torheiten, seine Gesundheit aufzuopfern, für was es auch sei.

Diese persönlichen Erfahrungen haben mir gezeigt, dass der Lebensstil und das Umfeld direkten Einfluss auf das Wohlbefinden haben – die Gesundheit hat einen direkten Einfluss auf alles und ist dabei kein abstraktes Konzept, sondern ein Fundament für das weitere Leben. Dabei kann diese mit dem Thema Nachhaltigkeit verbunden werden. Hierfür folgende Beispiele zur besseren Veranschaulichung:

1. Weniger Lärm und Luftverschmutzung bedeuten weniger Stress – und damit bessere Regeneration für Körper und Geist.
2. Weniger Besitz, bewusster Konsum: Können dabei helfen, Stress zu reduzieren und Klarheit und Freiheit zu schaffen mit dem Blick für die wirklich wichtigen Dinge.
3. Gesunde Ernährung und Bewegung verlängern das Leben und senken das Risiko für Krankheiten und verlängern so die gesunden Lebensjahre.

Das sind nur einige Beispiele, wie man die sieben Säulen der Langlebigkeit mit den drei Dimensionen der Nachhaltigkeit miteinander verknüpfen kann. Im Laufe des Buchs werde ich dies im Detail erklären, dir die Zusammenhänge aufzeigen und Hinweise geben, wie du diese in deinen Alltag einbauen kannst.

»Ich kann meine Gesundheit und Krankheiten nicht beeinflussen – da fast alles genetisch vorbestimmt ist. Es gibt auch ein sehr ausgereiftes Gesundheitssystem mit Medikamenten, die mir helfen, gesund zu bleiben.«

Stellst du dir die Fragen zum Gesundheitssystem mit seinen Medikamenten auch – verständlich, denn wir vertrauen auf ein hoch entwickeltes

Gesundheitssystem und wissen um genetische Vorbelastungen. Doch der Blick auf die globale Entwicklung zeigt: Unsere Gesundheit wird heute durch Vererbung, aber auch durch unseren Lebensstil bestimmt. Weiterhin ist das Gesundheitssystem sehr hilfreich, aber kommt meistens erst zum Einsatz, wenn es bereits zu spät ist.

In den letzten Jahrzehnten hat sich die Gesundheitslandschaft weltweit fundamental verändert. Während früher Infektionskrankheiten die Hauptursache für einen frühen Tod waren, dominieren heute sogenannte Zivilisationskrankheiten die Statistiken. Herz-Kreislauf-Erkrankungen, Krebs, Diabetes, Atemwegserkrankungen, neurodegenerative Erkrankungen sowie Nieren- und Leberleiden gehören zu den größten gesundheitlichen Herausforderungen unserer Zeit. Diese Krankheiten sind nicht nur weitverbreitet, sondern nehmen trotz medizinischen Fortschritts kontinuierlich zu. Neurodegenerative Krankheiten wie bspw. Alzheimer führen zumeist nicht zwingend zum frühzeitigen Tod, jedoch schränken sie die Lebensqualität und ein langes, selbstbestimmtes Leben von einem selbst und teilweise der Angehörigen stark ein. Die Top 10 der Todesursachen betreffen demnach 57 von 100 Todesfällen.[1]

Besonders alarmierend: Viele dieser Erkrankungen sind vermeidbar, da sie hauptsächlich auf ungesunde Lebensgewohnheiten wie schlechte Ernährung, Bewegungsmangel, Rauchen, Stress und Umweltbelastungen zurückzuführen sind. Dennoch zeigt der globale Trend eine ungebremste Zunahme. Die folgenden Entwicklungen verdeutlichen, wie tiefgreifend sich die Krankheitslast in den letzten fünf Jahrzehnten verschoben hat – und wie dringlich es ist, neue Wege der Prävention und nachhaltigen Lebensführung einzuschlagen.

Die großen körperlichen Volkskrankheiten – Spiegel unserer Lebensweise[2]

Ein besonders drastisches Beispiel für diese Entwicklung sind ischämische Herz- und Kreislauf-Erkrankungen wie bspw. Herzinfarkt oder Herzinsuffizienz, die sich als führende Todesursachen weltweit etabliert haben. Während 1970 noch rund 4 Millionen Menschen daran starben, waren es 2021 bereits 9,1 Millionen. Unter Berücksichtigung des weltweiten Bevölkerungsanstiegs wuchs der Anteil an den weltweiten Todesfällen von 7 auf 16 Prozent im Jahr 2019. Hauptursachen sind ungesunde Ernährung, Bewegungsmangel, Fettleibigkeit und Stress – klassische Folgen eines modernen, hektischen Lebensstils.

Eng damit verbunden ist der Schlaganfall, der ebenfalls alarmierende Zuwachsraten zeigt. Im Jahr 1970 starben daran weltweit 3,5 Millionen Menschen, 2021 waren es bereits 6,6 Millionen – ein Anstieg von 88,6 Prozent. Der Anteil an den globalen Todesfällen stieg von 5 auf 10 Prozent.[3] Hier sind Bluthochdruck, Diabetes und ein insgesamt ungesunder Lebensstil die Hauptverursacher.

Auch die Atemwegserkrankungen haben stark zugenommen. Besonders auffällig ist die Entwicklung bei COPD (chronisch obstruktive Lungenerkrankung), die durch Rauchen, Luftverschmutzung und berufliche Schadstoffe verursacht wird. Die Todesfälle stiegen von 1,2 Millionen im Jahr 1970 auf 3,2 Millionen im Jahr 2021 – ein Zuwachs von 166,7 Prozent. Dabei nimmt COPD als Anteil daran überproportional zu.

Neben Herz-Kreislauf- und Atemwegserkrankungen ist auch die Zahl der Krebserkrankungen stark gestiegen. Besonders drastisch ist die Entwicklung bei Lungenkrebs, der zu den häufigsten Krebstodesursachen zählt. 1970 lag die Zahl der Todesfälle bei etwa 800.000, 2021 waren es 1,9 Millionen – ein am Bevölkerungswachstum gemessener überdurchschnittlicher Anstieg um 137,5 Prozent. Die Hauptursache bleibt das Rauchen, doch auch Luftverschmutzung und berufliche Schadstoffbelastungen tragen maßgeblich zur Zunahme bei.

Neurodegenerative Krankheiten – Wenn das Selbst zerbricht

Parallel zu den physischen Erkrankungen steigen die Zahlen bei neurodegenerativen Krankheiten, allen voran Alzheimer und andere Formen von Demenz. Während diese Erkrankungen 1970 noch kaum erforscht waren und rund 200.000 Todesfälle festgestellt wurden, stieg die Zahl bis 2021 auf 1,8 Millionen – eine Zunahme um 800 Prozent. Der Anteil an den weltweiten Todesfällen wuchs von 0,5 auf 2,6 Prozent. Diese Entwicklung ist auf die steigende Lebenserwartung, aber auch auf die verbesserten diagnostischen Verfahren zurückzuführen.

Alzheimer ist mehr als eine Krankheit – es ist der schleichende Verlust der eigenen Identität. Betroffene verlieren nach und nach ihre Erinnerungen, ihre Sprache und schließlich ihre Selbstbestimmung. Die Auswirkungen sind verheerend, nicht nur für die Erkrankten, sondern auch für die Angehörigen, die den langsamen Verfall eines geliebten Menschen miterleben.

Depression – die unsichtbare Pandemie

Nicht nur körperliche, sondern auch psychische Erkrankungen rauben den Menschen ihre Selbstbestimmung. Besonders Depressionen haben sich zu einer globalen Volkskrankheit entwickelt. Nach Angaben der Weltgesundheitsorganisation (WHO) leiden weltweit über 280 Millionen Menschen an Depressionen – Tendenz steigend. Besonders alarmierend: Depressionen sind eine der Hauptursachen für Suizid, dem jedes Jahr mehr als 700.000 Menschen zum Opfer fallen. Depressionen zerstören nicht nur die Lebensfreude, sondern auch die Fähigkeit, den Alltag selbstbestimmt zu gestalten. Antriebslosigkeit, Hoffnungslosigkeit und das Gefühl, wertlos zu sein, können zu sozialer Isolation und Arbeitsunfähigkeit führen. Viele Betroffene zögern, sich Hilfe zu suchen, aus Angst vor Stigmatisierung. Diese Unsichtbarkeit der Krankheit verstärkt ihr zerstörerisches Potenzial.

Diabetes und Adipositas – die Epidemie der Fülle

Ein weiteres alarmierendes Beispiel für die Ausbreitung von Zivilisationskrankheiten ist Diabetes mellitus, insbesondere Typ 2 – also der nicht genetisch veranlagte Diabetes. Im Jahr 1970 starben etwa 400.000 Menschen an den Folgen dieser Stoffwechselerkrankung. Fünf Jahrzehnte später waren es bereits 1,5 Millionen – ein Anstieg um 275 Prozent. Der Anteil an den weltweiten Todesfällen stieg im gleichen Zeitraum von 0,6 auf 2,2 Prozent. Diese Entwicklung ist eng mit der globalen Zunahme von Übergewicht und Adipositas verknüpft, die wiederum auf Zucker, gesättigte Fettsäuren sowie Bewegungsmangel zurückzuführen sind.

Was jedoch häufig unterschätzt wird: Diabetes beeinflusst nicht nur die statistische Lebenserwartung, sondern greift tief in die Lebensqualität und Selbstbestimmung der Betroffenen ein. Ein dauerhaft schwankender Blutzuckerspiegel führt nicht nur zu akuten Risiken wie Unterzuckerung und Konzentrationsstörungen, sondern auch zu langfristigen Folgeerkrankungen wie diabetischer Retinopathie (Erblindung), Polyneuropathie (Nervenschädigungen), diabetischem Fußsyndrom (Amputationsrisiko), Nierenversagen sowie einem deutlich erhöhten Risiko für Herzinfarkt und Schlaganfall. Jeder dieser Faktoren kann die Autonomie im Alltag massiv einschränken – beruflich, sozial und emotional. Ein Leben, das sich zunehmend um die Krankheit statt um die eigenen Ziele dreht, ist eine stille Tragödie der modernen Welt.

Nieren- und Lebererkrankungen – die stillen Killer

Auch chronische Nierenerkrankungen, häufig Folgeerkrankungen von Diabetes und Bluthochdruck, zeigen eine beunruhigende Zunahme. Während 1970 rund 500.000 Menschen daran starben, waren es 2021 bereits 1,3 Millionen, und der Anteil an den globalen Todesfällen stieg von 0,7 auf 1,9 Prozent.

Besorgniserregend ist auch der Anstieg von Lebererkrankungen, insbesondere Leberzirrhose, die durch Alkoholmissbrauch, Virushepatitis und die nicht alkoholische Fettlebererkrankung verursacht werden.

Krankheiten, die das Leben entziehen – körperlich und geistig

Diese Statistiken verdeutlichen, dass wir es mit einer stillen Epidemie zu tun haben, die in ihrer Tragweite oft unterschätzt wird. Während viele körperliche Zivilisationskrankheiten wie Herz-Kreislauf-Erkrankungen, Krebs und Diabetes das Leben verkürzen, sind es Erkrankungen wie Alzheimer und Depressionen, die die Lebensqualität zerstören, lange bevor das Leben endet. Sie rauben Betroffenen ihre Identität, ihre Selbstbestimmung und ihren Lebenssinn. Diese Krankheiten sind längst zur größten globalen Gesundheitsgefahr geworden – nicht, weil sie unvermeidbar wären, sondern weil unsere Lebensweise sie begünstigt. Sie sind ein Spiegel unserer Zeit: geprägt von Überfluss, Bewegungsmangel, Umweltverschmutzung und chronischem Stress. Doch sie sind kein Schicksal, sondern veränderbar. Jede dieser Entwicklungen zeigt, wie eng unser

Lebensstil mit unserer Gesundheit verbunden ist – und dass Langlebigkeit durch eine nachhaltige, bewusste Lebensführung unterstützt werden kann.

Warum das Gesundheitssystem dich nicht gesund macht

Wir leben in einer Zeit medizinischer Höchstleistungen. Moderne Diagnostik, spezialisierte Kliniken, ein engmaschiges Netz an Fachärzten und Therapien – unser Gesundheitssystem ist technisch hervorragend aufgestellt. Und doch wächst die Zahl chronischer Erkrankungen ungebremst. Warum?

Weil das System nicht darauf ausgelegt ist, Gesundheit zu erhalten – sondern Krankheit zu verwalten. Es reagiert, wenn etwas kaputtgeht, und repariert, so gut es kann. Aber es verhindert nicht, dass es überhaupt dazu kommt.

Mit 95 Prozent fließt der größte Teil der Gesundheitsausgaben in die Behandlung von Symptomen – nicht von deren Ursachen. Das liegt nicht am mangelnden Willen des Gesundheitssystems, sondern an der Struktur: Es fehlt an Zeit, Anreizen und Systemen, die nachhaltige Prävention unterstützen. In einer Welt, die Zivilisationskrankheiten wie Bluthochdruck, Diabetes oder Depressionen selbst produziert, wirkt die Medizin oft nur noch hinterher.

Besonders deutlich wird das am Umgang mit Medikamenten. Medikamente können helfen. Aber sie haben Nebenwirkungen – manchmal schwerwiegende. Schmerzmittel belasten Leber und Nieren. Blutdrucksenker können zu chronischer Müdigkeit oder Potenzstörungen führen. Antidepressiva greifen in den Stoffwechsel ein, machen träge oder führen zu Gewichtszunahme. Oft wird ein Medikament zur Behandlung einer Nebenwirkung eines anderen verschrieben – ein Kreislauf, der neue Beschwerden erzeugt, ohne die eigentliche Ursache zu beseitigen: deinen Lebensstil.

Wer z. B. Bluthochdruck hat, bekommt in der Regel ein Mittel verschrieben. Aber wenn Stress, Bewegungsmangel und schlechte Ernährung bestehen bleiben, verändert sich langfristig nichts – außer die Medikamentenliste.

Gesundheit braucht mehr als Medizin. Sie braucht Lebensführung. Ein nachhaltiger Lebensstil – mit Bewegung, Schlaf, guter Ernährung, innerer Balance und sozialer Einbindung – hat einen weit größeren Einfluss auf die Gesundheit als jedes Präparat. Doch genau diese Faktoren liegen außerhalb des klassischen Gesundheitssystems. Sie beginnen nicht im Wartezimmer, sondern im Alltag.

Deshalb ist der entscheidende Schritt nicht, sich medizinisch absichern zu lassen, sondern sich selbst zu ermächtigen. Langlebigkeit bedeutet, Verantwortung zu übernehmen – für den eigenen Körper, den eigenen Rhythmus, das eigene Leben.

Das Gesundheitssystem kann dir helfen. Aber es kann dir keine Gesundheit geben, sondern fokussiert sich auf die Symptome, wenn es in den meisten Fällen bereits zu spät ist. Nur du selbst kannst das. Die Zukunft der Gesundheit liegt nicht nur in der Verlängerung der Lebensspanne, sondern vor allem in der Sicherung der Lebensqualität für einen längeren Zeitraum – körperlich und geistig.

»Muss ich an den menschengemachten Klimawandel glauben, um von den Empfehlungen in diesem Buch zu profitieren – und meine Gesundheit sowie Langlebigkeit zu fördern?«

Nein.

Der Klimawandel ist nur eine Facette, die nicht im Zentrum dieses Buchs steht. Dabei kann die Abmilderung der Folgen des Klimawandels lediglich eine Begleiterscheinung unseres Handelns sein.

Eines Tages besuchte ich einen Freund in einer großen Metropole, der für ein Sabbatical mit seiner Familie dorthin gekommen war. Wir setzten uns in ein kleines Café, um dem Lärm und der Hektik der Stadt für einen Moment zu entfliehen. Bei einem Tee erzählte er mir von der Krankheit seines Kindes. Sein Sohn hatte nach nur wenigen Monaten in dieser Metropole mit intensivem Smog schweres Asthma entwickelt, das anscheinend durch die extreme Luftverschmutzung der Stadt verursacht worden war. »Es war ein einschneidendes Erlebnis«, sagte er, während er in seine Tasse starrte. »Wir kamen hierher, um den Beruf mit dem Kennenlernen neuer Kulturen zu verbinden und als Familie enger zusammenzuwachsen und ein neues Kapitel in meiner beruflichen Laufbahn beginnen zu können, aber stattdessen mussten wir ständig zum Arzt. Der Husten wurde so schlimm, dass wir kaum schlafen konnten.«

»Ob du an den Klimawandel glaubst oder nicht«, sagte er und blickte mich ernst an, »die Evidenz, dass unsere Handlungen direkte gesundheitliche Folgen haben, ist unbestreitbar. Wir können nicht länger bleiben, weil die Luft hier buchstäblich unsere Lungen abschnürt.«

Nachhaltigkeit wird häufig auf den Klimawandel reduziert, doch sie umfasst weit mehr als nur den Schutz des Klimas. Gesundheitsgefährdende Themen wie Luftverschmutzung, Smog, verunreinigtes Wasser, Chemikalien in Lebensmitteln, wachsende Mengen an Plastikmüll, Lärmverschmutzung zeigen, dass Nachhaltigkeit auch eng mit der Verbesserung der Lebensqualität und der Gesundheit verknüpft ist. Nachhaltigkeit bedeutet, ein System zu schaffen, das Menschen und die Umwelt gleichermaßen schützt, indem es Ressourcen schont, Sicherheit gewährleistet und die Lebensbedingungen langfristig verbessert – weit über den Klimawandel hinaus.

»Werden wir mit mehr Fokus auf Nachhaltigkeit ärmer bzw. erleiden wir Wohlstandsverluste, wenn wir nachhaltiger werden – und riskieren dabei, wirtschaftlich den Anschluss zu verlieren?«

Diese Sorge ist verständlich. Schließlich beruhen viele wirtschaftliche Strukturen der letzten Jahrzehnte auf fossilen Energien, schnellen Konsumzyklen und wachstumsgetriebenen Geschäftsmodellen. Der Übergang zu einer nachhaltigeren Wirtschaftsweise stellt daher eine große Transformation dar. Doch genau in dieser Transformation liegt auch eine einmalige Chance – wirtschaftlich, gesellschaftlich und ökologisch.

Der Übergang zu nachhaltigeren Wirtschaftsmodellen birgt Herausforderungen, aber auch immense Chancen zur Schaffung neuer Geschäftsmodelle und Innovationen, die langfristigen Wohlstand sichern können. Die Umstellung kann anfangs schwierig sein, doch die langfristigen Vorteile eines gesunden Planeten und einer robusten Wirtschaft sind den Nachteilen aus meiner Sicht überlegen – vor allem, wenn man das weltweite Bevölkerungswachstum und die damit einhergehenden Herausforderungen betrachtet. Die Vorstellung, dass Nachhaltigkeit gleichbedeutend mit Verzicht und Wohlstandsverlust sei, greift zu kurz. Nachhaltigkeit bedeutet nicht Rückschritt, sondern Neuausrichtung: auf Stabilität, Innovation und Resilienz. Eine Wirtschaft, die z. B. auf Ressourcenschonung, erneuerbare Energien und faire Arbeitsbedingungen setzt, kann langfristig robuster, gerechter und produktiver sein als ein System, das auf endliche Rohstoffe, ökologische Ausbeutung und soziale Ungleichgewichte angewiesen ist.

Ein Blick auf die Vergangenheit zeigt, wie hoch der Preis unserer bisherigen Wirtschaftsweise war – nicht nur ökologisch, sondern auch geopolitisch. Die globale Abhängigkeit von fossilen Brennstoffen wie Öl und Gas hat in den letzten Jahrzehnten wiederholt zu Instabilität, Krieg und wirtschaftlichen Verwerfungen geführt. Kriege im Nahen Osten – etwa der Irakkrieg – forderten Hunderttausende Menschenleben und verursachten Kosten in Billionenhöhe. Allein der Irakkrieg schlug für die USA mit über zwei Billionen US-Dollar zu Buche. Ähnliche Konflikte, etwa in der Golfregion oder in Venezuela, verdeutlichen, wie stark geopolitische Spannungen mit der Kontrolle über fossile Ressourcen verknüpft sind. Dabei wird der Umgang mit einzelnen Ländern auch in 2025 wieder auf eine Zerreißprobe gestellt.

Die globale Abhängigkeit von fossilen Brennstoffen schlägt sich auch in den Ausgaben nieder. Weltweit wird geschätzt, dass jährlich etwa sieben Billionen US-Dollar für die Produktion, Verarbeitung und den Verbrauch von fossilen Energieträgern wie Öl, Gas und Kohle ausgegeben werden.[4] Diese Summe umfasst den gesamten Marktwert fossiler Energie, einschließlich der Kosten für Förderung, Transport und Verbrauch in der Industrie sowie im privaten wie öffentlichen Sektor. Allein die Ölindustrie macht dabei einen Großteil aus: Der globale Ölverbrauch lag 2024 bei mehr als 100 Millionen Barrel pro Tag, was einem jährlichen Ausgabenvolumen von mehr als drei Billionen US-Dollar entspricht.[5] Zusätzlich verursacht die fossile Energieproduktion massive Umweltschäden, deren Folgen – wie Gesundheitskosten durch Luftverschmutzung – auf vier bis sechs Billionen US-Dollar jährlich geschätzt werden.

Dazu kommen direkte und indirekte Subventionen, die fossile Energieträger künstlich günstig halten. Weltweit werden jährlich etwa 700 Milliarden US-Dollar an direkten Subventionen für fossile Brennstoffe bereitgestellt, um deren Produktion und Konsum zu fördern.[6] Diese Zahl berücksichtigt allerdings nicht die sogenannten »versteckten« Subventionen wie die Kosten für Umweltzerstörung, Gesundheitsausgaben oder Klimaschäden, die von der Gesellschaft getragen werden. Wenn diese Kosten einbezogen werden, steigen die Gesamtsubventionen auf über fünf Billionen US-Dollar jährlich, wie Studien des Internationalen Währungsfonds (IWF) zeigen.[7] Diese Gelder werden also verwendet, um die Nutzung einer Energieform zu stützen, die die globale Umweltbelastung massiv verschärft.

Die gute Nachricht: Eine Umlenkung auch nur eines Teils dieser Mittel in nachhaltige Wirtschaftsaktivitäten wie Kreislaufwirtschaft, nachhaltige Lieferketten oder in den Ausbau von erneuerbaren Energien – etwa Solar-, Wind- oder Wasserkraft – reduziert nicht nur die Abhängigkeit von fossilen Brennstoffen, sondern kann auch Millionen neuer Arbeitsplätze schaffen. Studien zeigen, dass Investitionen in nachhaltige Technologien langfristig höhere Renditen und gesellschaftliche Stabilität versprechen als ein Festhalten am Status quo. Ein zentrales Ziel einer nachhaltigen Energiepolitik muss es sein, die Stromgestehungskosten weiter auf ein für Wirtschaft und Verbraucher verträgliches Niveau zu senken. Vor rund zehn Jahren lagen die Kosten für Solarstrom weltweit noch bei durchschnittlich 0,33 bis 0,45 US-Dollar pro Kilowattstunde – heute sind es dank technologischer Fortschritte und Skaleneffekte nur noch etwa 0,04 bis 0,06 US-Dollar pro Kilowattstunde. Diese Entwicklung zeigt: Kosteneffizienz ist möglich – und entscheidend, um erneuerbare Energien wirtschaftlich konkurrenzfähig zu machen und die Energiewende langfristig tragfähig zu gestalten.[8]

Ein nachhaltiger Umbau ist daher nicht nur ökologisch geboten, sondern ökonomisch vernünftig. Er bietet die Chance, Regionen wie Europa wirtschaftlich resilienter zu machen – gegenüber Krisen, politischen Abhängigkeiten und Ressourcenengpässen. Innovation, Digitalisierung, grüne Technologien und Bildung könnten dabei zu den Triebfedern einer neuen, zukunftsfähigen Wohlstandsform werden.

Die Frage lautet also nicht: »Können wir uns Nachhaltigkeit leisten?«

Sondern: »Wie lange können wir es uns leisten, auf Nachhaltigkeit zu verzichten?«

»Kann ich als Einzelner überhaupt etwas unternehmen, um zu der Bewegung beizutragen?«

Diese Frage stellen sich viele – und die Antwort ist ein klares Ja. Gerade in der westlichen Welt, in der die monatlichen Konsumausgaben pro Haushalt – etwa in Deutschland – durchschnittlich über 3.000 Euro betragen, liegt enormes Potenzial verborgen. Jeder Euro, den wir ausgeben, beeinflusst globale Lieferketten, Produktionsstandards und letztlich auch unsere Umweltbilanz.

Mit jedem Klick, der eine Onlinebestellung auslöst, starten wir einen komplexen Kreislauf: Ein Produkt wird gefertigt, verpackt, transportiert – oftmals unter Bedingungen, die weder ökologisch noch sozial nachhaltig sind. Ein Beispiel:

Ein Konsument bestellt ein elektronisches Gerät. Produziert wird es in einem Land mit niedrigen Umweltstandards. Die energieintensive Herstellung verursacht hohe Emissionen – Kinderarbeit ist dort unter Umständen erlaubt. Der Transport erfolgt per Schiff mit Schweröl – einem der umweltschädlichsten Treibstoffe. Vom Hafen aus übernehmen Lkw den Weitertransport zum Endkunden. Allein eine Standardpaketlieferung verursachte im Jahr 2021 im Durchschnitt rund 160–450 Gramm CO_2-Äquivalente – für ein einziges Paket.[9]

Das zeigt: Jede Entscheidung zählt. Durch bewusstes Konsumverhalten, kluge Kaufentscheidungen und nachhaltigere Lebensgewohnheiten können wir Einfluss nehmen – nicht nur auf das große Ganze, sondern vor allem auch auf unsere eigene Gesundheit, Lebensqualität und Zukunft.

Dieses Buch stellt dir 21 konkrete Maßnahmen vor, mit denen du sowohl deine Gesundheit fördern als auch deinen Nachhaltigkeits-Fußabdruck verbessern kannst. Du musst dabei nicht alles auf einmal umsetzen. Vielmehr geht es darum, jene Maßnahmen auszuwählen, die zu dir passen – Schritt für Schritt. Schon kleine Veränderungen können eine große Wirkung entfalten.

»Muss ich zu einem Veganer werden, mein Auto verkaufen und mich extremen Nachhaltigkeitspraktiken unterwerfen, um die Vorteile der Nachhaltigkeit auf meinen Gesundheitszustand zu übertragen?«

Ganz klar, nein.

Nachhaltigkeit ist kein Dogma und Langlebigkeit kein Wettkampf. Es geht nicht darum, radikal zu verzichten oder über Nacht das ganze Leben zu verändern. Vielmehr liegt der Schlüssel in der bewussten, individuellen Wahl – in einem Vorgehen, das zu deinem Leben passt, in deinem Rhythmus und Schritt für Schritt.

Die gute Nachricht ist: Maßnahmen, die deine persönliche Langlebigkeit fördern, bringen häufig auch Vorteile in den Bereichen der Nachhaltigkeit mit sich – und umgekehrt. Dabei kannst du dir bewusst machen, in welchen der sieben Säulen der Langlebigkeit du Chancen ergreifen möchtest. Diese Maßnahmen lassen sich hierbei modular und situativ auswählen. Vielleicht startest du mit mehr Bewegung im Alltag – was gleichzeitig Stress reduziert, dein Herz stärkt und Emissionen spart. Oder du entscheidest dich für regionale Lebensmittel, was deine Gesundheit ebenso verbessert wie die lokale Wirtschaft unterstützt. Dabei wird Nachhaltigkeit in drei zentrale Dimensionen – Ökologie, Soziales und Ökonomie – aufgeteilt, auf die du dich individuell fokussieren kannst, mit der Auswahl der Maßnahmen, die dich persönlich am besten deinen Zielen näherbringen.

Wenn du in deinem eigenen Tempo überlegst, welche kleinen Schritte du in diesen drei Bereichen gehen möchtest – und dabei deine Langlebigkeit im Blick behältst –, entsteht ein stimmiger, wirksamer Weg. Niemand muss das Auto verkaufen, wenn es noch gebraucht wird. Aber vielleicht gibt es Alternativen für bestimmte Strecken. Niemand muss sich kasteien – aber vielleicht wächst durch neue Gewohnheiten ein ganz anderes Gefühl von Freiheit, Vitalität und innerem Gleichgewicht.

Du brauchst kein Nachhaltigkeits-Fanatiker zu werden. Was du brauchst, ist eine klare Entscheidung für dich selbst – und die Bereitschaft, die vorgestellten Maßnahmen als eine Einladung zu begreifen: zur Gestaltung eines Lebens, das wirklich zu dir passt.

»Warum sollten wir in Europa unser Verhalten ändern, wenn andere Regionen wie Asien oder die USA höhere Emissionen aufweisen?«

Weil unser Konsumverhalten Teil des Problems ist. Und Teil der Lösung sein kann.

Trotz der ungleichen globalen Verteilung der Emissionen spielen westliche Gesellschaften eine zentrale Rolle im ökologischen Gefüge. Wenn wir unsere Konsumgewohnheiten ändern, hat das weitreichende Folgen – ähnlich einem Stein, der ins Wasser fällt und Wellen bis an entfernte Ufer sendet. Unsere Kaufentscheidungen beeinflussen unmittelbar die Produktionsprozesse in anderen Ländern – und damit auch deren Emissionsbilanzen.

Ein Großteil der Emissionen in Produktionsländern wie China entsteht nicht für den Eigenbedarf, sondern zur Deckung westlicher Nachfrage – ebenso wie rund 36 Prozent der Schwefeldioxid-Emissionen und 27 Prozent der Stickoxid-Emissionen in China auf die Herstellung von Exportgütern im Jahr 2024 zurückgeführt werden können. Studien gehen davon aus, dass auch rund ein Drittel der CO_2-Emissionen Chinas auf diese Exportproduktion entfällt. Ein erheblicher Teil dieser Güter geht in Länder wie Deutschland, Frankreich oder die USA. Bereits 2021 zeigte das Global Carbon Project, dass etwa 20–25 Prozent der chinesischen CO_2-Emissionen aus der Produktion für den Export stammen – ein signifikanter Anteil, direkt verknüpft mit unserem Lebensstil.[10] Durch bewussteres Konsumieren – also die Auswahl von Produkten, die nachhaltig hergestellt werden und möglichst kurze Transportwege zurücklegen – können wir unseren ökologischen Fußabdruck verkleinern. Die Wahl, effizienter und verantwortungsbewusster zu konsumieren, wirkt wie ein Stopp des Abholzens von Bäumen oder das Pflanzen von Bäumen in einem entwaldeten Gebiet: Sie sichert bzw. unterstützt nicht nur die ökologische Balance, sondern verbessert auch die Lebensqualität weit über die unmittelbare Umgebung hinaus. Durch solche Schritte fördern wir nicht nur lokale Wirtschaftskreisläufe und reduzieren die globalen Emissionen, sondern treiben auch eine weltweite Wende hin zu nachhaltigeren Produktionsmethoden an.

Du kannst entscheiden, ob du abwartest – oder jetzt beginnst, dich auf die Themen Langlebigkeit und Nachhaltigkeit einzulassen, um ein gesünderes, selbstbestimmteres, finanziell unabhängigeres und nachhaltigeres Leben zu führen, um die Erreichung deiner persönlichen Ziele zu unterstützen, um dein volles Potenzial zu entfalten.

KAPITEL 2

Warum du dieses Buch brauchst

In den vergangenen Jahrzehnten haben sich die ökologischen, sozialen und ökonomischen Herausforderungen weltweit verändert. Umweltverschmutzung, zunehmende psychische Erkrankungen und übermäßiger Ressourcenverbrauch bedrohen unsere Lebensgrundlagen – in Europa wie weltweit.

In einer Welt, in der die Weltbevölkerung stetig wächst, Stress, Umweltprobleme und gesundheitliche Herausforderungen zunehmen, bietet dieses Buch einen klaren, umsetzbaren Leitfaden, um bewusster, gesünder und nachhaltiger zu leben – für ein selbstbestimmtes Leben, das dir guttut und gleichzeitig unsere Umwelt und Gesellschaft unterstützt.

Die Umweltverschmutzung hat weltweit bemerkenswerte Ausmaße erreicht. Besonders dramatisch ist die Luftverschmutzung: Laut der Europäischen Umweltagentur (EEA) starben 2020 in der EU mindestens 238.000 Menschen vorzeitig an den Folgen von Feinstaubbelastungen, die hauptsächlich durch Verkehr, Industrie und Heizungen verursacht wurden.[11] In Deutschland allein waren es rund 28.900 Todesfälle – einer der höchsten Werte in Europa. Besonders betroffen sind Ballungsräume wie das Ruhrgebiet und Berlin, wo die Schadstoffwerte regelmäßig die empfohlenen Grenzwerte der WHO überschreiten.

Auch unsere Gewässer und Böden sind stark belastet. Die Landwirtschaft ist ein Hauptverursacher: In Europa resultieren 59 Prozent des gesamten Süßwasserverbrauchs aus der Landwirtschaft, die durch Überdüngung und Pestizide bis zu einem Viertel der Oberflächengewässer und bis zu 13 Prozent des Grundwassers belastet.[12] Besonders betroffen sind Länder mit intensiver Landwirtschaft wie die Niederlande und Deutschland, wo in Regionen wie Niedersachsen hohe Nitratwerte im Grundwasser gemessen werden, was das Trinkwasser gefährdet. Die Verschmutzung des Bodens, oft ein unsichtbares Problem, betrifft mittlerweile 3,2 Milliarden Menschen weltweit – das sind rund 40 Prozent der Weltbevölkerung. Schwermetalle, Plastikpartikel und Pestizide zerstören die Bodenqualität und machen große Flächen unfruchtbar. Auch im Sommer 2025 wurde Bewässerung in einzelnen Regionen in Europa verboten. In ganz Europa griffen Einschränkungen: kein Autowaschen, Duschen begrenzt. Maßnahmen, um der starken Grundwasserabsenkung entgegenzutreten.

Während Umweltprobleme sichtbar sind, bleibt die soziale Krise oft im Verborgenen. Weltweit nimmt die Zahl der Menschen zu, die unter psychischen Erkrankungen leiden. Laut der WHO stieg die Zahl der Menschen mit Depressionen zwischen 1990 und 2020 um 50 Prozent auf weltweit rund 280 Millionen Betroffene.[13] In Großstädten, wo Anonymität und sozialer Druck stark ausgeprägt sind, stellt sich das Problem in besonderem Maße. In Deutschland sind die Zahlen alarmierend: 12,5 Prozent der Bevölkerung – fast zehn Millionen Menschen – litten 2022 an Depressionen. Besonders in Metropolen wie Berlin, Hamburg und Frankfurt fühlen sich viele Menschen isoliert und einsam. Studien zeigen, dass in Städten das Risiko für psychische Erkrankungen um 40 Prozent höher ist als auf dem Land. Die Ursachen reichen von sozialer Isolation und Leistungsdruck bis hin zu mangelnden Grünflächen und hoher Lärmbelastung.

Weiterhin hat sich in den vergangenen 50 Jahren die globale Krankheitslandschaft erheblich verändert.[14] Während bis in die Mitte des 20. Jahrhunderts vor allem Infektionskrankheiten wie Tuberkulose, Masern und Malaria die häufigsten Todesursachen darstellten, dominieren heute nicht übertragbare Krankheiten das weltweite Krankheitsgeschehen. Dieser Wandel ist auf verschiedene Faktoren zurückzuführen: Die demografische Entwicklung mit einer alternden Bevölkerung, veränderten Lebensstilen, zunehmendem Bewegungsmangel, ungesunden Ernährungsgewohnheiten, aber auch Umweltverschmutzung und chronischem Stress haben die Krankheitsbilder nachhaltig verändert. Gleichzeitig führten Fortschritte in der Medizin, Impfkampagnen und verbesserte Hygienestandards dazu, dass viele Infektionskrankheiten deutlich zurückgedrängt wurden. Dennoch sind einige Krankheiten weiterhin auf dem Vormarsch und fordern jährlich Millionen Menschenleben oder schränken zumindest Menschen in einer Weise ein, dass sie kein selbstbestimmtes Leben mehr führen können.

Diese Entwicklung verdeutlicht, wie eng die gesundheitlichen Herausforderungen unserer Zeit mit veränderten Lebensgewohnheiten, Umweltfaktoren und dem demografischen Wandel verknüpft sind. Diese Entwicklung stellt sowohl Gesundheitssysteme als auch pflegende Angehörige vor immense Herausforderungen und unterstreicht die Dringlichkeit von Präventionsmaßnahmen, frühzeitiger Diagnostik und der Entwicklung effektiver Therapieansätze. Der Kampf gegen diese Volkskrankheiten erfordert daher nicht nur innovative medizinische Lösungen, sondern auch einen gesellschaftlichen Wandel hin zu mehr Prävention, Gesundheitsbewusstsein und nachhaltigen Lebensweisen, um ein längeres selbstbestimmtes Leben zu führen.

Trotz materiellen Wohlstands konsumiert die Menschheit weit über ihre Verhältnisse. Jährlich gelangen weltweit 57 Millionen Tonnen Plastik in die Umwelt – ein Großteil davon aus Verpackungen, die nur einmal verwendet werden. Besonders dramatisch ist die Lage in Ländern des Globalen Südens, aber auch in Industrieländern wie Deutschland verursacht der hohe Konsum enorme Umweltbelastungen. Während das Bruttoinlandsprodukt (BIP) in vielen Ländern weiter wächst, stellt sich die Frage: Wofür investieren wir unser Geld? Laut Umweltbundesamt würde ein bewusstes Konsumverhalten nicht nur die Umwelt entlasten, sondern auch den Geldbeutel schonen. Zudem zeigt sich, dass mehr Geld nicht automatisch mehr Glück bedeutet. Studien belegen, dass die Zufriedenheit ab einem bestimmten Einkommensniveau kaum mehr steigt. Viel wichtiger sind Erfahrungen, soziale Bindungen und Sinnhaftigkeit. *Weil Langlebigkeit kein Luxus sein darf.*

Die gängige Erzählung über ein langes, gesundes Leben ist exklusiv – im wahrsten Sinne des Wortes. Sie gehört den Silicon-Valley-Milliardären, den Biohacking-Gurus, den Longevity-Laboren in Kalifornien. Sie beginnt bei molekularer Blutdiagnostik und endet bei Kryotherapie, Stammzellenbehandlung oder täglichen Infusionen im privaten Longevity-Resort.

Die Botschaft dahinter?

»Wenn du dir Langlebigkeit leisten kannst, bekommst du sie auch.«

Doch genau diese Haltung ist gefährlich. Sie macht Langlebigkeit zu einem Statussymbol. Zu einem Investmentprodukt. Zu einer Ware. Aber Langlebigkeit ist kein Lifestyle für Eliten. Sie ist ein Menschenrecht. Und sie beginnt nicht im Labor – sondern im Alltag.

Dieses Buch tritt an, um mit dem Mythos aufzuräumen, dass ein langes, gesundes Leben nur durch teure Maßnahmen erreichbar ist. Die Wahrheit ist: Die entscheidenden Hebel für Langlebigkeit sind bekannt, erforscht – und kosten (fast) nichts.

Ein Leben im Einklang mit deinem Körper und deinem Umfeld. All das ist messbar wirksam. Und das Beste daran: Diese Maßnahmen wirken nicht nur lebensverlängernd – sie wirken sofort. Mehr Energie, mehr Klarheit, mehr Resilienz.

In einer Zeit, in der die Wissenschaft täglich neue Erkenntnisse über Gesundheit, Langlebigkeit und Wohlbefinden liefert, ist es wichtiger denn je, dieses Wissen in den Alltag zu integrieren. Das vorliegende Buch begleitet dich auf deinem Weg – basierend auf den neuesten Forschungsergebnissen führender Institutionen wie dem Stanford Center on Longevity, das wissenschaftliche Erkenntnisse in konkrete, lebensnahe Empfehlungen übersetzt. Die Experten von Stanford betonen, dass Langlebigkeit mehr ist als nur ein langes Leben – es geht darum, lange gesund, geistig fit und glücklich zu bleiben. Sie identifizieren sieben Säulen, die für ein langes, erfülltes Leben entscheidend sind:[15]

7 Säulen der Langlebigkeit

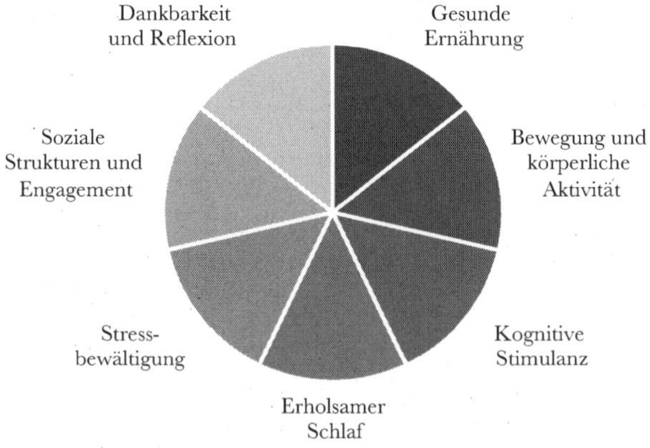

Quelle: Eigene Darstellung

Doch das vorliegende Buch geht weiter – es verbindet die wissenschaftlichen Erkenntnisse über Langlebigkeit mit den Erfahrungen aus den berühmten *Blue Zones* – jenen Regionen der Welt, in denen Menschen signifikant länger und gesünder leben. Orte wie Okinawa (Japan), Sardinien (Italien), Loma Linda (Kalifornien), Nicoya (Costa Rica) und Ikaria (Griechenland) haben gezeigt, dass Langlebigkeit kein Zufall ist, sondern das Ergebnis eines bewussten Lebensstils, geprägt durch die Kombination der oben genannten Fokusbereiche.

Doch warum brauchst du dieses Buch?

Weil es nicht nur Fakten liefert, sondern eine neue Perspektive. Es ist kein Trendratgeber, sondern ein Kompass. Ein Impuls, innezuhalten. Ein Werkzeug, um dir selbst und der Welt mit mehr Klarheit, Achtsamkeit und Verantwortung zu begegnen.

Dieses Buch zeigt dir, dass es einen anderen Weg gibt – einen, der auf wissenschaftlichen Erkenntnissen, gelebten Erfahrungen und praktischen Tipps basiert. Hier findest du keine schnellen Trends, sondern zeitlose Prinzipien, die das Beste aus Forschung und Tradition vereinen. Es ist eine Einladung, dein Leben in die Hand zu nehmen, auf deine Gesundheit zu achten und bewusster zu leben – nicht nur für dich selbst, sondern auch für eine nachhaltigere, gerechtere Welt.

Denn was hält dich wirklich davon ab, ein gesünderes, erfüllteres Leben zu führen?

Die Erkenntnisse sind da – das vorliegende Buch hilft dir, den nächsten Schritt zu gehen.

KAPITEL 3

Nachhaltigkeit radikal persönlich neu gedacht

In einer Welt, die von ökologischen Herausforderungen, sozialer Ungerechtigkeit und wirtschaftlichen Krisen konfrontiert ist, hat das Wort Nachhaltigkeit eine wichtige Bedeutung erlangt.

Doch was bedeutet Nachhaltigkeit und wo kommt der Begriff her?

Ursprünglich stammt der Begriff »Nachhaltigkeit« aus der Forstwirtschaft. Bereits im Jahr 1713 prägte der sächsische Oberberghauptmann Hans Carl von Carlowitz in seinem Werk Sylvicultura Oeconomica die Idee, dass nur so viele Bäume geschlagen werden dürfen, wie durch planmäßige Aufforstung nachwachsen können. Ziel war es, die Holzversorgung für Bergbau und Bauwesen nachhaltig für nächste Generationen zu sichern. Diese scheinbar einfache Regel – nicht mehr zu entnehmen, als sich regenerieren kann – entwickelte sich über die Jahrhunderte zu einem Leitprinzip für verantwortungsbewusstes Handeln.

Diese frühe Definition lässt sich mühelos auf alle Lebens- und Wirtschaftsbereiche übertragen: Ressourcen so nutzen, dass ihre Substanz erhalten bleibt – nicht nur für uns, sondern auch für kommende Generationen. Nachhaltigkeit in diesem Sinn bedeutet, in Systemen zu denken, in Kreisläufen zu wirtschaften und Verantwortung zu übernehmen: ökologisch, sozial.

Mit dem zunehmenden Umweltbewusstsein in der zweiten Hälfte des 20. Jahrhunderts weitete sich der Nachhaltigkeitsbegriff stark aus. Besonders prägend war der Bericht der Brundtland-Kommission der Vereinten Nationen von 1987 (Our Common Future), der Nachhaltigkeit definierte als eine Entwicklung, »die die Bedürfnisse der Gegenwart befriedigt, ohne zu riskieren, dass künftige Generationen ihre eigenen Bedürfnisse nicht befriedigen können.« Damit war der Grundstein für das moderne Verständnis von Nachhaltigkeit gelegt – als umfassendes, globales und langfristig angelegtes Leitbild für gesellschaftliches, wirtschaftliches und politisches Handeln.

Daneben hat sich in der Wirtschaft in den letzten Jahren der Begriff ESG etabliert – ein Rahmenwerk zur Bewertung nachhaltigen Handelns unter Berücksichtigung des Folgenden:

- E – CO_2-Emissionen, Umweltverschmutzung, Energieeffizienz, Ressourcennutzung, Kreislaufwirtschaft, Abfallmanagement, Klimarisiken oder der Schutz der Biodiversität.
- S – Arbeitsbedingungen, Diversität, Chancengleichheit, Aus- und Weiterbildung, Menschenrechte, soziale Auswirkungen in der Lieferkette, Kundenwohl und Produktsicherheit, Gesundheit und Sicherheit von Mitarbeitenden.
- G – Strukturen wie Transparenz, Korruptionsbekämpfung, Vergütungssysteme, Lieferkettenverantwortung, Aufsicht und Kontrolle, ethisches Management und Aufsichtsgremien.

ESG-Kriterien dienen heute als Maßstab für Unternehmen, Investoren und politische Entscheidungsträger, um zu beurteilen, ob Organisationen nicht nur wirtschaftlich erfolgreich, sondern auch ökologisch verträglich und gesellschaftlich verantwortungsvoll agieren.

In diesem Buch orientieren wir uns an der folgenden Definition der Nachhaltigkeit. Die drei Dimensionen der Nachhaltigkeit umfassen dabei:

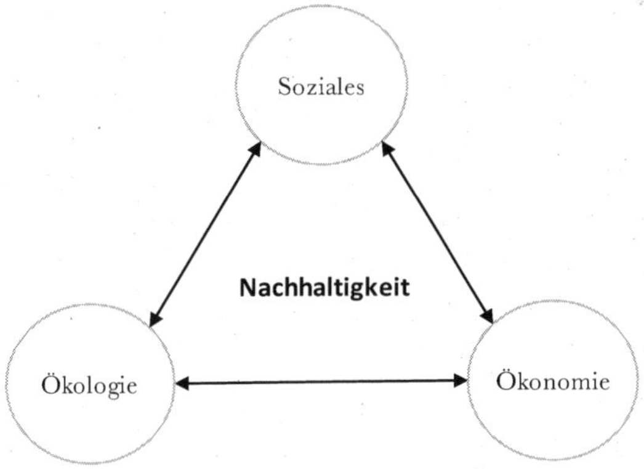

Quelle: Eigene Darstellung

Die ökologische Dimension der Nachhaltigkeit bezieht sich auf den Schutz der Umwelt und den verantwortungsvollen Umgang mit natürlichen Ressourcen. Hier stehen Maßnahmen im Fokus, die den Klimawandel bekämpfen, die Biodiversität schützen und den Ressourcenverbrauch minimieren. Beispiele ökologischer Nachhaltigkeit sind die Förderung erneuerbarer Energien und Reduzierung fossiler Brennstoffe, Schutz von Wäldern, Meeren und Artenvielfalt, Verringerung von Müll und Förderung der Kreislaufwirtschaft für weniger Ressourcenverbrauch, klimaneutrale Produktion und kurze Transportwege.

- Welche Produkte kaufen wir?
- Woher kommen sie?
- Wie wurden sie hergestellt?

Es ist wie ein Rennen gegen die Zeit. Der Earth Overshoot Day[16], der Tag, an dem wir die Ressourcen verbraucht haben, die unser Planet in einem Jahr regenerieren kann, rückt jedes Jahr weiter nach vorne. Der Earth Overshoot Day fiel vor ca. 50 Jahren noch in den Dezember, d. h. erst am Ende des Jahres hatten wir alle natürlichen Ressourcen aufgebraucht und haben auch dann schon minimal über unsere Verhältnisse gelebt. Über die letzten Jahre ist dieser Tag immer weiter nach vorne gerutscht und lag 2024 bereits Anfang August.

Nachhaltige Ökonomie bedeutet, eine Wirtschaft aufzubauen, die langfristig tragfähig ist, ohne die Umwelt über das gebührende Maß zu belasten oder soziale Ungleichheiten zu verstärken. Hierbei geht es auch um Innovation, Effizienz und faire Handelspraktiken. Eine nachhaltige Wirtschaft fördert zukunftsfähige Arbeitsplätze, verantwortungsvolle Unternehmensführung und eine ressourcenschonende Produktion und – oft übersehen – bewussten Konsum und Verzicht, der nicht nur Ressourcen schont, sondern auch Kosten spart. Nachhaltig zu wirtschaften bedeutet nicht nur, umweltfreundlich zu investieren, sondern auch bewusster zu konsumieren und dort zu verzichten, wo es nötig ist. Dadurch lassen sich Ressourcen sparen – und gleichzeitig die eigenen Finanzen stärken. Beispiele solchen Handelns sind:

- **Minimalismus statt Massenkonsum:** Weniger, aber hochwertige Produkte kaufen. Lieber eine langlebige Jacke aus nachhaltiger Produktion mit natürlichen Rohstoffen als regelmäßig billige Fast-Fashion-Kleidung kaufen. Laut Umweltorganisationen und Nachhaltigkeitsberichten werden Kleidungsstücke heutzutage durchschnittlich sieben bis zehn Mal getragen, bevor sie entsorgt werden – ein Rückgang von etwa 36 Prozent in den letzten 15 Jahren.[17]
  → Weniger Müll, mehr Qualität und langfristige Ersparnis.
- **Reparieren statt Wegwerfen:** Kaputte Geräte reparieren, anstatt sie sofort zu ersetzen. Ein Smartphone länger nutzen, statt regelmäßig in kurzen Intervallen ein neues Modell zu kaufen.
  → Hunderte Euro jährlich sparen und Ressourcen schonen.
- **Regional und saisonal einkaufen:** Lokale Produkte mit einer besseren CO_2-Bilanz und lokalen Arbeitskräften konsumieren. Regionale Lebensmittel auf dem Markt, statt importierte Avocados aus Übersee kaufen.
  → Ggfs. Kosteneinsparung, geringerer CO_2-Verbrauch und Unterstützung der lokalen Wirtschaft.
- **Teilen statt besitzen:** Sharing-Modelle (Carsharing, Werkzeugverleih etc.) als Förderung wirtschaftlicher Nachhaltigkeit.
  → Förderung von Praktiken geringeren Ressourcenverbrauchs zu günstigeren Konditionen und mehr Flexibilität im Leben.

Während ökologische Fragen oft laut und sichtbar verhandelt werden – schmelzende Gletscher, brennende Wälder, Mikroplastik im Meer – bleibt die soziale Dimension der Nachhaltigkeit häufig im Schatten. Doch genau hier entscheidet sich, ob eine Gesellschaft zukunftsfähig ist. Denn Nachhaltigkeit beginnt nicht bei der CO_2-Bilanz, sondern beim Menschen. Soziale Nachhaltigkeit stellt den Menschen und sein Lebensumfeld ins Zentrum. Es geht darum, Bedingungen zu schaffen, unter denen alle Menschen sicher, gesund, frei und gerecht leben können – heute und in Zukunft. Das bedeutet: Zugang zu Bildung, Gesundheitsversorgung, fairer Arbeit und sozialer Sicherheit. Es bedeutet, Menschenrechte nicht als Selbstverständlichkeit abzutun, sondern als aktiven Auftrag zu begreifen – weltweit. Doch soziale Nachhaltigkeit ist mehr als nur ein moralischer Imperativ. Sie ist auch eine Frage der Resilienz. Denn Gesellschaften, in denen Armut, Diskriminierung und Ausbeutung herrschen, sind instabil. Sie neigen zu Krisen, zu sozialem Rückzug, psychischer Überlastung – und letztlich zu Misstrauen gegenüber Zukunft, Wandel und Miteinander. Die psychischen Folgen sind längst messbar: Laut WHO leiden heute rund 280 Millionen Menschen weltweit an Depressionen – ein Anstieg um 50 Prozent seit 1990. Die seelische Krise unserer Zeit bleibt oft unsichtbar, doch sie nagt leise an unserer gesellschaftlichen Substanz.[18]

Das Nachhaltigkeitsdreieck zeigt, dass Ökologie, Soziales und Ökonomie nicht isoliert betrachtet werden können. Es müssen vielmehr alle drei Dimensionen gleichzeitig berücksichtigt werden, um die Realität bestmöglich widerzuspiegeln, was jedoch häufig zu Zielkonflikten führt:

- **Ökologie vs. Ökonomie:** Ein neues Industrieprojekt schafft Arbeitsplätze, belastet aber die Umwelt.
- **Ökologie vs. Soziales:** Strenge Umweltauflagen können Produktionskosten erhöhen, was sich auf die Preise und damit auf sozial Schwächere auswirkt.
- **Soziales vs. Ökonomie:** Faire Löhne und Arbeitsbedingungen können die Produktionskosten erhöhen, was Unternehmen unter Wettbewerbsdruck setzt.

Der Schlüssel liegt darin, Lösungen zu finden, die Kompromisse ermöglichen und gleichzeitig langfristige Vorteile schaffen.

In der globalisierten Wirtschaft werden soziale Aspekte in Billiglohnländern oft vernachlässigt, um Kosten zu senken. Hier ist ein Umdenken in der gesamten Wertschöpfungskette erforderlich. Der wirtschaftliche Fokus auf kurzfristige Gewinne steht oft im Widerspruch zu langfristiger Nachhaltigkeit. Unternehmen und wir Konsumenten müssen erkennen, dass nachhaltiges Wirtschaften langfristig auch wirtschaftliche Stabilität sichert. Häufig stehen ökologische Maßnahmen im Konflikt mit wirtschaftlichen Interessen, da nachhaltige Technologien anfangs kostenintensiver sein können.

Trotz dieser Herausforderungen bietet Nachhaltigkeit enorme Chancen:

- Für die Wirtschaft: Neue Märkte und Innovationen entstehen durch grüne Technologien und nachhaltige Produkte.
- Für die Gesellschaft: Faire Arbeitsbedingungen und soziale Gerechtigkeit fördern den sozialen Frieden.
- Für die Umwelt: Nachhaltige Praktiken helfen, die Verschmutzung auf jeder Ebene zu reduzieren, den Klimawandel zu bekämpfen und Ökosysteme zu schützen.

Nachhaltigkeit bedeutet nicht Verzicht, sondern eine bewusste Neugestaltung unserer Lebensweise. Jede Entscheidung zählt – vom Einkauf regionaler Produkte bis zur Unterstützung fairer Lieferketten. Nachhaltiges Handeln beginnt im Kleinen, mit weitreichender Wirkung.

Mögliche Szenarien oder nur Fiktion?[19]

Es wird heißer!

Im Jahr 2050 erlebten wir eine beispiellose Hitzewelle. Die Temperaturen stiegen in gefährliche Höhen, und die Welt, wie wir sie kannten, begann zu zerbrechen. Die Klimakrise hatte ihren Höhepunkt erreicht – und Indien war am stärksten betroffen. Tausende Menschen starben an den Folgen der extremen Hitze, noch mehr flohen in andere Länder in der Hoffnung auf ein kühleres, sichereres Leben, und verstärkten die bestehenden Migrationsherausforderungen. Auch Europa wurde Ziel der wachsenden Flüchtlingsströme.

Unter dem immensen Druck der internationalen Gemeinschaft sah sich Indien zum Handeln gezwungen. Was tun, wenn das eigene Volk leidet und die Lebensgrundlage schwindet? Während andere Nationen zögerten, entschied sich Indien für eine radikale Maßnahme: Flugzeuge stiegen auf, um mit künstlich ausgestoßenen Partikeln die Sonne zu verdunkeln – ein verzweifelter Versuch, die unerträgliche Hitze abzumildern.

Tom, ein Klimaforscher aus Europa, befand sich zu dieser Zeit in Indien. Seine Aufgabe war es, die Auswirkungen dieser beispiellosen Tragödie zu beobachten und zu dokumentieren. Doch nichts hatte ihn auf das vorbereitet, was er dort erlebte.

Der Flug war turbulent, die Hitze gnadenlos. Als Tom das Flugzeug verließ, schlug ihm die Hitze wie eine Faust ins Gesicht. Die Luft war so heiß und schwer, dass er kaum atmen konnte. Jeder Atemzug brannte in seinen Lungen, als würde er Feuer einatmen. Er taumelte vorwärts, Schweiß perlte von seiner Stirn, und seine Kleidung klebte überall unangenehm an der Haut. Überall um ihn herum sah er Verzweiflung in den Gesichtern der Menschen. Sie suchten Schutz vor der erbarmungslosen Sonne – doch es gab keinen Ort, der sicher genug war. Die Stromversorgung brach regelmäßig durch unzureichende Kühlung zusammen.

Tom wusste, dass die Entscheidung, die Sonne künstlich zu verdunkeln, international höchst umstritten war. Die Welt blickte skeptisch auf Indien und fragte sich, ob diese drastische Maßnahme Wirkung zeigen oder zur nächsten Katastrophe führen würde. Für die Menschen vor Ort aber war es eine Frage von Leben und Tod. Tom konnte nur hoffen, dass dieser verzweifelte Eingriff nicht noch schlimmere Folgen haben würde.

Mit jedem Schritt durch die brennende Landschaft fragte er sich, wie viele Menschen noch leiden müssten, bevor echte Lösungen gefunden würden. Die Welt konnte die Augen nicht länger verschließen – die Klimakrise war real, und sie war längst da.

Dilemma der heutigen Wirtschaftsordnung? Skepsis oder Systemfehler?

Nachhaltigkeit wurde von der freien Wirtschaft bislang nicht konsequent umgesetzt. Kurzfristige Gewinne und die Erfüllung von Wachstumsvorgaben stehen oft über langfristiger ökologischer und sozialer Verantwortung – ein Missverhältnis, das ökonomisch begründet, aber ethisch schwer zu rechtfertigen ist. Die Perspektive scheint sich durch steigende Risiken und Kosten in manchen Bereichen bereits zu ändern.

Ein Gespräch mit Wolfgang, dem Geschäftsführer eines erfolgreichen Textilunternehmens, bringt dieses Dilemma auf den Punkt. Jahrelang erfüllte er die Erwartungen seiner Aktionäre: hohe Profite und stetiges Wachstum. Der Preis dafür war eine erhebliche Umweltbelastung. Billige, umweltschädliche Materialien und wenig nachhaltige Herstellungsverfahren prägten seine Produktion.

Doch die eigentliche Herausforderung liegt, so Wolfgang, nicht allein in der Umstellung. Neben den Forderungen der Kapitalgeber sieht er sich auch in der Verantwortung für die Arbeitsplätze seiner Mitarbeitenden. »Ich trage Verantwortung für Hunderte von Menschen und ihre Familien«, erklärt er. Eine tiefgreifende Transformation hin zu nachhaltigen Materialien und Prozessen hätte das Risiko massiver Arbeitsplatzverluste in seiner Produktionskette erhöht. »Das ist das Dilemma: Entweder wir gehen das Risiko ein – oder wir machen weiter wie bisher.«

Gleichzeitig steht das Unternehmen unter erheblichem Preisdruck durch Konkurrenz aus Ländern mit niedrigen Lohnkosten. »Unsere Mitbewerber produzieren günstiger, weil sie kaum Umweltauflagen oder soziale Standards einhalten müssen. Solange viele Kunden nur nach dem günstigsten Preis schauen, fehlt uns der Spielraum für nachhaltige Investitionen«, so Wolfgang.

Auch von der Konsumentenseite kommt wenig Impuls für Veränderung: Viele entscheiden sich für scheinbar preiswerte Produkte, ohne die langfristigen Folgen für Mensch und Umwelt zu bedenken bzw. zu kennen. Unternehmen wie das von Wolfgang stehen somit unter einem doppelten Druck – zwischen kurzfristigen Profitzwängen und wachsendem Anspruch an ethisches Handeln.

Zudem mangelt es an klaren politischen Rahmenbedingungen und wirksamer Regulierung, die nachhaltige Transformationen fördern würden. »Die Rahmenbedingungen geben es einfach nicht her«, sagt Wolfgang resigniert. In diesem System sind Unternehmen und Konsumenten Teil eines Kreislaufs, der kurzfristige Vorteile belohnt – und langfristige Verantwortung ignoriert.

Ohne gezielte politische Maßnahmen, kluge Anreize und eine breitere gesellschaftliche Sensibilisierung wird es kaum gelingen, diesen Kreislauf zu durchbrechen.

Welchen Einfluss hat die Regulatorik auf die Bedeutung von Nachhaltigkeit?

Die ersten bedeutenden Schritte zur Förderung der Nachhaltigkeit begannen mit der UN-Konferenz über die Umwelt des Menschen im Jahr 1972 in

Stockholm. Diese Konferenz führte zur Gründung des Umweltprogramms der Vereinten Nationen (UNEP) und schärfte das Bewusstsein für die Verbindung zwischen Umweltschutz und wirtschaftlicher Entwicklung. Der Brundtland-Bericht von 1987 prägte den Begriff der »nachhaltigen Entwicklung« und betonte die Notwendigkeit, die Bedürfnisse der heutigen Generation zu erfüllen, ohne die Möglichkeiten künftiger Generationen zu gefährden.

Ein weiterer Meilenstein war die UN-Konferenz über Umwelt und Entwicklung 1992 in Rio de Janeiro. Sie führte zur Verabschiedung der Agenda 21, der Rio-Deklaration sowie der Klimarahmenkonvention (UNFCCC) und legte damit zentrale Grundlagen für eine globale Nachhaltigkeitspolitik.

Mit der ersten UN-Klimakonferenz (COP 1) im Jahr 1995 in Berlin begann eine Reihe jährlicher Verhandlungen zur Bekämpfung des Klimawandels. Das sogenannte Berlin Mandat erkannte die besondere Verantwortung der Industrieländer für die Reduktion von Treibhausgasen an und forderte keine neuen Verpflichtungen für Entwicklungsländer. Zudem betonte es die Bedeutung finanzieller und technologischer Unterstützung für den Globalen Süden. Ein Rahmen für Technologieübertragung und Kapazitätsaufbau wurde geschaffen, ebenso wie strengere Anforderungen an die Emissionsberichterstattung. COP 1 markierte damit einen Wendepunkt in den internationalen Klimaverhandlungen und bereitete den Weg für das Kyoto-Protokoll von 1997.

Europa übernahm seit den 1990er-Jahren eine Vorreiterrolle bei der Entwicklung internationaler Nachhaltigkeitsbündnisse. Bereits beim Kyoto-Protokoll gehörten die EU und ihre Mitgliedstaaten zu den aktivsten Befürwortern und setzten sich für ambitionierte Reduktionsziele ein.[20]

Mit dem Pariser Abkommen von 2015 – einem universellen, freiwilligen Vertrag zur Begrenzung der Erderwärmung auf deutlich unter zwei Grad Celsius – bekräftigte Europa seine Führungsrolle. Die EU verpflichtete sich zu ehrgeizigen nationalen Beiträgen und trieb die Verhandlungen maßgeblich voran.

Trotz dieser Fortschritte blieb die Umsetzung vieler Ziele hinter den Erwartungen zurück. Kritiker weisen darauf hin, dass internationale Vereinbarungen oft nicht mit dem notwendigen politischen Willen, ausreichenden finanziellen Mitteln oder effektiven nationalen Umsetzungsstrategien begleitet wurden. Wirtschaftliche Interessen und institutionelle Trägheit zählen zu den Hauptgründen für die stockende Umsetzung.[21]

Regulatorischer Aufbruch in Europa

In jüngerer Zeit ist jedoch eine spürbare Dynamik entstanden – insbesondere in Europa. Die Europäische Union hat mit dem Europäischen Grünen Deal und dem Fit-for-55-Paket ehrgeizige Pläne zur Klimaneutralität bis 2050 vorgelegt. Diese Initiativen umfassen nahezu alle Wirtschaftssektoren – von Energie über Mobilität bis zur Landwirtschaft – und signalisieren einen systemischen Wandel. Obwohl im Jahr 2025 mit den sog. Omnibus-Verfahren Erleichterungen kommen werden, besteht das zentrale Ziel des Pariser Klimaschutzabkommens in der Klimaneutralität im Jahr 2050.

Drei regulatorische Maßnahmen stechen besonders hervor:

- EU-Taxonomie (2020): Ein Klassifizierungssystem zur Definition ökologisch nachhaltiger Wirtschaftsaktivitäten. Ziel ist es, Greenwashing zu verhindern und Investitionen gezielt in nachhaltige Projekte zu lenken. Unternehmen müssen offenlegen, inwieweit ihre Aktivitäten den Taxonomie-Kriterien entsprechen – ein wichtiger Schritt hin zu mehr Transparenz im Kapitalmarkt.
- Corporate Sustainability Reporting Directive (CSRD, 2022): Diese Richtlinie erweitert die nichtfinanzielle Berichterstattungspflicht erheblich. Unternehmen – auch viele kleine und mittlere, sofern börsennotiert – sind nun verpflichtet, umfassend über ihre ESG-Praktiken zu informieren.
- Corporate Sustainability Due Diligence Directive (CSDDD, 2024): Die Richtlinie verpflichtet Unternehmen, menschenrechtliche und ökologische Risiken in ihrer gesamten Lieferkette zu identifizieren, zu bewerten und wirksame Gegenmaßnahmen zu ergreifen. Sie stärkt damit die unternehmerische Verantwortung über die unmittelbare Geschäftstätigkeit hinaus.

Globale Unterschiede in der ESG-Regulierung[22]

Außerhalb Europas entwickelt sich die ESG-Regulierung sehr uneinheitlich. Während Länder wie Japan und Südkorea eigene Standards definieren, verfolgen andere Regionen – darunter die USA, Russland oder Teile Südostasiens – deutlich zurückhaltendere Ansätze. Die Bandbreite reicht von fortschrittlichen Rahmenwerken bis zu sehr rudimentären oder freiwilligen Maßnahmen.

Diese Vielfalt erinnert an die Reaktion der Staaten auf die Herausforderungen der Industrialisierung im frühen 20. Jahrhundert: Auch damals wurden Maßnahmen zum Schutz von Mensch und Umwelt oft national und unkoordiniert umgesetzt.

Europa ist heute führend bei der Einführung verbindlicher ESG-Vorgaben. Diese erhöhen nicht nur die Transparenz, sondern zwingen Unternehmen und Investoren dazu, Nachhaltigkeitsaspekte systematisch zu berücksichtigen. Der regulatorische Druck ist damit ein zentraler Treiber für tiefgreifende Transformationen – auch wenn er allein nicht ausreicht.

Andere Regionen folgen diesem Beispiel – wenn auch mit unterschiedlichem Tempo und Fokus. Die globale Landschaft der ESG-Regulierung bleibt dynamisch. Ihre Ausgestaltung wird maßgeblich darüber entscheiden, ob Nachhaltigkeit künftig nicht nur ein ethisches Prinzip, sondern auch ein wirtschaftlicher Imperativ wird.

Können ökonomische Freiheit und Wohlstand auch Grundlagen für kreative Phasen sein?

Nach dem Zweiten Weltkrieg standen die Volkswirtschaften vieler betroffener Länder vor enormen Herausforderungen. Die massive Zerstörung führte zu einer ausgeprägten Knappheit an Waren und Dienstleistungen. Haushalte konzentrierten sich daher vorrangig auf die Deckung ihrer Grundbedürfnisse: Nahrung, Kleidung und Unterkunft. Diese Rückbesinnung war eine direkte Folge begrenzter Ressourcen und tiefgreifender materieller wie psychischer Kriegsfolgen.[23]

In dieser Phase wurden viele zuvor als selbstverständlich erachtete Produkte zu Luxusgütern. Die Konsumgewohnheiten passten sich den neuen Realitäten an – lebensnotwendige Güter hatten Vorrang. In einer von Inflation und Versorgungsengpässen geprägten Wirtschaft wurde der Preis zum entscheidenden Faktor. Haushalte bemühten sich, mit begrenzten finanziellen Mitteln den größtmöglichen Nutzen zu erzielen. Rabatte, Tauschhandel und die Suche nach alternativen Bezugsquellen waren verbreitete Strategien.[24]

Diese Erfahrungen prägten das Konsumverhalten langfristig. Die durchlittene Knappheit führte zu einer Generation, die durch Sparsamkeit, Pragmatismus und ein kritisches Preisbewusstsein gekennzeichnet war – eine Haltung, die auch in späteren Wohlstandsjahren fortbestand. Die Präferenz für langlebige, funktionale Produkte wurde zu einem kulturellen Leitmotiv. Die Nachkriegszeit war eine Epoche der Rückbesinnung auf das Wesentliche, in der der Preis eine Schlüsselrolle spielte. Diese Erfahrung wirkte nachhaltig auf gesellschaftliche Werte und Konsumgewohnheiten.[25]

Mit dem wirtschaftlichen Aufschwung und dem sogenannten Wirtschaftswunder wandelte sich dieses Verhalten schrittweise. Die steigende Kaufkraft und das wachsende Warenangebot ermöglichten es, auch Güter jenseits der Grundbedürfnisse zu konsumieren. Reisen, Haushaltsgeräte oder modische Kleidung wurden erschwinglicher. Obwohl das Preisbewusstsein bestehen blieb, trat es zunehmend in den Hintergrund. Parallel dazu beschleunigte die Globalisierung die Suche nach günstigen Produktionsstandorten. Besonders ärmere Länder rückten durch niedrige Löhne und geringe Umweltstandards in den Fokus der westlichen Industrienationen. Der Einsatz von Offshore-Arbeitskräften wurde zu einem strukturbestimmenden Faktor, der nicht nur die Nachkriegsökonomien, sondern auch die globale Wirtschaftsordnung nachhaltig veränderte.[26]

Rajesh und der Preis der Armut

Auch heute ist ökonomische Freiheit keineswegs selbstverständlich. Rajesh, ein Honigsammler aus den Sundarbans – einem Mangrovenwaldgebiet zwischen Bangladesch und Indien – kehrte nach einem anstrengenden Tag zu Hause ein. Die untergehende Sonne warf lange Schatten über das dichte Grün, Grillenzirpen und entfernte Vogelrufe erfüllten die Luft. Erinnerungen an seinen Sohn Arjun stiegen in ihm auf – die unzähligen

Male, die sie gemeinsam Honig gesammelt hatten. Arjun war bei einem Tigerangriff ums Leben gekommen. Der Schmerz war geblieben. Doch Rajesh wusste, dass er weitermachen musste.

Die Sundarbans waren mehr als ein Zuhause. Sie verkörperten die Härte des Lebens. Die Natur war wunderschön, aber gnadenlos. Der Bengal-Tiger, ein Symbol der Stärke, war eine ständige Bedrohung – doch die eigentliche Gefahr war die allgegenwärtige Armut, die Menschen wie Rajesh zwang, sich tagtäglich in Lebensgefahr beim Sammeln von Honig zu begeben.[27]

Er setzte sich auf die Veranda seines Hauses und betrachtete den Sonnenuntergang. Politische Freiheit? Bedeutet für ihn, wählen zu dürfen, seine Meinung zu sagen. Aber was nützt das, wenn er täglich ums Überleben kämpfen muss? Wirtschaftliche Freiheit bedeutete mehr: Zugang zu Grundbedürfnissen wie bspw. Nahrung – kurz: ein Leben in Sicherheit und Würde.

Rajesh wusste, dass viele seiner Nachbarn dieselben Träume hegten: Ein Leben jenseits von Angst und Existenznot. Der Bengal-Tiger ist unter Biodiversitätsgesichtspunkten schützenswert – doch seine bloße Existenz bedeutete für manche den Verlust der Lebensgrundlage. Sie wollten nicht nur überleben – sie wollten leben.

Als Rajesh ins Haus trat und den gesammelten Honig zur Seite legte, machte er sich bereit für den nächsten Tag. Die Nacht brach herein, doch in ihm flackerte ein Licht: die Hoffnung auf wirtschaftliche Freiheit. Für sich selbst, für seinen verstorbenen Sohn Arjun und für all jene, die von einem besseren Leben träumen.

Rajeshs Geschichte zeigt eindrucksvoll, dass politische Freiheit ohne ökonomische Freiheit nur begrenzt wirksam ist. Erst in ihrer Verbindung ermöglichen sie ein Leben in Sicherheit, Selbstbestimmung und Würde.[28]

Die westliche Welt: Freiheit und kreative Entfaltung

In westlichen Gesellschaften – geprägt von hohem Wohlstand und weitgehender Befriedigung von Grundbedürfnissen und weit darüber hinaus – ist ein Wandel im Konsumverhalten zu beobachten. Er steht in engem Zusammenhang mit den Prinzipien des Utilitarismus. Diese ethische Theorie misst den moralischen Wert einer Handlung an ihren Konsequenzen: dem größtmöglichen Nutzen für die größtmögliche Zahl.

Konsumenten wägen ihre Entscheidungen zunehmend danach ab, welchen gesellschaftlichen und ökologischen Nutzen sie stiften. Sie bevorzugen Produkte, die nachhaltig hergestellt wurden, faire Arbeitsbedingungen ermöglichen und ethisch vertretbare Geschäftsmodelle verfolgen. ESG-Kriterien werden zum Maßstab. Die Kaufkraft wird als Mittel zum sozialen und ökologischen Wandel verstanden.[29]

Historisch betrachtet gingen kreative Blütezeiten meist mit ökonomischer Stabilität einher. Die griechische Antike, die Renaissance, die industrielle Revolution oder das 20. Jahrhundert – sie alle waren durch Wachstum, Wissenstransfer und technischen Fortschritt gekennzeichnet. Wohlstand förderte Investitionen in Bildung, Forschung und Innovation – und legte damit den Grundstein für gesellschaftliche Entwicklung.

Auch in der Gegenwart lässt sich diese Dynamik beobachten: Städte wie Berlin sind Zentren kreativer Ökosysteme geworden. Offene Kulturen, vergleichsweise geringe Lebenshaltungskosten, staatliche Förderung und internationales Unternehmertum bilden dort den Nährboden für kreative Start-ups und technologische Innovation.

Ein schmaler Grat

Die Bereitschaft, für nachhaltige und ethisch verantwortungsvolle Produkte höhere Preise zu zahlen, deutet auf eine neue gesellschaftliche Reife hin – ein utilitaristisch motivierter Wertewandel.[30] Doch dieser Weg ist keineswegs gesichert.

Autoritäre Tendenzen, die Machtkonzentration globaler Technologieunternehmen, wirtschaftliche Ungleichheit und die soziale Spaltung durch digitale Medien gefährden die Grundlagen politischer und ökonomischer Freiheit. Diese müssen geschützt und gestärkt werden, wenn Kreativität und Gemeinwohl nicht gegeneinander ausgespielt werden sollen.[31]

Kurz zusammengefasst: »Freiheit ohne Sicherheit ist wie eine Landkarte ohne Kompass.«

Die Dämmerung einer neuen kreativen Epoche: Wie wir gemeinsam gestärkt aus ihr hervorgehen können

Wir stehen an der Schwelle zu einer neuen Ära, einer Zeit, die mit der lebendigen Energie und dem kreativen Funken einer neuen Renaissance pulsiert. Wie einst die sanften Strahlen der Morgendämmerung die Dunkelheit des Mittelalters durchbrachen und die Welt mit neuem Licht erfüllten, so verspricht auch unsere gegenwärtige Ära eine Erneuerung des Denkens und der Kreativität, die tief in der Freiheit des Geistes und der materiellen Freiheit verwurzelt ist.

Stell dir vor, ein majestätischer Adler erreicht das Alter von 40 Jahren. Seine Krallen sind zu lang und unflexibel geworden, sein Schnabel ist verbogen und seine Federn haben an Dichte und Gewicht zugenommen. Der einst mächtige Jäger steht vor einer Entscheidung: sich dem Tod ergeben oder einen schmerzhaften, aber lebensverändernden Erneuerungsprozess zu durchlaufen. Der Adler fliegt zu einem abgeschiedenen Berggipfel, wo er seinen Schnabel gegen einen Felsen schlägt, bis er ihn vollständig abgestoßen hat. Mit dem neu gewachsenen Schnabel zieht er seine alten Krallen aus und wartet, bis neue nachwachsen. Schließlich reißt er sich die schweren Federn aus, sodass auch diese nachwachsen können. Nach einer mehrmonatigen Phase des Leidens ist der Adler erneuert und kann wieder majestätisch durch die Lüfte gleiten.

Diese Metamorphose des Adlers spiegelt den notwendigen Wandel der westlichen Welt wider, die auch in ihrer Abhängigkeit u. a. von fossilen Brennstoffen, der Verwendung von Plastik und nicht nachhaltigen Produktionsmethoden gefangen ist. Wie der Adler mit seinen abgenutzten Merkmalen leidet unsere Gesellschaft unter den Folgen einer veralteten Energieinfrastruktur: Umweltverschmutzung, Klimawandel und Ressourcenknappheit. Um zu überleben und zu gedeihen, muss die westliche Welt mutige Schritte unternehmen und einen schmerzhaften, aber notwendigen Transformationsprozess durchlaufen.

Wie der Adler, der sich durch den schmerzhaften Prozess der Erneuerung eine längere Lebensdauer sichert, kann sich jeder von uns durch den Übergang zu Nachhaltigkeit eine gesündere, wohlhabendere Zukunft mit mehr Lebensfreude und -qualität schaffen. Dieser Wandel sieht auf den ersten Blick schwierig und unbequem aus, doch er ist notwendig, um den Herausforderungen des 21. Jahrhunderts zu begegnen und eine lebenswerte Welt für kommende Generationen zu sichern.

Vor nicht allzu vielen Jahren lebten wir in einer Welt ohne Computer und Smartphone. Alles war papierlastig, und Büroarbeit bedeutete, mit Stapeln von Dokumenten und endlosen Aktenordnern zu jonglieren. Die Automatisierung und vor allem Digitalisierung, wie wir sie heute kennen, existierte schlichtweg nicht.

Von Nachhaltigkeit und deren Folgen hatten wir damals kaum eine Ahnung. Der Begriff »ökologischer Fußabdruck« war unbekannt, Recycling beschränkte sich auf das Sammeln von Pfandflaschen und in den Büros war das Rauchen noch erlaubt. Es war eine Zeit, in der jedoch durch die Nachkriegszeit Bewusstsein für Minimalismus und gezielten Konsum existierte.

Mit dem Aufkommen neuer Technologien begann eine revolutionäre Veränderung. Ein Beispiel par excellence ist das Smartphone. Dieses kleine Gerät ersetzt heutzutage zahlreiche Geräte und Funktionen, die früher einen ganzen Raum gefüllt hätten. Was früher ein ganzes Büro füllte, steckt heute in unserer Hosentasche. Vom Taschenrechner bis zur Wetterstation – das Smartphone ist Symbol einer Revolution, die Raum, Zeit und Ressourcen neu definiert hat. Beispiele für den Ersatz von Geräten durch Smartphones: Taschenrechner, Spielkonsole, Kalender, Notizbuch, Kamera, Videorekorder, Diktiergerät, Computer, Taschenlampe, Wecker, Telefon, Navigationsgerät, MP3-Player, Fernbedienung, E-Book-Reader, Scanner, Faxgerät, Wetterstation, Übersetzer, Schrittzähler, Fitness-Tracker, Spiegelreflexkamera (zugegeben für Amateure), Radio, TV-Streaming-Gerät, Kompass, Maßband, Barcode-Scanner, Dokumentenscanner, Geldbörse und sogar ein Spirometer oder Blutzuckermessgerät in Kombination mit entsprechenden Sensoren.

Diese technologische Revolution hat nicht nur die Art und Weise, wie wir arbeiten und leben, verändert, sondern auch eine neue kreative Epoche eingeleitet. Die fortschreitende Automatisierung und Digitalisierung eröffnen uns neue Möglichkeiten, kreative Lösungen für die Herausforderungen unserer Zeit zu finden. Sie ermutigen uns, nicht nur ökonomisch, sondern auch ökologisch zu denken und zu handeln. So können wir gemeinsam eine Zukunft gestalten, die nicht nur nachhaltig und gesund, sondern auch wirtschaftlich erfolgreich ist.

In dieser neuen kreativen Epoche, angetrieben durch den Motor des menschlichen Geistes und unterstützt durch die unermüdliche Innovation in Kreativitätszentren wie dem Silicon Valley oder wie hierzulande der Start-up-Szene in Berlin, erleben wir, wie die materielle Freiheit die Tore zu einer künstlerischen und innovativen Phase öffnet, die sowohl die Wirtschaft als auch die Kultur vorantreibt. Diese Zentren der Kreativität sind wie lebendige Ökosysteme, die durch die Vielfalt der darin interagierenden Elemente gestärkt werden.

Nachhaltigkeit beginnt dort, wo wir über den kurzfristigen Gewinn hinausblicken – hin zu Langlebigkeit, Reparierbarkeit und echter Verantwortung.

Ein weiterer zentraler Aspekt dieser Epoche ist die Verknüpfung von kreativer Innovation mit grüner Technologie. Innovative Start-ups und etablierte Unternehmen entdecken neue Wege, um nachhaltige Lösungen zu entwickeln, die sowohl die Umwelt schonen als auch ökonomisch sinnvoll sind. Diese reichen von der Verbesserung der Energieeffizienz in elektronischen Geräten bis hin zu neuen Methoden der Lebensmittelproduktion, die weniger Ressourcen verbrauchen und dennoch den Ernährungsbedürfnissen einer wachsenden Weltbevölkerung gerecht werden.

Wissen war nie so zugänglich wie heute. Bildung ist kein Privileg mehr – sie ist ein Hebel. Für Wandel, für Teilhabe, für echte Selbstermächtigung. Wie einst die Buchdruckkunst von Gutenberg die Verbreitung von Wissen revolutionierte, ermöglicht heute das Internet einen unbeschränkten Zugang zu Bildung und Informationen, auch über Plattformen, teilweise kombiniert mit künstlicher Intelligenz. Diese Demokratisierung des Wissens ist entscheidend, um ein tiefgreifendes Verständnis für die Bedeutung von Nachhaltigkeit und Langlebigkeit zu schaffen. Durch Online-Kurse, Workshops und interaktive Plattformen wird das Bewusstsein für diese Themen geschärft und jeder Einzelne ermächtigt, Teil der Lösung zu sein.

Die drei Dimensionen der Nachhaltigkeit betonen die Gleichwertigkeit und Interdependenz. Eine nachhaltige Entwicklung kann nur erreicht werden, wenn ökologische, soziale und ökonomische Ziele gleichzeitig und gleichberechtigt verfolgt werden.

Wir haben das Wissen, die Technologie, die Mittel. Was jetzt zählt, ist der Wille. Denn das neue goldene Zeitalter beginnt – mit unserer Entscheidung, es zu gestalten.

Unser Planet – Wie ein optimierter Alltag dich und den Planeten durchatmen lässt

Emanuel, ein passionierter Buchautor, steht am Fenster eines Apartments im 63. Stock. Vor ihm breitet sich das flimmernde Lichtermeer einer Megacity aus. Mehr als 20 Millionen Menschen leben hier – und atmen die gleiche Luft, die wie ein grauer Schleier über der Stadt liegt. Der Himmel? Verhüllt. Die Sonne? Nur schemenhaft zu erahnen. Was früher wie ein apokalyptischer Zukunftstraum wirkte, ist heute das Drehbuch des Hier und Jetzt.

Emanuel, dessen Herz einst von Abenteuerlust erfüllt war, sieht nun die Welt durch die Linse der Zerstörung. Er erinnert sich an Bali, die paradiesische Insel, deren Strände heute mit Plastikmüll übersät sind. Bali, seit den 1930er-Jahren von Surfern entdeckt, entwickelte in den 1970er-Jahren eine blühende Tourismusindustrie.[32] Das Wasser, einst kristallklar, ist heute ein trübes Spiegelbild menschlicher Nachlässigkeit. Die zunehmende Verstädterung und intensive Nutzung führen zu erhöhtem Gehalt an Schwermetallen und Trübstoffen – ein alarmierender Indikator für die schleichende Umweltdegradation auf Bali. Ebenso erschüttert das Bild der einst unberührten Küsten: Plastik übersät die Strände, und der Massentourismus droht die natürlichen Ressourcen zu überfluten – ein bedrückendes Zeugnis der Schattenseite des Paradieses.[33]

Weiter führt seine Reise ihn zu den endlosen Weiten der Meere. Dort, auf einer einsamen Insel, entdeckt er tote Vögel, ihre Bäuche gefüllt mit Plastik. Sie sind stumme Zeugen eines globalen Problems, das selbst die entlegensten Winkel unseres Planeten erreicht hat.

In einer weiteren Szene erinnert er sich an die Ölkatastrophe vor der Küste Alaskas. Ein havariertes Schiff, dessen schwarze Fracht das Meer in eine Todeszone verwandelt hat. Die einst blühenden Ökosysteme, nun ein Ödland, triefend vor giftigem Schlamm.

Seine Reise geht weiter nach Afrika, wo er Menschen sieht, die stundenlang durch die Hitze wandern, nur um ein wenig Wasser zu finden. Große Teile der Weltbevölkerung kämpfen täglich um Zugang zu diesen lebenswichtigen Grundbedürfnissen, während andernorts das Wasser achtlos verschwendet wird.

Emanuel denkt an die endlosen, vertrockneten Landstriche, die durch die unaufhaltsame Hitze und Dürre verödet sind. Einst fruchtbare Böden, die nun zu Wüsten geworden sind, unfruchtbar und leblos.

Was ist in den letzten 50 Jahren passiert?

Er sieht die vergangenen 50 Jahre wie einen Film vor sich ablaufen – ein Film voller Fehler und Ignoranz, aber auch voller Hoffnung und Veränderung. Die Probleme, die Emanuel auf seiner Reise sieht, sind nicht nur Symptome einer kranken Erde, sondern auch Weckrufe. Weckrufe, die uns daran erinnern, dass unsere Zeit zum Handeln jetzt ist. Wir müssen die Fehler der Vergangenheit erkennen und eine neue Perspektive für unseren Planeten entwickeln – eine Perspektive der Langlebigkeit und Nachhaltigkeit.

Die ökologische Krise ist kein isoliertes Phänomen. Sie ist Ausdruck eines Systems, das aus dem Gleichgewicht geraten ist. Sie umfasst die komplexen Wechselwirkungen zwischen Umwelt, Wirtschaft und Gesellschaft. Während der Klimawandel das sichtbarste Symptom einer globalen Schieflage ist, reichen die ökologischen Herausforderungen tiefer: von der Artenvielfalt über den Zustand der Ozeane bis hin zu den Ressourcenzyklen unseres Planeten.

Diese Perspektive fordert uns auf, unsere Rolle im großen ökologischen Netzwerk neu zu definieren. Es geht nicht nur darum, Schäden zu minimieren, sondern aktiv an der Heilung unseres Planeten mitzuwirken. Nachhaltigkeit ist dabei mehr als ein Schlagwort – sie ist eine Lebensphilosophie, die Verantwortung, Innovation und Weitsicht vereint.

In unserem Bestreben, den Klimawandel zu bekämpfen und unsere Umwelt für zukünftige Generationen zu bewahren, ist es entscheidend, die Hauptquellen von CO_2-Äquivalent-Emissionen (CO_2e) zu verstehen. Um die Auswirkungen menschlichen Handelns zu messen, verwenden

Wissenschaftler das Konzept der CO_2e. Es macht verschiedene Treibhausgase vergleichbar, indem es sie auf ihr globales Erderwärmungspotenzial (GWP) normiert.

CO_2e sind eine Maßeinheit zur Vereinheitlichung der Klimawirkungen verschiedener Treibhausgase, indem deren Klimawirksamkeit in Bezug auf diejenige von Kohlendioxid (CO_2) ausgedrückt wird. Dies ermöglicht die Vergleichbarkeit und Aggregation der Klimawirkungen unterschiedlicher Treibhausgase. Jeder Treibhausgasart wird ein sogenanntes Treibhauspotenzial GWP zugewiesen, das angibt, wie viel Wärme ein Kilogramm dieses Gases im Vergleich zu einem Kilogramm CO_2 über einen bestimmten Zeitraum (meist 100 Jahre) in der Atmosphäre hält. Beispielsweise hat Methan (CH_4) ein GWP von 25, was bedeutet, dass ein Kilogramm Methan über 100 Jahre hinweg 25-mal mehr zur Erderwärmung beiträgt als ein Kilogramm CO_2. Indem die Emissionen verschiedener Treibhausgase in CO_2e umgerechnet werden, kann deren Gesamtbeitrag zum Klimawandel quantifiziert und einfacher kommuniziert werden.[34]

Die letzten 50 Jahre haben uns die Konsequenzen unserer Handlungen vor Augen geführt, aber sie haben uns auch gezeigt, dass wir in der Lage sind, Dinge zu ändern. Von der Reduzierung unseres CO_2-Fußabdrucks bis zur Einführung nachhaltiger Landwirtschaftspraktiken – die Lösungen sind da, und es liegt an uns, sie umzusetzen.

Klimaschutz und Klimaanpassung bilden das Zentrum ökologischer Nachhaltigkeit, da sie Ursache und Folgen des Klimawandels direkt adressieren. Doch nur in Verbindung mit den anderen aufgezeigten Bereichen – von Ressourcenschutz bis zur Energiewende – entsteht ein ganzheitliches Konzept ökologischer Nachhaltigkeit. Gemeinsam können diese Maßnahmen die Erde für kommende Generationen bewahren.

Klimaschutz bedeutet, Maßnahmen zur Reduzierung von Treibhausgasemissionen umzusetzen, um die globale Erwärmung zu begrenzen. Klimaanpassung hingegen umfasst Strategien, um die unvermeidbaren Folgen des Klimawandels – wie Hitzewellen, Dürren und Überschwemmungen – abzufedern.

Einen Anhaltspunkt für die Datenlage gibt der IPCC-Sonderbericht über die globale Erwärmung von 1,5 °C. Er bietet eine detaillierte Untersuchung der potenziellen Auswirkungen, Risiken und Strategien im Zusammenhang mit einer begrenzten globalen Erwärmung. Der Bericht betont die Dringlichkeit, die Erwärmung auf maximal 1,5 °C über dem vorindustriellen Niveau zu beschränken, um die gravierendsten Auswirkungen des Klimawandels zu vermeiden. Wir haben das Thermometer der Erde bereits um 1 °C nach oben getrieben. In 2024 war jedoch bereits das erste Jahr in dem wir die kritischen 1,5 °C überschritten wurde.[35]

Die Risiken, die mit der globalen Erwärmung einhergehen, sind vielfältig und reichen von Gesundheitsgefahren über Beeinträchtigungen der Lebensgrundlagen und Nahrungssicherheit bis hin zu Risiken für die menschliche Sicherheit und das wirtschaftliche Wachstum. Ein Drittel aller CO_2e-Emissionen stammt aus dem, was wir essen – und wie wir es produzieren. Landwirtschaft ist Mitverursacher und Opfer zugleich.

Folgende Kennzahlen zu sozioökonomischen (dunkelgrau) und ökologischen (hellgrau) Faktoren zur Darstellung der extremen Anstiege in den letzten 50 Jahren.

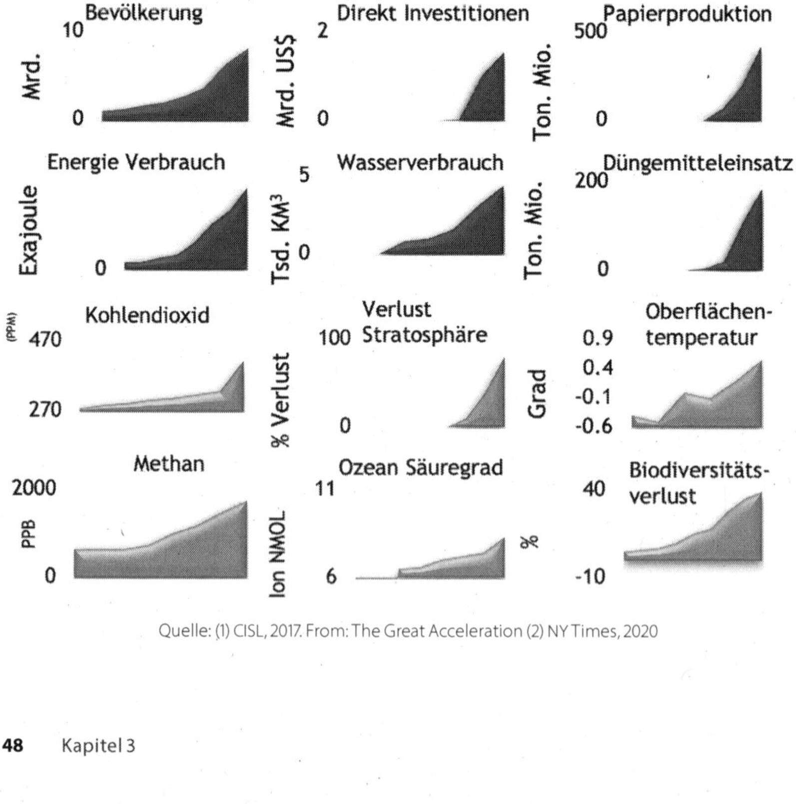

Quelle: (1) CISL, 2017. From: The Great Acceleration (2) NY Times, 2020

Die gezeigten Diagramme visualisieren zentrale Parameter in den letzten 50 Jahren, die den nicht nachhaltigen Umgang mit unserem Planeten messbar machen. Sie zeigen, wie Bevölkerungswachstum, Energieverbrauch, Wasser- und Düngemitteleinsatz sowie wirtschaftliche Aktivitäten seit der Industrialisierung stark angestiegen sind – meist ohne Rücksicht auf ökologische Folgen. Als treibende Kraft kann hierbei der Anstieg der Weltbevölkerung angeführt werden. Parallel dazu verdeutlichen ökologische Indikatoren wie der Anstieg von Kohlendioxid und Methan, die Versauerung der Ozeane, der Temperaturanstieg oder der Verlust der Biodiversität die dramatischen Folgen menschlichen Handelns.

Diese Kennzahlen sind nicht nur statistische Größen, sondern Frühwarnsysteme. Sie zeigen, wo unsere Lebensweise planetare Grenzen überschreitet – und machen deutlich, wie dringend ein grundlegender Wandel hin zu Nachhaltigkeit ist.

Die Erwärmung hat unterschiedliche Auswirkungen auf verschiedene Regionen der Welt, mit stärkerer Erwärmung über Land und in der Arktis. Zudem wurden Trends in der Intensität und Häufigkeit bestimmter Extremwetterereignisse festgestellt. Anthropogene Emissionen werden langfristige Änderungen im Klimasystem hervorrufen, darunter Meeresspiegelanstieg und damit verbundene Folgen, die für Jahrhunderte bis Jahrtausende bestehen bleiben. Die klimabedingten Risiken für natürliche und menschliche Systeme sind bei einer globalen Erwärmung um 1,5 °C höher als heute, aber geringer als bei 2 °C. Diese Risiken hängen von einer Vielzahl von Faktoren ab, einschließlich der Geschwindigkeit der Erwärmung, geografischer Lage, Entwicklungsstand und der Effektivität von Anpassungs- und Minderungsmaßnahmen.

Zusammengefasst betont der IPCC-Sonderbericht die Notwendigkeit umfassender und sofortiger Maßnahmen zur Begrenzung der globalen Erwärmung auf 1,5 °C, um die schwerwiegendsten Auswirkungen des Klimawandels zu vermeiden und nachhaltige Entwicklungschancen für zukünftige Generationen zu erhalten. Dazu gehören Hitzewellen, Stürme, Überschwemmungen und Dürren. Diese können erhebliche Schäden an Infrastruktur, Landwirtschaft und Wohngebieten verursachen. Zum Beispiel verursachte der Hurrikan Harvey 2017 in den USA Schäden in Höhe von etwa 125 Milliarden US-Dollar. Die Stadt Houston war besonders betroffen, mit über 300.000 beschädigten oder zerstörten Gebäuden.[36]

Ein Anstieg des Meeresspiegels bedroht weltweit Küstengebiete und könnte erhebliche Folgen für Millionen von Menschen haben. Bis 2050 wird der Meeresspiegel voraussichtlich um 25 bis 30 Zentimeter steigen, wobei dies regional variieren kann. Beispielsweise wird an der Ostküste der USA ein Anstieg von 25 bis 35 Zentimetern erwartet, an der Golfküste sogar bis zu 45 Zentimeter.[37]

Es wird geschätzt, dass bis 2050 etwa 150 Millionen Menschen weltweit aufgrund des Meeresspiegelanstiegs umgesiedelt werden müssen – ein alarmierender Indikator für die bevorstehenden sozialen Herausforderungen und massiven Flüchtlingsströme. Besonders dramatisch ist die Situation niedrig liegender Inselstaaten wie der Marshallinseln, die bei anhaltendem Trend zwischen zunehmenden Überflutungen und der Gefahr der vollständigen Unbewohnbarkeit schwanken.

Doch die Bedrohung betrifft nicht nur kleine Inselstaaten. Große Küstenmetropolen wie Dhaka in Bangladesch, Jakarta in Indonesien oder Alexandria in Ägypten gehören zu den Hotspots des Klimarisikos. In Bangladesch könnten bis 2050 bis zu 18 Millionen Menschen ihr Zuhause verlieren. Jakarta, das regelmäßig durch Überschwemmungen und Bodensenkungen geplagt ist, hat die indonesische Regierung bereits dazu veranlasst, den Sitz der Hauptstadt in das Landesinnere zu verlegen. Auch die dicht besiedelten Küsten Chinas sowie Teile der US-amerikanischen Ostküste – darunter Miami und New York – gelten als besonders gefährdet. Diese Prognosen verdeutlichen die Dringlichkeit, Maßnahmen zur Reduzierung der Treibhausgasemissionen und Anpassungsstrategien für gefährdete Küstengebiete zu ergreifen. Die Erhöhung der Häufigkeit und Intensität von Hochwasserereignissen wird ebenfalls erwartet, was die Notwendigkeit verstärkter Schutzmaßnahmen unterstreicht.[38]

Wenn wir den ökologischen Kollaps verhindern wollen, brauchen wir Klarheit – und konkrete Hebel. Diese neun Felder zeigen, wo wir ansetzen müssen:[39]

1. Ressourcenmanagement
2. Arten- und Naturschutz
3. Wasser- und Luftqualität
4. Mobilität
5. Bauen und Wohnen
6. Landwirtschaft und Ernährung
7. Produktion und Konsum
8. Schutz der Ozeane und Gewässer
9. Energieproduktion

1. Ressourcenmanagement

Ressourcen sind endlich – unser Verbrauch darf es nicht sein. Kreislaufwirtschaft, Energieeffizienz, Reparatur statt Wegwerfen.

Ein wichtiger Ansatz ist die Kreislaufwirtschaft, die darauf abzielt, Materialien in den Produktionsprozessen wiederzuverwenden, zu recyceln und Abfälle zu vermeiden. Gleichzeitig spielt die Förderung der Energieeffizienz eine entscheidende Rolle, um Ressourcen zu schonen und den Verbrauch fossiler Energieträger zu reduzieren.

Endlich ist genug.

Stell dir vor, du bekommst jeden Tag 1.000 Euro. Du darfst sie komplett ausgeben, aber du bekommst nie einen Cent mehr – sobald der letzte Euro weg ist, war's das. Was würdest du tun?

Klingt absurd, oder? Genau so absurd ist unser derzeitiger Umgang mit natürlichen Ressourcen. Wir behandeln sie, als würden sie sich magisch regenerieren – dabei sind sie das Gegenteil davon: endlich und unersetzlich.

Unsere Wirtschaft funktioniert nach einem Prinzip, das lange Zeit als »Fortschritt« gefeiert wurde: nehmen – nutzen – wegwerfen. Doch das System ist kaputt. Oder besser gesagt: Es war nie ganz.

Kreislaufwirtschaft ist kein grüner Trend, sondern ein weitergedachter, intelligenter Umgang mit Ressourcen. Sie ersetzt das lineare Denken durch zirkuläres: Produkte werden so gestaltet, dass ihre Bestandteile wiederverwendet, repariert oder recycelt werden können. Abfall wird zum

Rohstoff. Wertstoffe bleiben im Umlauf. Verluste werden minimiert, Potenziale maximiert.

In den Niederlanden wird bereits an Gebäuden gearbeitet, die vollständig rückbaubar sind – jedes Bauteil, jede Schraube dokumentiert, zerlegbar, wiederverwendbar. Häuser als temporäre Materiallager. Oder: Patagonia, das Outdoor-Label, bietet für seine Kleidung eine lebenslange Reparaturgarantie – weil ein kaputter Reißverschluss nicht das Ende eines Produkts sein muss.

Energieeffizienz – der unterschätzte Hebel. Noch ein Mythos: »Wir müssen einfach auf grüne Energie umsteigen, dann wird alles gut.« Falsch. Der beste Strom ist der, den wir gar nicht erst verbrauchen. Energieeffizienz ist der leise Riese der Nachhaltigkeit: unspektakulär, aber mächtig. Eine LED-Lampe spart über 80 Prozent Strom gegenüber einer Glühbirne. Moderne Wärmepumpen reduzieren den Heizenergiebedarf drastisch. Isolierung spart Heizkosten – und damit CO_2 – jedes Jahr aufs Neue.

Reparieren statt wegwerfen

Wir leben in einer Wegwerfgesellschaft – nicht, weil wir es müssen, sondern weil wir es so gelernt haben. Und weil es oft billiger ist, neu zu kaufen, als zu reparieren. Eine Entwicklung, die Ressourcen vernichtet und Selbstwirksamkeit verlernt.

Doch ein repariertes Gerät ist mehr als nur ein gespartes Produkt. Es ist ein Akt des Widerstands gegen ein System, das uns zur Passivität erzieht.

2. *Arten- und Naturschutz*

Der Schutz der Biodiversität ist zentral für die ökologische Balance. Was einmal ausgestorben ist, kommt nicht zurück. Hierzu zählen Maßnahmen zum Erhalt natürlicher Lebensräume, die Renaturierung geschädigter Ökosysteme sowie der Schutz bedrohter Tier- und Pflanzenarten. Der Erhalt von Wäldern, Mooren und Meeren trägt nicht nur zur Artenvielfalt bei, sondern ist auch wichtig für den Klimaschutz, da diese Ökosysteme große Mengen CO_2 speichern.

Der ökologische Aspekt konzentriert sich auf den Schutz natürlicher Ressourcen und die Minimierung von Umweltbelastungen durch menschliche Aktivitäten. Auch Biodiversität spielt hierbei eine Rolle und rückt immer mehr in den Fokus der Bemühungen. Biodiversität umfasst die Vielfalt des Lebens auf der Erde auf genetischer, artenbezogener und ökosystemarer Ebene. Sie ist entscheidend für das Funktionieren der Ökosysteme, die über Jahrtausende entstanden sind und nicht aus dem Gleichgewicht gebracht werden sollten, die lebenswichtige Dienstleistungen wie Nahrungsmittelversorgung, sauberes Wasser und Klimaregulierung bieten. Der Erhalt der Biodiversität unterstützt die Anpassungsfähigkeit und Überlebensfähigkeit von Arten und Ökosystemen. Daher ist der Schutz der Biodiversität für das Überleben und das Wohlbefinden der Menschheit wichtig. Sie umfasst die gesamte Bandbreite an Ökosystemen, Arten und genetischen Variationen, die das Leben auf unserem Planeten ausmachen.

Man unterscheidet drei Ebenen der Biodiversität:[40]

- Genetische Vielfalt: Unterschiedliche Gene innerhalb einer Art, die deren Anpassungsfähigkeit und Überlebensfähigkeit sichern.
- Artenvielfalt: Die Vielfalt aller Pflanzen-, Tier- und Mikroorganismenarten.
- Ökosystemvielfalt: Die verschiedenen Lebensräume wie Wälder, Ozeane, Wüsten und Wiesen, die komplexe Lebensgemeinschaften beherbergen.

Laut einer Studie der Vereinten Nationen sind etwa eine Million Arten weltweit vom Aussterben bedroht, viele davon innerhalb der nächsten Jahrzehnte.

3. *Wasser- und Luftqualität*

Luft, die wir atmen. Wasser, das wir trinken. Klingt banal – ist essenziell. Ohne saubere Umwelt ist kein gesundes Leben möglich. Die ökologische Nachhaltigkeit setzt sich daher für den Schutz von Trinkwasserressourcen, die Reduzierung der Luftverschmutzung und eine saubere Abwasseraufbereitung ein. Maßnahmen zur Verringerung von Plastikverschmutzung in Meeren und Flüssen sowie der Kampf gegen Smog und Feinstaub in Städten sind entscheidende Handlungsfelder.

Verschobene Niederschlagsmuster und häufigere Dürren führen zu Wassermangel, der sowohl Trinkwasserreserven als auch die Wasserverfügbarkeit für Landwirtschaft und Industrie beeinträchtigt. Ein markantes Beispiel hierfür war 2018 in Kapstadt, Südafrika, als der sogenannte »Day Zero« drohte und die Stadt kurz davorstand, die Wasserversorgung weitgehend abzuschalten. Doch Kapstadt ist nicht allein mit diesem Problem konfrontiert. Europa und Amerika erleben ähnliche Herausforderungen.

In Spanien, insbesondere in der südlichen Region Andalusien, haben wiederholte Dürren die Landwirtschaft schwer getroffen. Die Olivenhaine, die für die Region von wirtschaftlicher Bedeutung sind, litten unter extremem Wassermangel, da die Reservoirs kritische Tiefststände erreichten. Die strengen Wasserrestriktionen zeigten, wie fragil die Wasserversorgung in der Region geworden ist.[41]

Italien stand 2017 vor einem ähnlichen Schicksal, als die Regierung den Notstand für mehrere Regionen ausrief. Die extreme Dürre führte zu erheblichen Ernteausfällen und beeinträchtigte die Trinkwasserversorgung. Besonders der Po, ein zentraler Fluss für die Landwirtschaft Norditaliens, verzeichnete alarmierende Wasserstände, was die Bewässerung der Felder erheblich erschwerte.[42]

Über den Atlantik hinweg kämpft Kalifornien seit mehreren Jahren mit anhaltender Dürre. Diese führte zu historischen Tiefstständen in den Stauseen und einem drastischen Rückgang des Grundwasserspiegels. Strikte Wasserverbrauchsbeschränkungen wurden eingeführt, um die knappen Wasserressourcen zu verwalten. Die wirtschaftlichen Verluste in der Landwirtschaft waren erheblich, da die Felder ohne ausreichende Bewässerung blieben.[43]

4. *Mobilität*

Der Verkehrssektor, einschließlich Autos, Lkw, Flugzeuge und Schiffe, ist für etwa 14 Prozent der globalen Emissionen verantwortlich.[44] Unser Mobilitätsverhalten entscheidet über den CO_2-Ausstoß von morgen. Bus statt SUV. Bahn statt Flugzeug. Fahrrad statt Feierabendstau.

Maßnahmen zur Begrenzung:

- Ausbau des öffentlichen Nah- und Fernverkehrs.
- Förderung von Elektrofahrzeugen und der dazugehörigen Ladeinfrastruktur.
- Entwicklung von effizienteren Flug- und Schifffahrtstechnologien.

Eine umweltfreundliche Verkehrswende ist ein zentraler Bestandteil der ökologischen Nachhaltigkeit. Nachhaltige Mobilitätskonzepte fördern den Ausbau des öffentlichen Verkehrs, den Einsatz emissionsfreier Verkehrsmittel wie Elektroautos und Fahrräder sowie die Einführung von Carsharing-Modellen. Konzepte wie die »15-Minuten-Stadt«, in der alle wichtigen Orte des täglichen Lebens fußläufig oder mit dem Rad erreichbar sind, reduzieren Verkehrsaufkommen und CO_2-Emissionen erheblich.

5. *Bauen und Wohnen*

Unsere Häuser sind CO_2-Schleudern – oder Klimahelden. Die Wahl liegt in der Wanddämmung, im Strommix, in jedem einzelnen Thermostat.

Der Betrieb von Gebäuden, inklusive Heizung, Kühlung und Beleuchtung, verursacht etwa sechs Prozent der weltweiten Emissionen.

Maßnahmen zur Begrenzung:

- Verbesserung der Gebäudeisolierung und -dämmung.
- Einsatz von energieeffizienten Heiz- und Kühlsystemen.
- Nutzung erneuerbarer Energiequellen für den Betrieb von Gebäuden.

Der Bausektor ist für einen erheblichen Teil der weltweiten CO_2-Emissionen verantwortlich. Nachhaltiges Bauen setzt auf energieeffiziente Gebäude, den Einsatz umweltfreundlicher und recycelbarer Baustoffe sowie eine ressourcenschonende Stadtentwicklung. Dach- und Fassadenbegrünungen verbessern das Mikroklima in Städten, während die Nutzung erneuerbarer Energien wie Solar- oder Geothermie die Energiebilanz von Gebäuden optimiert.

6. *Landwirtschaft und Ernährung*

Was auf unseren Tellern liegt, beeinflusst das Klima. Mehr Pflanzen, weniger Tier – mehr Zukunft, weniger CO_2. Die Wald- und Landwirtschaft mit den Bereichen Waldrodung, Landnutzungsänderungen und landwirtschaftliche Praktiken sind zusammen für rund 24 Prozent der Emissionen verantwortlich.[45]

Maßnahmen zur Begrenzung:

- Förderung nachhaltiger Landwirtschaftspraktiken.
- Aufforstung und Wiederaufforstung von entwaldeten Gebieten.
- Verbesserung der Bodenbewirtschaftung zur Erhöhung der CO_2-Absorption.

Eine umweltfreundliche Landwirtschaft schützt Böden, Wasserressourcen und die Artenvielfalt. Der Verzicht auf chemische Pestizide und Düngemittel, der Anbau vielfältiger Fruchtfolgen sowie der Schutz fruchtbarer Böden sind zentrale Maßnahmen. Regionale und saisonale Ernährung sowie die Reduktion des Fleischkonsums tragen zusätzlich zur Senkung von Treibhausgasemissionen und Transportwegen bei.

Gefährdungen der Nahrungsmittelsicherheit, die mit Veränderungen im Klima einhergehen, können Ernteerträge reduzieren und die Verfügbarkeit von Nahrungsmitteln verringern. Extreme Wetterereignisse und unvorhersehbare klimatische Bedingungen können die Landwirtschaft stark beeinträchtigen. Zum Beispiel führte die Dürre in Kalifornien zwischen 2011 und 2017 zu landwirtschaftlichen Verlusten von etwa 3,8 Milliarden US-Dollar.[46]

7. *Produktion und Konsum*

Produktion und Konsum sind keine Naturgesetze. Wir haben die Wahl: neu oder gebraucht, viel oder bewusst, billig oder fair. Die industrielle Produktion, einschließlich der Herstellung von Stahl, Zement und Chemikalien, trägt mit etwa 20 Prozent zu den globalen Emissionen bei.[47]

Maßnahmen zur Begrenzung:

- Einsatz von energieeffizienteren Prozessen und Materialien.
- Recycling, Förderung der Kreislaufwirtschaft und Wiederverwendung von Produkten.
- Forschung und Anwendung von alternativen, weniger kohlenstoffintensiven Produktionsmethoden.

Die Art und Weise, wie wir produzieren und konsumieren, hat enorme Auswirkungen auf die Umwelt. Umweltfreundliche Produktionsprozesse setzen auf emissionsarme Technologien, nachhaltige Rohstoffe und faire Arbeitsbedingungen. Gleichzeitig trägt ein bewusster Konsum zur ökologischen Nachhaltigkeit bei. Die Wahl langlebiger, reparierbarer Produkte, der Kauf zertifizierter Waren (z. B. mit Fairtrade- oder EU-Bio-Siegel) und die Nutzung von Secondhand-Angeboten schonen Ressourcen und reduzieren Abfall.

Die Abfallwirtschaft mit der Entsorgung und Behandlung von festen und flüssigen Abfällen trägt rund drei Prozent zu den globalen Emissionen bei.

Maßnahmen zur Begrenzung:

- Förderung von Recycling und Kompostierung.
- Einführung von effizienteren Abfallbehandlungsverfahren, wie z. B. der Methangasgewinnung aus Deponien.
- Reduzierung der Lebensmittelverschwendung auf allen Stufen der Versorgungskette.

Durch die Implementierung gezielter Maßnahmen und die Förderung von Technologien zur Reduzierung von Emissionen können wir einen signifikanten Beitrag zur Bekämpfung des Klimawandels und zu Auswirkungen auf die Gesundheit jedes Einzelnen leisten. Es ist eine gemeinsame Anstrengung von Regierungen, Unternehmen und Einzelpersonen erforderlich, um unsere Emissionen zu reduzieren und eine nachhaltigere Zukunft zu gestalten.

8. *Schutz der Ozeane und Gewässer*

Die Ozeane sind die Lunge unseres Planeten – und sie keuchen. Plastik, Öl, Überfischung: Jeder Liter zählt. Jeder Fisch auch. Die Ozeane sind essenziell für das globale Klimasystem, da sie große Mengen CO_2 binden. Der Schutz der Meere vor Überfischung, Plastikverschmutzung und Ölkatastrophen ist daher von großer Bedeutung. Maßnahmen wie die Ausweisung von Meeresschutzgebieten, die Förderung nachhaltiger Fischerei und die Reduktion von Plastikmüll helfen, die Meeresökosysteme langfristig zu erhalten.

9. *Energieerzeugung*

Energie ist Macht – und Verantwortung. Fossile Brennstoffe waren gestern. Sonne, Wind und Speicher sind das Rückgrat einer lebenswerten Zukunft.

Die Energieerzeugung ist für etwa 25 Prozent der globalen CO_{2e}-Emissionen verantwortlich.[48] Dies schließt Kohle-, Erdgas- und Ölkraftwerke ein, die den Großteil der weltweiten Energie liefern.

Maßnahmen zur Begrenzung:

- Förderung erneuerbarer Energiequellen wie Wind-, Solar- und Wasserkraft.
- Verbesserung der Energieeffizienz in Industrie und Haushalten.
- Entwicklung und Einsatz von CO_2-Abscheidungs- und Speichertechnologien (CCS).

Diese 9 Bereiche gilt es im Kontext der Nachhaltigkeit mitzudenken.

Emanuels Reise durch eine Welt in der Krise ist eine kraftvolle Erinnerung daran, dass der Klimawandel kein Problem von morgen ist, sondern eine drängende Herausforderung, die uns heute und vor allem die folgenden Generationen betrifft. Ob es die smogverhüllten Himmel von Metropolen sind, die plastiküberladenen Strände oder die vertrockneten Felder – die Zeichen sind unübersehbar.

Höhere Temperaturen und veränderte Klimabedingungen können die Verbreitung von Krankheiten und Gesundheitsrisiken begünstigen. Zudem können extreme Hitze und Luftverschmutzung gesundheitliche Probleme wie Hitzschläge und Atemwegserkrankungen verschärfen. Laut der WHO könnten zwischen 2030 und 2050 jährlich etwa 250.000 zusätzliche Todesfälle aufgrund des Klimawandels auftreten, verursacht durch Mangelernährung, Malaria, Durchfallerkrankungen und Hitzestress.

Soziale und wirtschaftliche Instabilität durch klimabedingte Migration, Ressourcenknappheit und die Zerstörung von Lebensgrundlagen kann zu sozialen Spannungen und Konflikten führen. Wirtschaftliche Schäden durch Naturkatastrophen und den Verlust von Ernten können ebenfalls zu Hungersnot und Instabilität führen. Laut dem Internal Displacement Monitoring Centre (IDMC) wurden 2020 weltweit rund 30 Millionen Menschen durch klimabedingte Katastrophen vertrieben, was die sozialen und wirtschaftlichen Herausforderungen weiter verschärft.

Diese Risiken verdeutlichen die Dringlichkeit, Maßnahmen zur Bekämpfung des Klimawandels zu ergreifen und Strategien zur Anpassung an unvermeidbare Veränderungen zu entwickeln.

Dein soziales Immunsystem – Wie echte Verbundenheit deine Zellen stärkt

Sade war acht, als sie zum ersten Mal verstand, was Ohnmacht bedeutet. In einem abgelegenen Dorf in Westafrika lernte sie früh, was es heißt, wenn Bildung ein Privileg ist – und Rechte nur ein ferner Traum. Bildung war ein Luxus, den sich viele Mädchen, einschließlich Sade, nicht leisten konnten. Der Schulweg war gefährlich und lang, und oft mussten die Mädchen zu Hause bleiben, um im Haushalt zu helfen oder auf die Geschwister aufzupassen. Die Unterdrückung der Frauen war allgegenwärtig. Sie durften nicht wählen und hatten kaum Rechte. Sade sah, wie ihre Mutter und andere Frauen im Dorf hart arbeiteten, ohne jemals die Möglichkeit zu haben, ihre Stimmen zu erheben oder für ihre Rechte zu kämpfen.

Diese Zeit prägte Sade tief. Sie erinnerte sich an die Momente, in denen sie davon träumte, eines Tages Zugang zu Bildung zu haben und die Welt mitzugestalten. Trotz der Härten fand sie Trost in den Geschichten und Liedern, die die älteren Frauen im Kreise ihrer großen Familien im Dorf teilten.

Dann kam der Sprung von der Lehmhütte ins Hochhaus – es war kein Neuanfang – es war ein Kulturschock. Europa war sicherer. Aber auch kälter. Anonymer. Als ihre Familie schließlich in die belebte Stadt in Europa zog, war es eine gewaltige Umstellung. Dennoch trug sie die Erinnerungen und Lehren aus ihrer Zeit in Afrika in ihrem Herzen. Sie wusste, dass Bildung und Gerechtigkeit nicht selbstverständlich waren, und diese Erkenntnis gab ihr den Antrieb, in der Schule ihr Bestes zu geben und für eine bessere Zukunft zu kämpfen.

Sade, ein Mädchen mit afrikanischen Wurzeln, ist jetzt 13 Jahre alt und lebt mit ihren Eltern in einer belebten Stadt. Obwohl die Stadt voll von Menschen ist, fühlt sie sich oft einsam. In unserer schnelllebigen Welt sind die Menschen ständig in Eile, und das Leben in einer anonymen Stadt kann ziemlich überwältigend sein.

Die sozialen Interaktionen, die sie sich wünscht, sind oft auf kurze Begegnungen in der Schule oder auf der Straße beschränkt. Ohne die Nähe ihrer Großeltern fehlt ihr die Wärme und Weisheit der älteren Generation, die so viele Geschichten und Erfahrungen zu teilen hat. Diese Lücke spürt Sade besonders stark, wenn sie ihre Freunde von ihren Großeltern erzählen hört.

Worte können verletzen – manchmal mehr als Schläge. »Geh dahin zurück, wo du herkommst«, zischt ein Fremder. Sade schaut ihre Mutter an. Die Tränen kommen später. Dieser Moment hat sie tief verletzt und verunsichert. Rassismus ist eine bittere Realität, die sie schmerzlich erfahren musste, und es hinterließ in ihr das Gefühl, dass die Welt manchmal grausam und ungerecht ist.

In der Schule hat Sade oft Schwierigkeiten, sich in Gruppen einzufinden. Die anderen Kinder bewegen sich häufig in ihren eigenen Cliquen und Sade fühlt sich ausgeschlossen. Diese Einsamkeit wird durch die ständige Präsenz von Social Media verschärft. Während alle um sie herum ihre scheinbar perfekten Leben auf den sozialen Plattformen teilen, fühlt sich Sade oft, als ob sie nicht dazugehört. Die ständige Flut von bearbeiteten Fotos und Highlight-Reels lässt sie sich ungenügend und unsichtbar fühlen.

Sade fühlt sich in Europa oft arm im Vergleich zu ihren Mitschülern. Sie kann das Niveau der anderen in Bezug auf Kleidung und Wohlstand, wie zum Beispiel Handys, nicht erreichen. Diese Unterschiede verstärken ihr Gefühl der Isolation und machen es ihr schwer, sich in die Gesellschaft zu integrieren. Sie beobachtet, wie ihre Mitschüler ständig die neuesten Modetrends verfolgen und teure Gadgets besitzen, während sie selbst mit einfachen Mitteln auskommen muss. Diese Ungleichheiten lassen Sade sich oft minderwertig und ausgegrenzt fühlen.

Der Drang nach Individualität und Erfolg in der heutigen »Ich-zentrierten« Welt ist allgegenwärtig. Sade beobachtet, wie ihre Mitschüler ständig versuchen, im Rampenlicht zu stehen, sei es durch die neuesten Modetrends oder durch das Streben nach Anerkennung. Diese Dynamik macht es schwer, echte Freundschaften zu schließen. Sade fühlt sich oft unter Druck gesetzt, mitzumachen, obwohl sie weiß, dass sie dadurch nicht wirklich glücklicher wird.

Die Anonymität der Stadt und die Hektik des modernen Lebens verstärken diese Gefühle. Die Geräusche der Sirenen und das Licht der Straßenlaternen rauben ihr oft den Schlaf und hinterlassen sie müde und unruhig. In den wenigen ruhigen Momenten sehnt sie sich nach grünen Wiesen und stillen Orten, die in der Stadt kaum zu finden sind. Die wenigen Parks sind oft überfüllt und voller Müll, was sie traurig macht, denn sie liebt die Natur und hasst es, zu sehen, wie Menschen sie nicht respektieren.

Nachhaltigkeit endet nicht beim Klima. Sie beginnt beim Menschen. Es geht um Gerechtigkeit, Teilhabe, Würde. Dabei geht es um weit mehr als nur um Arbeitsbedingungen und soziale Gerechtigkeit; es geht um den grundlegenden Zugang zu Dienstleistungen, die Förderung von Gemeinschaften und das unermüdliche Streben nach einer inklusiven und gerechten Welt. Die soziale Dimension von Nachhaltigkeit betrifft jede Facette des menschlichen Daseins – von der Art und Weise, wie Menschen miteinander umgehen, bis hin zu den subtilen Dynamiken innerhalb unserer Städte und Gemeinschaften.

Von der Vergangenheit lernen: Die Entwicklung der Drei-Generationen-Haushalte. Historisch gesehen spielten Mehrgenerationenhaushalte eine wesentliche Rolle in der sozialen Struktur vieler Gesellschaften. Sie dienten nicht nur der finanziellen und emotionalen Unterstützung, sondern auch als Mittel zur Weitergabe von Wissen und Traditionen. In diesen Haushalten wurden die Bedürfnisse aller Altersgruppen anerkannt und respektiert, was zu einer starken sozialen Kohäsion und gegenseitigen Fürsorge führte.

Mit der zunehmenden Urbanisierung und kleineren Familien haben sich jedoch die sozialen Strukturen signifikant verändert.

Die Förderung von Diversität und Inklusion sowie die Bekämpfung von Diskriminierung und Ungleichheit sind dabei zentrale Säulen. Die UN-SDGs zeigen: Soziale Nachhaltigkeit ist mehr als ein Ideal – sie ist messbar. Diese sieben Felder bilden das Fundament einer menschlicheren Zukunft:

- **Keine Armut:** Armut zu beenden ist das erste Ziel der sozialen Nachhaltigkeit. Dies bedeutet, dass jeder Mensch Zugang zu den grundlegenden Notwendigkeiten des Lebens haben sollte, wie Nahrung, Kleidung und Unterkunft. Initiativen zur Armutsbekämpfung beinhalten Mikrofinanzierung, Sozialhilfeprogramme und Schaffung von Arbeitsplätzen, um den Menschen zu helfen, sich aus der Armut zu befreien.
- **Kein Hunger:** Hunger zu beseitigen und Ernährungssicherheit zu gewährleisten, ist ein weiteres zentrales Ziel. Dies umfasst den Zugang zu ausreichender, sicherer und nahrhafter Nahrung für alle Menschen, besonders für gefährdete Gruppen. Programme zur Unterstützung der Landwirtschaft, Verbesserung der landwirtschaftlichen Produktivität und Förderung nachhaltiger Ernährungssysteme sind hierbei entscheidend.
- **Gesundheit und Wohlbefinden:** Die Gewährleistung eines gesunden Lebens und die Förderung des Wohlbefindens für alle Altersgruppen sind wesentliche Elemente sozialer Nachhaltigkeit. Dies umfasst den Zugang zu medizinischer Versorgung, präventive Gesundheitsmaßnahmen und Bildungsprogramme zu gesunder Lebensweise. Gesundheitsinitiativen zielen darauf ab, Krankheiten zu bekämpfen, die Mütter- und Kindersterblichkeit zu reduzieren und die allgemeine Lebensqualität zu verbessern.
- **Bildung, Diversität und Inklusion:** Hochwertige Bildung für alle zu gewährleisten, ist ein Schlüsselfaktor für nachhaltige Entwicklung. Dies beinhaltet den Zugang zu schulischer und beruflicher Bildung

unabhängig von Geschlecht, Alter, ethnischer Zugehörigkeit oder sozioökonomischem Hintergrund. Diversität und Inklusion in Bildungseinrichtungen fördern ein Umfeld, in dem alle Individuen ihre Fähigkeiten entwickeln und ihre Potenziale ausschöpfen können.

- **Gleichstellung der Geschlechter:** Die Gleichstellung der Geschlechter zu erreichen und alle Frauen und Mädchen zur Selbstbestimmung zu befähigen, ist unerlässlich für eine gerechte Gesellschaft. Gleichstellung beginnt nicht auf Papier – sondern im Alltag. In jeder Schule. In jeder Gehaltsabrechnung. In jedem Gesetz.
- **Arbeits- und Wirtschaftswachstum:** Förderung eines dauerhaften, inklusiven und nachhaltigen Wirtschaftswachstums, produktiver Vollbeschäftigung und menschenwürdiger Arbeit für alle. Dies bedeutet die Schaffung von Arbeitsplätzen, die faire Bezahlung und gute Arbeitsbedingungen bieten. Zudem umfasst es Initiativen zur Unterstützung kleiner und mittlerer Unternehmen, Innovationsförderung und Sicherstellung eines stabilen wirtschaftlichen Umfelds, das Wachstum und Wohlstand für alle ermöglicht.

Der soziale Aspekt erfordert ein tiefgreifendes Verständnis der menschlichen Faktoren in der modernen Gesellschaft. Durch die Anerkennung der Bedeutung von sozialer Gerechtigkeit, Diversität und Gemeinschaft können Unternehmen und Gesellschaften nicht nur zur Lösung aktueller Herausforderungen beitragen, sondern auch eine nachhaltige und inklusive Zukunft gestalten. In einer Welt, die sich ständig verändert, bleibt die Verpflichtung zu sozialer Verantwortung ein konstanter Leuchtturm der Hoffnung für alle.

Smart konsumieren, reich leben – Kauf dich frei

Jonas war 38, als er merkte, dass sein Leben nicht ihm gehörte.

Er lebte in einer Penthouse-Wohnung mit Blick über die Stadt. Im Schrank: Designeranzüge. In der Garage: ein italienischer Sportwagen. Er aß in den besten Restaurants, reiste in der Business Class – und fühlte sich trotzdem leer. Der Arzt nannte es »Lifestyle-bedingtes Erschöpfungssyndrom«. Jonas nannte es: die Quittung.

Was nützte ihm der perfekte Anzug, wenn der Körper darin müde war? Was bedeutete ein Sterne-Menü, wenn sein Darm rebellierte? Er hatte alles – und nichts, was zählte.

Sein Wendepunkt war banal: ein Spaziergang im Stadtpark. Barfuß. Ohne Handy. Ohne Uhr. Einfach er selbst. Zum ersten Mal seit Jahren fühlte er: So kann sich Freiheit anfühlen. Nicht gekauft – erlebt.

Gesundheit kostet nichts – aber sie zahlt sich aus. Jonas begann, anders zu leben. Er entdeckte:

- Wasser ist das beste Getränk. Gratis. Rein. Und oft unterschätzt.
- Bewegung macht glücklich. Treppen, Parks, der eigene Körper reichen aus.
- Schlaf ist die mächtigste Medizin – und gratis.
- Frische Luft, Sonnenlicht, Ruhe – elementar, aber unbezahlbar.

Er stellte fest: Die Dinge, die ihn gesund machten, kosteten kein Geld – nur Aufmerksamkeit. Und Mut zur Veränderung.

Die Maslowsche Bedürfnispyramide beschreibt, was wir Menschen brauchen, um uns erfüllt zu fühlen. Nachhaltigkeit kann jede dieser Ebenen stärken:

Physiologische Grundbedürfnisse: Gesunde Ernährung (mehr Pflanzen, weniger Industrie), Wasser, Bewegung, Ruhe – ein Leben im Gleichgewicht.

Sicherheit

Weniger Konsum bedeutet: weniger Fixkosten, weniger Schulden, mehr Kontrolle. Ein sicheres Fundament für echte Freiheit.

Soziale Bedürfnisse

Wer bewusst lebt, lebt oft vernetzter. Sharing-Modelle, Gemeinschaftsgärten, Nachbarschaftshilfe – neue Formen des Miteinanders.

Wertschätzung

Sinnvolle Arbeit, persönliche Entwicklung und bewusstes Konsumverhalten schaffen echte Anerkennung – innen wie außen.

Selbstverwirklichung

Was brauche ich wirklich? Diese Frage führt zu mehr als einem minimalistischen Kleiderschrank – sie führt zu innerer Klarheit.

Jonas lernte: Die teuersten Dinge hatten ihn abhängig gemacht. Die scheinbaren Statussymbole raubten ihm Energie und Freiheit. Erst als er losließ, gewann er zurück, was wirklich zählt: Gesundheit, Leichtigkeit, Zeit.

Ein nachhaltiger Lebensstil bedeutet nicht Verzicht, sondern neue Qualität. Er senkt laufende Kosten, reduziert Stress, schützt die Umwelt – und bringt dich zurück zu dir selbst.

Nachhaltigkeit ist ökonomische Intelligenz

Ein ökologisch orientierter Lebensstil hilft dir nicht nur, den Planeten zu retten – sondern auch dein Konto. Und deine Gesundheit. Und deine mentale Balance.

Du hast die Wahl:

- Willst du weiter jagen – nach dem nächsten teuren Mehr?
- Oder willst du ankommen – in einem Leben, das dir wirklich gehört?

Wohlstand neu gedacht

Ein nachhaltiger Lebensstil macht dich nicht automatisch reich – aber er macht dich reicher: an Zeit, Gesundheit und Freiheit. Die Wirtschaft der Zukunft basiert nicht auf Ausbeutung, sondern auf Resilienz. Nicht auf Wachstum um jeden Preis, sondern auf Balance. Wer früh umsteuert, profitiert mehrfach:

Schau dir deine letzten 30 Ausgaben an. Welche davon haben dir genützt? Und bei welchen hast du eigentlich nur für Status oder Gewohnheit gezahlt? Was wäre, wenn du 20 Prozent davon umleiten könntest – in echte Lebensqualität?

KAPITEL 4

Die Langlebigkeits-Formel: Sieben Schlüsselbereiche, die dein Leben auf ein neues Level bringen

In den letzten Jahren hat das Interesse an Langlebigkeit, d. h. an Methoden und Praktiken, die ein längeres, gesundes Leben fördern, exponentiell zugenommen.

Was wäre, wenn du mit 90 noch joggen gehst, dein Lieblingsessen kochst und deinen Enkeln Mathe erklärst? Die Forschung zeigt: Langlebigkeit ist kein Zufall. Es ist eine Entscheidung.

Diese Entwicklung wurde durch eine Kombination aus wissenschaftlichen Durchbrüchen, einer alternden Bevölkerung und einem wachsenden Bewusstsein für die Bedeutung eines gesünderen Lebensstils vorangetrieben.

Das Stanford Center on Longevity und ähnliche Institutionen leisten Pionierarbeit, indem sie die wissenschaftliche Forschung mit praktischen Empfehlungen für ein langes und gesundes Leben mit den folgenden sieben Schlüsselbereichen adressieren:[49]

1. Gesunde Ernährung: »Iss klüger, lebe länger – Ernährung als Lebensversicherung«
2. Bewegung und körperliche Aktivität: »Dein täglicher Jungbrunnen«
3. Erholsamer Schlaf: »Wie du nachts regenerierst und tags leistest«
4. Stress: »Dein unsichtbarer Alterungsbooster (oder manchmal Trainingspartner)«
5. Soziale Bindung: »Soziale Nähe heilt«
6. Kognitive Stimulanz: »Dein Gehirn liebt Herausforderungen«
7. Dankbarkeit und Reflexion: »Das unterschätzte Upgrade deines Mindsets«

Die Evolution der Langlebigkeit ist nicht nur ein Zeugnis menschlicher Neugier und wissenschaftlicher Fortschritte, sondern auch eine Einladung an uns alle, die Verantwortung für unsere Gesundheit zu übernehmen und unser Leben in vollem Umfang selbst in die Hand zu nehmen. Hierbei bilden Erkenntnisse aus Regionen mit einer überdurchschnittlich alten Bevölkerung, sogenannte Blue Zones, die Basis für die Empfehlungen.

Was haben ein japanisches Fischerdorf, ein italienisches Bergdorf und eine kalifornische Kirchengemeinde gemeinsam?

Sie alle sind Hotspots für ein Leben jenseits der 100 – voller Gesundheit, Sinn und Gemeinschaft. Blue Zones sind Regionen auf der Welt, in denen Menschen signifikant länger leben als im weltweiten Durchschnitt. Diese Gebiete wurden von dem Forscher und Autor Dan Buettner identifiziert, der feststellte, dass die Menschen in diesen Zonen nicht nur länger leben, sondern auch gesünder sind und ein erfüllteres Leben führen.

Zu den bekanntesten Blue Zones gehören:

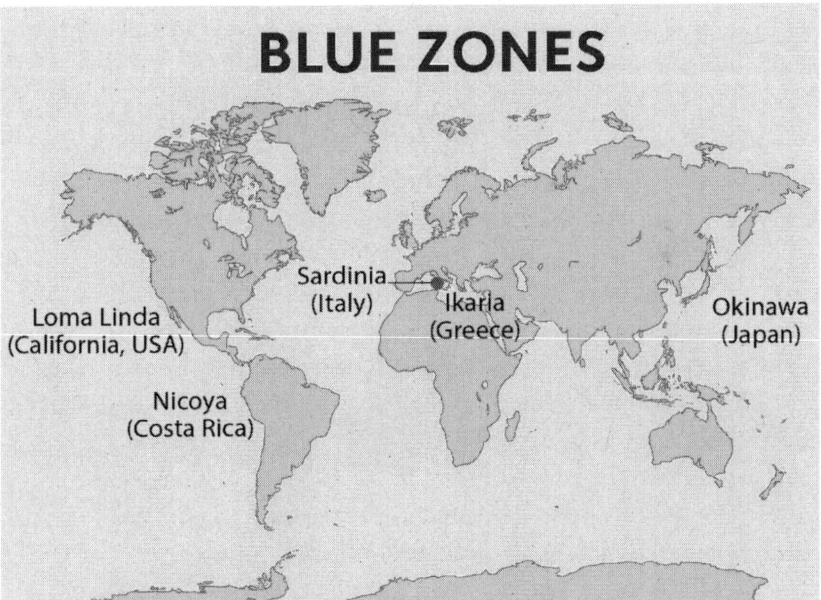

Quelle: Blue Zones definiert von Stanford Center on Longevity

1. **Okinawa (Japan):** Bekannt für seine hohe Anzahl an Hundertjährigen, die eine Diät reich an Gemüse und Sojaprodukten bei minimalem Fleischkonsum führen.
2. **Sardinien (Italien):** Hier gibt es eine hohe Konzentration an männlichen Zentenaren, die sich durch eine aktive Lebensweise und eine Diät, die reich an Vollkornprodukten, Gemüse und Fisch ist, auszeichnen.
3. **Loma Linda (Kalifornien, USA):** Eine Gemeinde der Siebenten-Tags-Adventisten mit einer strengen vegetarischen Diät und einem starken Fokus auf Gemeinschaft und Spiritualität.
4. **Nicoya (Costa Rica):** Charakterisiert durch eine starke soziale Bindung, eine sonnenreiche Umgebung und eine natürliche körperliche Aktivität, die Teil des täglichen Lebens ist.
5. **Ikaria (Griechenland):** Bekannt für geringe Raten an chronischen Krankheiten und eine Diät, die reich an Olivenöl, Vollkornprodukten und frischem Gemüse ist.

Die Lektionen aus den Blue Zones bieten wertvolle Einsichten, wie ein gesunder und langlebiger Lebensstil unabhängig vom geografischen Standort umgesetzt werden kann. Durch die Integration von Elementen aus den sieben Kategorien in das tägliche Leben kann jeder einen Schritt in Richtung eines längeren und erfüllteren Lebens vollziehen.

Es ist faszinierend, wie tief verwurzelte Gewohnheiten und scheinbar triviale Familienrituale unser Verständnis von »Anstand« und »Manieren« prägen. Die Episode zeigt, dass Regeln oft nicht um ihrer selbst willen bestehen, sondern als Ausdruck einer tieferen gesellschaftlichen Haltung. Was einst als unumstößlich galt – wie das Zitat von Voltaire, ob nun falsch oder richtig angewandt –, wird von der nächsten Generation herausgefordert und sogar humorvoll entlarvt. Im Kern bleibt die Frage: Sind es die Regeln, die uns formen, oder der Mut, diese infrage zu stellen? Ein Balanceakt zwischen Konvention und Rebellion.

1.1.1 *Gesunde Ernährung: »Iss klüger, lebe länger – Ernährung als Lebensversicherung«*

Ein durchschnittlicher Erwachsener benötigt täglich etwa 2.000 bis 2.500 Kilokalorien, abhängig von Faktoren wie Geschlecht, Alter und Aktivitätsniveau.[50] Diese Kalorien sollten aus einer ausgewogenen Mischung von Makro- und Mikronährstoffen stammen, um die Gesundheit optimal zu unterstützen. Die empfohlene Verteilung der Makronährstoffe liegt bei 45–60 Prozent Kohlenhydraten, 20–35 Prozent Fetten und 10–20 Prozent Proteinen. Besonders Proteine spielen eine entscheidende Rolle: Für den Erhalt der Muskelmasse wird im Durchschnitt eine Zufuhr von etwa 0,8 Gramm pro Kilogramm Körpergewicht empfohlen. Wer jedoch körperlich aktiv ist oder Muskeln aufbauen möchte, sollte die Proteinzufuhr auf etwa 1,6 bis 2,2 Gramm pro Kilogramm erhöhen, was jedoch nach der mediterranen und Longevity-Empfehlung nicht sinnvoll ist.[51]

Proteine sind deine tägliche Baustelle der Erneuerung. Kein Makronährstoff baut dich so stark auf wie sie – im wörtlichen Sinne.

Und der Effekt? Mehr Muskeln, weniger Fett, länger satt. Interessant ist der sogenannte »Protein-Wave-Effekt«. Proteine besitzen einen höheren thermischen Effekt als Kohlenhydrate oder Fette. Das bedeutet, der Körper verbraucht mehr Energie, um Proteine zu verdauen und zu verstoffwechseln, was zu einer erhöhten Kalorienverbrennung führt. Dieser Effekt kann die Fettverbrennung ankurbeln und gleichzeitig den Muskelaufbau unterstützen, da Proteine auch länger sättigen und den Blutzuckerspiegel stabilisieren. Dies macht sie zu einem effektiven Werkzeug, um das Gewicht zu kontrollieren und die Körperkomposition zu verbessern. Weiterhin ist ein bemerkenswerter Effekt bei Proteinen, dass das Sättigungsgefühl oft erst eintritt, wenn der Körper die benötigte Menge an Proteinen erhalten hat. Im Gegensatz zu Kohlenhydraten oder Fetten signalisiert der Körper erst dann, dass er genug hat, wenn er ausreichend Proteine zur Verfügung gestellt bekommt. Das liegt daran, dass Proteine essenzielle Bausteine für zahlreiche Körperfunktionen, wie Muskelaufbau und Gewebereparatur, sind. Kohlenhydrate und Fette hingegen liefern primär Energie, sättigen aber nicht so effektiv oder langfristig wie Proteine. Daher kann eine proteinreiche Mahlzeit das Hungergefühl wesentlich länger unterdrücken.

Neben dem Kalorienbedarf spielt die Qualität der Nahrung eine zentrale Rolle. Ein durchschnittlicher Mensch isst im Laufe seines Lebens über 30 Tonnen Lebensmittel – eine beeindruckende Zahl. Täglich konsumieren wir etwa zwei bis drei Kilogramm Lebensmittel, wobei viele von uns zu oft auf kalorienreiche, nährstoffarme Nahrungsmittel zurückgreifen.[52] Um eine optimale Gesundheit zu fördern, ist es entscheidend, nicht nur die Kalorienmenge im Blick zu behalten, sondern auch sicherzustellen, dass die Nahrung alle notwendigen Makro- und Mikronährstoffe enthält. Makronährstoffe wie Kohlenhydrate, Fette und Proteine versorgen den Körper mit Energie und Baustoffen, während Mikronährstoffe wie Vitamine und Mineralien essenzielle Funktionen im Stoffwechsel und Immunsystem unterstützen.

Kohlenhydrate sind die primäre Energiequelle des Körpers. Sie werden zu Glukose umgewandelt, die sowohl für die Muskeln als auch für das Gehirn unverzichtbar ist. Proteine hingegen sind die Bausteine des Körpers und unerlässlich für den Aufbau und die Reparatur von Gewebe – vor allem von Muskeln, aber auch von Haut, Enzymen und Immunzellen.

Und Fette?

Fette sind weit mehr als nur Energiespeicher oder »Dickmacher«, wie sie lange in der öffentlichen Wahrnehmung galten. Sie übernehmen entscheidende Aufgaben für unsere Gesundheit und Langlebigkeit. Vor allem ungesättigte Fettsäuren – etwa aus Nüssen, Avocados, Olivenöl oder fettem Seefisch – sind wahre Multitalente:

Sie stabilisieren den Hormonhaushalt, inklusive wichtiger Botenstoffe wie Testosteron oder Östrogen.

Sie ermöglichen die Aufnahme fettlöslicher Vitamine (A, D, E und K), die für Immunfunktion, Knochenaufbau, Zellschutz und Blutgerinnung essenziell sind.

Sie wirken entzündungshemmend, unterstützen die Gehirnfunktion und tragen zur Zellmembran-Stabilität bei.

Fette liefern mit 9 kcal pro Gramm mehr als doppelt so viel Energie wie Kohlenhydrate oder Proteine – was sie zur effizientesten Form der Energiespeicherung macht.[53] Das macht sie für Ausdauersportler ebenso interessant wie für Menschen, die bewusst essen und lange satt bleiben möchten.

Entscheidend ist nicht, wie viel Fett du isst – sondern welche Art. Industriefette, Transfette und überhitzte Öle schaden. Natürliche, unverarbeitete Fettquellen fördern Vitalität.

Mikronährstoffe – die stillen Regisseure deiner Gesundheit

Während Makronährstoffe wie Kohlenhydrate, Fette und Proteine den Körper mit Energie und Baumaterial versorgen, übernehmen Mikronährstoffe die feine Steuerung im Hintergrund. Sie liefern selbst keine Kalorien, sind aber absolut unverzichtbar für nahezu alle biochemischen Prozesse im Körper. Dazu zählen Vitamine, Mineralstoffe und Spurenelemente – die Dirigenten im Orchester deiner Zellen. Sie stärken das Immunsystem, unterstützen den Energiestoffwechsel, regulieren den Hormonhaushalt und schützen vor oxidativem Stress. Ein Mangel an nur einem Mikronährstoff kann das fein abgestimmte Gleichgewicht stören – oft lange, bevor sich Symptome zeigen. Besonders kritisch: Vitamin D (Knochen, Immunabwehr), Magnesium (Muskeln, Nerven), Eisen (Blutbildung, Leistungsfähigkeit) und B-Vitamine (Energie, Gehirn). In einer Zeit, in der viele Lebensmittel zwar füllen, aber nicht nähren, wird eine ausgewogene, nährstoffreiche Ernährung zur Grundlage für nachhaltige Gesundheit und Langlebigkeit.[54]

Mikronährstoffe wirken im Mikro – aber entscheiden im Makro. Wer sie ignoriert, riskiert viel mehr als nur Leistungseinbußen. Eine gesunde Ernährung beeinflusst jedoch nicht nur das Gewicht, sondern auch andere Aspekte unserer körperlichen und geistigen Leistungsfähigkeit. Omega-3-Fettsäuren, die in Fisch und einigen Pflanzenölen enthalten sind, fördern die Gehirnfunktion und können das Gedächtnis und die Konzentration verbessern. Antioxidantien aus Obst und Gemüse schützen das Gehirn vor oxidativem Stress, der langfristig das Risiko für neurodegenerative Erkrankungen erhöhen kann.

Auch die Muskeln profitieren enorm von einer ausgewogenen Ernährung. Proteine spielen eine Schlüsselrolle beim Aufbau und Erhalt der Muskelmasse, besonders nach körperlicher Aktivität. Kohlenhydrate sind ebenfalls wichtig, da sie die Glykogenspeicher in den Muskeln auffüllen und so die Energie für zukünftige körperliche Aktivitäten bereitstellen.

Insgesamt zeigt sich, dass eine durchdachte Ernährungsstrategie den Grundstein für ein langes, gesundes Leben legt. Eine richtige Balance aus Makro- und Mikronährstoffen, angepasst an den individuellen Lebensstil und die Ziele, sorgt nicht nur für körperliche Leistungsfähigkeit, sondern stärkt auch das geistige Wohlbefinden und die allgemeine Gesundheit.

Ganzheitliche Ernährung – Vom Produkt zur Zelle

Gesunde Ernährung beginnt nicht auf dem Teller – sondern mit der Entscheidung, was wir überhaupt einkaufen. Und sie endet nicht beim Kauen – sondern erst dann, wenn der letzte Mikronährstoff deinen Zellen zur Verfügung steht. Wer Ernährung wirklich verstehen will, muss den gesamten Prozess betrachten: von der Qualität des Lebensmittels über seine Zubereitung bis hin zur Verwertung durch den Körper.

1. Die Wahl der richtigen Produkte: Vollwertig denken

Unsere Nahrung sollte von Natur aus alles mitbringen, was der Körper braucht: hochwertige Makronährstoffe (Kohlenhydrate, Fette, Proteine) und die oft unterschätzten Mikronährstoffe (Vitamine, Mineralien, sekundäre Pflanzenstoffe). Die besten Quellen dafür sind möglichst unverarbeitete, ursprüngliche Lebensmittel: buntes Gemüse, saisonale Früchte, Vollkorngetreide, Hülsenfrüchte, Nüsse, Samen, hochwertige Öle und gelegentlich tierische Produkte aus artgerechter Haltung.

2. Reinheit vor Vielfalt: Qualität schlägt Quantität

Ein scheinbar nährstoffreiches Produkt kann durch Rückstände wie Pestizide, Schwermetalle oder künstliche Zusatzstoffe in seiner Wirkung radikal geschwächt werden – oder dem Körper sogar schaden. Die Nährstoffe kommen zwar rein – aber die Belastungen auch. Deshalb: Bio-Qualität, regionaler Anbau, Transparenz in der Herkunft sind keine Luxuswünsche, sondern die neue Basis gesunder Ernährung. Reinheit entscheidet, ob dein Körper die Nahrung als Ressource oder als Belastung verarbeitet.

Ein Apfel ist mehr als nur Zucker. Er ist ein mikrobielles System aus Ballaststoffen, Vitamin C, Kalium, sekundären Pflanzenstoffen – und bioverfügbarer Energie. Doch was nützt all das, wenn er mit Pestiziden belastet oder in Plastikfolie gereift ist?

3. Zubereitung entscheidet über Wirkung

Viele Mikronährstoffe sind hitzelabil oder reagieren empfindlich auf Licht, Sauerstoff oder Wasser. Klassisches Beispiel: Vitamin C, das durch langes Kochen nahezu vollständig zerstört werden kann. Auch Folsäure in Spinat oder Brokkoli verliert bei falscher Zubereitung über die Hälfte ihrer Wirkung. Garen, Dünsten, Kurzerhitzen – statt Kochen, Braten, Überbacken.

Doch es gibt auch das Gegenteil: Tomaten enthalten Lycopin, einen wertvollen Zellschutzstoff – aber erst durch Erhitzen wird er für den Körper besser verfügbar. Oder: Beta-Carotin in Karotten wird nur mit etwas Fett voll aufgenommen. Das heißt: Ernährung ist nicht schwarz-weiß. Sie ist Kontext.

4. Aufnahmefähigkeit: Bereit sein für das, was du isst

Der wichtigste, aber am meisten vernachlässigte Teil: Dein Körper muss aufnahmebereit sein. Chronischer Stress, schlechte Verdauung, Entzündungen im Darm oder permanentes Essen verhindern, dass selbst die besten Lebensmittel ihre Wirkung entfalten können.

Fasten, bewusste Pausen zwischen den Mahlzeiten, ein gesunder Biorhythmus – all das verbessert die Nährstoffaufnahme. Denn nur ein »hungriger« Körper ist wirklich aufnahmefähig. Fasten aktiviert Reparaturmechanismen, reduziert Entzündungen und macht den Stoffwechsel effizienter – nicht nur im Umgang mit Energie, sondern auch mit Mikronährstoffen. Es kommt nicht nur darauf an, was du isst – sondern wann du es isst und in welchem Zustand dein Körper ist. Ernährung ist mehrdimensional. Gesunde Ernährung bedeutet nicht Kalorienzählen, sondern Systemverständnis.

- Du brauchst gute Produkte.
- Du musst sie schonend und intelligent zubereiten.
- Und dein Körper muss bereit sein, das Geschenk auch anzunehmen.

Wenn du beginnst, so zu denken – wird Essen wieder zu dem, was es ursprünglich war: Medizin, Kraftquelle und Lebensfreude zugleich.

1.1.2 Bewegung und körperliche Aktivität: »Dein täglicher Jungbrunnen«

Bewegung und körperliche Aktivität sind essenziell für die Funktionsweise des Körpers. Wenn wir uns bewegen, aktiviert der Körper eine Vielzahl an Prozessen, die nicht nur die Muskulatur, sondern auch das Herz-Kreislauf-System und das Nervensystem beeinflussen. Muskeln spielen dabei eine zentrale Rolle, da sie für grundlegende körperliche Funktionen wie Bewegung, Stabilität und Stoffwechsel verantwortlich sind. Durch regelmäßige körperliche Aktivität werden Muskelfasern gereizt, was zu einer Anpassung und Stärkung der Muskeln führt. Dieser Aufbauprozess, auch als Hypertrophie bezeichnet, ist lebenswichtig, da Muskeln nicht nur für Kraft und Ausdauer sorgen, sondern auch den Stoffwechsel ankurbeln, Gelenke schützen und die Mobilität im Alter erhalten.

Darüber hinaus hat körperliche Aktivität einen weitreichenden Einfluss auf den Geist. Bewegung fördert die Durchblutung des Gehirns, was die kognitive Leistungsfähigkeit steigert und die Konzentration verbessert. Gleichzeitig werden Endorphine freigesetzt, die als »Glückshormone« wirken und das Wohlbefinden steigern. Studien zeigen auch, dass regelmäßige Bewegung das Risiko für psychische Erkrankungen wie Depressionen senken kann. Körperliche Aktivität unterstützt somit nicht nur den Aufbau lebenswichtiger Muskeln, sondern fördert auch die geistige Gesundheit und trägt zu einem ausgeglichenen, energiegeladenen Leben bei.

Regelmäßige körperliche Aktivität ist ein weiterer Eckpfeiler für ein langes Leben. Sie trägt nicht nur zur Gewichtskontrolle bei, sondern verbessert auch die Herzgesundheit, fördert die psychische Gesundheit und unterstützt die kognitive Funktion. Die Empfehlung reicht von moderater bis intensiver Aktivität, einschließlich Krafttraining, um Muskelmasse und Knochendichte zu erhalten.

Wann sollte man sich bewegen?

Nach dem Aufstehen deinen Aktivitätslevel zu erhöhen, ist ein entscheidender Schlüssel zu einem produktiven und energiegeladenen Tag. Der menschliche Körper folgt einem natürlichen 24-Stunden-Rhythmus, dem sogenannten zirkadianen Rhythmus, der unsere Schlaf- und Wachzyklen sowie die Ausschüttung von Hormonen steuert. Direkt nach dem Aufwachen beginnen Hormone wie Cortisol, das als »Stresshormon« bekannt ist, im Körper anzusteigen. Dieses Hormon hilft uns, wach und aufmerksam zu werden und den Energielevel für den Tag zu steigern.

Indem man den Aktivitätslevel am Morgen gezielt erhöht, unterstützt man diesen natürlichen Prozess. Bewegung gleich nach dem Aufstehen – sei es durch Stretching, leichtes Joggen oder eine Trainingseinheit, wie ich es praktiziere – kurbelt den Stoffwechsel an und hilft, den Kreislauf in Schwung zu bringen. Dies steigert nicht nur die körperliche Leistungsfähigkeit, sondern fördert auch die geistige Klarheit und Konzentration. Je aktiver man am Morgen ist, desto besser passt sich der Körper diesem Energiefluss an.

Interessanterweise erreicht der Körper seinen Aktivitätshöhepunkt zur Mittagszeit. In dieser Phase sind sowohl körperliche als auch geistige Leistungen auf ihrem Maximum. Der Blutdruck, die Reaktionsfähigkeit und die Muskelkraft sind in dieser Zeit besonders hoch. Es ist der optimale Moment für anspruchsvolle Aufgaben. Hormone wie Adrenalin und Noradrenalin unterstützen diese Leistungsfähigkeit, indem sie die Energie freisetzen, die der Körper für physische und mentale Herausforderungen benötigt.

Nach diesem Peak sinkt der Aktivitätslevel langsam ab. Dies ist ein natürlicher Teil des zirkadianen Rhythmus, der den Körper auf den bevorstehenden Abend vorbereitet. Gegen Nachmittag und Abend produzieren wir zunehmend Melatonin, ein Hormon, das für das Einleiten des Schlafes verantwortlich ist. Ein zu hohes Aktivitätsniveau in den späten Abendstunden kann diese Produktion stören und die Schlafqualität beeinträchtigen.

Indem man den Tag mit einer hohen Aktivität beginnt und zur Mittagszeit den Peak erreicht, unterstützt man also nicht nur die natürliche Hormonausschüttung des Körpers, sondern bereitet sich auch auf einen erholsamen Schlaf vor. Diese Struktur aus einem kraftvollen Start, einem Aktivitätshöhepunkt zur Mittagszeit und einer allmählichen Reduktion des Aktivitätsniveaus am Abend schafft eine optimale Balance zwischen Leistung und Regeneration.

1.1.3 Erholsamer Schlaf: »Wie du nachts regenerierst und tags leistest«

Schlaf ist eine der grundlegendsten und wichtigsten Erholungsphasen für den menschlichen Körper. Während wir schlafen, finden zahlreiche Prozesse statt, die dafür sorgen, dass Körper und Geist regenerieren, sich erholen und optimal auf den nächsten Tag vorbereitet sind. Doch was genau passiert während des Schlafes, und wie können wir sicherstellen, dass unser Schlaf wirklich erholsam ist?

Schlaf ist nicht nur eine passive Ruhephase, sondern eine Zeit intensiver Aktivität für Körper und Gehirn. Während wir schlafen, laufen verschiedene physiologische und neurologische Prozesse ab, die entscheidend für unsere Gesundheit und unser Wohlbefinden sind. Ein zentraler Erholungsprozess betrifft die Muskeln und das Gewebe: In den Tiefschlafphasen schüttet der Körper Wachstumshormone aus, die für die Zellreparatur, den Muskelaufbau und die Regeneration von Gewebe notwendig sind.

Auch das Immunsystem profitiert maßgeblich von erholsamem Schlaf. Während der Nacht werden Immunzellen aktiviert, die Infektionen und Entzündungen bekämpfen. Regelmäßiger Schlafmangel kann daher das Immunsystem schwächen und das Risiko für Krankheiten erhöhen.

Für das Gehirn ist Schlaf ebenfalls unverzichtbar. Im sogenannten REM-Schlaf (Rapid Eye Movement), einer Phase intensiver Gehirnaktivität, werden Informationen verarbeitet und Erinnerungen gefestigt. Gleichzeitig reinigt das Gehirn sich von Abfallstoffen, die sich während des Tages ansammeln und das Risiko für neurodegenerative Erkrankungen wie Alzheimer erhöhen könnten. Schlafmangel führt nicht nur zu kognitiven Beeinträchtigungen wie Konzentrationsstörungen, sondern kann auch die emotionale Stabilität und das Gedächtnis negativ beeinflussen.

Erholsamer Schlaf ist weit mehr als die bloße Anzahl der geschlafenen Stunden. Es geht um die Qualität des Schlafes und das Durchlaufen eines gesunden Schlafzyklus. Dieser besteht aus mehreren Phasen, die sich in etwa 90-Minuten-Zyklen wiederholen. Tiefschlafphasen sind besonders wichtig für die körperliche Erholung, während der REM-Schlaf vor allem für die mentale Erholung und das emotionale Gleichgewicht sorgt.

Ein erholsamer Schlaf zeichnet sich dadurch aus, dass man morgens erfrischt und ausgeruht aufwacht, ohne während der Nacht häufig aufzuwachen oder lange zum Einschlafen zu brauchen. Störungen in der Schlafqualität, wie häufiges Erwachen oder Einschlafprobleme, können die Regenerationsprozesse unterbrechen und zu Erschöpfung, schlechter Laune und Konzentrationsschwächen am Tag führen.

Um einen erholsamen Schlaf zu gewährleisten, ist die richtige Schlafhygiene entscheidend. Diese umfasst Verhaltensweisen und Umgebungsfaktoren, die das Ein- und Durchschlafen unterstützen.

1.1.4 Stress: »Dein unsichtbarer Alterungsbooster (oder manchmal Trainingspartner)«

Stress wird oft als etwas Negatives wahrgenommen, weil er im Körper eine Kampf-oder-Flucht Reaktion auslöst, bei der Stresshormone wie Cortisol und Adrenalin ausgeschüttet werden. Diese Hormone bereiten den Körper auf kurzfristige Höchstleistungen vor, indem sie den Herzschlag beschleunigen, den Blutdruck erhöhen und mehr Energie bereitstellen. Doch wenn Stress zu einem chronischen Zustand wird, kann er gesundheitsschädlich sein. Anhaltend hohe Cortisolwerte beeinträchtigen das Immunsystem, führen zu Schlafstörungen und erhöhen das Risiko für Herz-Kreislauf-Erkrankungen. Daher gilt es oft, Stressquellen zu minimieren und Techniken zur Stressbewältigung zu erlernen, wie körperliche Aktivität, Atemübungen oder Meditation.

Doch nicht jeder Stress ist per se schädlich. Gezielt eingesetzter Stress kann den Körper sogar stärker und widerstandsfähiger machen. Diese Art von Stress – auch als Eustress oder positiver Stress bekannt – tritt auf, wenn der Körper gezielt und kurzfristig belastet wird. Beispiele hierfür sind eine intensive Trainingseinheit oder Eisbaden. Beim Krafttraining wird der Körper durch hohe Belastungen gefordert, was zu Mikrorissen in den Muskeln führt. Während der Erholungsphase repariert der Körper diese Risse, was zu einem Muskelaufbau und einer verbesserten Leistungsfähigkeit führt. Auch Eisbaden ist eine Form von selektiver Stressaussetzung: Die extreme Kälte setzt den Körper unter Druck, aktiviert das Herz-Kreislauf-System und stärkt langfristig die Abwehrkräfte sowie die mentale Belastbarkeit.

Selektiver Stress kann also eine positive Wirkung haben, wenn er bewusst und in Maßen eingesetzt wird, gefolgt von ausreichender Erholung. Diese Art von Stress hilft dem Körper, sich anzupassen und widerstandsfähiger zu werden, was langfristig die körperliche und geistige Gesundheit stärkt. Entscheidend ist, dass wir verstehen, wie wir Stress bewältigen und ihn gezielt für unsere Entwicklung nutzen können – sei es durch intensive sportliche Herausforderungen oder durch kontrollierte Belastungen. So kann Stress, der ursprünglich als etwas Negatives erscheint, zu einem kraftvollen Werkzeug werden, um persönliche Ziele zu erreichen und unsere Widerstandskraft zu steigern.

Chronischer Stress hingegen kann zu einer Vielzahl von gesundheitlichen Problemen führen, darunter Herzerkrankungen, Diabetes und Depressionen – und sollte erkannt und möglichst reduziert werden.

1.1.5 Soziale Bindung: »Soziale Nähe heilt«

Soziale Bindungen sind die Verbindungen, die wir zu anderen Menschen aufbauen – sei es zu Freunden, Familie, Kollegen oder der Gemeinschaft. Diese Beziehungen bieten emotionale Unterstützung, Sinnhaftigkeit und Zugehörigkeit. Sie erfüllen ein grundlegendes menschliches Bedürfnis nach Kontakt und Nähe, das tief in unserer Evolution verwurzelt ist. Schon unsere Vorfahren überlebten durch Kooperation und das Leben in Gemeinschaften, und auch heute sind soziale Bindungen entscheidend für unser Wohlbefinden und unsere Gesundheit. Früher wurden solche Bindungen oft automatisch durch das Leben in Mehrgenerationenhaushalten oder in dörflichen Gemeinschaften gepflegt, wo enge Nachbarschaften und generationsübergreifende Beziehungen alltäglich waren. In diesen Strukturen waren Unterstützung und soziale Interaktion fest im Alltag verankert, und der Kontakt zu verschiedenen Altersgruppen und sozialen Schichten war selbstverständlich.

Studien zeigen, dass Menschen mit starken sozialen Bindungen gesünder, glücklicher und länger leben. Ein unterstützendes soziales Netzwerk bietet Schutz vor Stress, da Menschen mit engen Beziehungen die Herausforderungen des Lebens leichter bewältigen können. Emotionale Unterstützung von Freunden und Familie hilft, negative Erlebnisse zu verarbeiten, und schafft ein Gefühl von Sicherheit und Geborgenheit. Soziale Bindungen fördern auch die geistige Gesundheit, da regelmäßiger Kontakt mit anderen die kognitiven Fähigkeiten stärkt, Einsamkeit reduziert und das Risiko für Depressionen senkt. Darüber hinaus haben soziale Bindungen einen direkten Einfluss auf die körperliche Gesundheit. Menschen, die in Gemeinschaften eingebunden sind und sich regelmäßig mit anderen austauschen, haben ein geringeres Risiko für Herz-Kreislauf-Erkrankungen, einen stabileren Blutdruck und ein stärkeres Immunsystem. Ein unterstützendes Netzwerk hat sich sogar als ein wichtiger Faktor für die Langlebigkeit erwiesen. Gemeinschaftliches Engagement sowie das Pflegen von Freundschaften und familiären Beziehungen können die Lebensdauer verlängern, da sie das Gefühl der Sinnhaftigkeit und Lebensfreude steigern.

Weltweit gehen Menschen unterschiedlich mit Angst und Depression um. Häufige Bewältigungsstrategien sind das Sprechen mit Familie oder Freunden, religiöse oder spirituelle Aktivitäten sowie die Einnahme verschriebener Medikamente. In manchen Ländern wird stark auf Medikamente gesetzt, während andere auf soziale oder spirituelle Unterstützung zurückgreifen. Der Zugang zu Behandlungen variiert jedoch stark. In vielen einkommensschwachen Ländern fehlen ausreichende psychische Gesundheitsdienste, was dazu führt, dass Menschen informelle Methoden wie religiöse Aktivitäten oder familiären Rückhalt bevorzugen. In wohlhabenderen Ländern hingegen gibt es mehr Zugang zu medizinischen Behandlungen wie Therapie und Medikamenten.[55]

Soziale Bindungen entstehen durch gegenseitiges Vertrauen, Interesse und Fürsorge. Um solche Verbindungen aufzubauen, ist es wichtig, offen und authentisch auf andere zuzugehen. Ein guter Ausgangspunkt ist das Engagement in der Gemeinschaft. Indem man sich an sozialen Aktivitäten beteiligt – sei es in Vereinen, gemeinnützigen Projekten oder in der Nachbarschaft –, kommt man mit neuen Menschen in Kontakt und teilt gemeinsame Interessen. Diese gemeinsamen Erlebnisse bilden die

Grundlage für langfristige Beziehungen. Freundschaften und familiäre Beziehungen erfordern zudem Pflege. Regelmäßige Treffen, offene Gespräche und das aktive Zuhören sind wichtige Bausteine, um bestehende Bindungen zu stärken. Auch das Geben von emotionaler Unterstützung – sei es durch Trost in schwierigen Zeiten oder durch Freude an gemeinsamen Erfolgen – vertieft die Verbindung. Ein starkes Netzwerk entwickelt sich durch diese kleinen, aber bedeutenden Handlungen der Fürsorge und Aufmerksamkeit.

1.1.6 Kognitive Stimulanz: »Dein Gehirn liebt Herausforderungen«

Kognitive Stimulanz bezeichnet die regelmäßige Anregung und Herausforderung des Gehirns, um dessen Leistungsfähigkeit und Gesundheit zu erhalten. Genau wie der Körper benötigt auch das Gehirn fortlaufend »Training«, um flexibel und leistungsfähig zu bleiben. Kognitive Stimulanz ist wichtig, da sie die Gehirnzellen aktiviert, neue neuronale Verbindungen schafft und die Gedächtnis- und Denkfähigkeiten verbessert. Ohne solche Anregungen besteht das Risiko eines schnelleren kognitiven Abbaus, der das Erinnerungsvermögen und die Problemlösungsfähigkeiten beeinträchtigen kann.[56]

Um kognitive Stimulanz zu fördern, sollten regelmäßige mentale Herausforderungen in den Alltag integriert werden. Aktivitäten wie Lesen, das Erlernen einer neuen Sprache, Musizieren oder auch strategische Spiele regen das Gehirn an und halten es fit. Diese Tätigkeiten fördern nicht nur die Kreativität und Konzentration, sondern trainieren auch die Fähigkeit, neue Informationen zu verarbeiten und Verbindungen zu knüpfen. Darüber hinaus helfen soziale Interaktionen und das Lernen neuer Fähigkeiten, das Gehirn aktiv und gesund zu halten. Regelmäßige geistige Stimulanz kann somit langfristig die kognitive Gesundheit verbessern und dem altersbedingten Abbau entgegenwirken.

1.1.7 Dankbarkeit und Reflexion: »Das unterschätzte Upgrade deines Mindsets«

Dankbarkeit und Reflexion sind wichtige geistige und emotionale Praktiken, die dazu beitragen, das Wohlbefinden zu steigern und ein erfülltes Leben zu führen. Dankbarkeit bedeutet, sich bewusst auf die positiven Aspekte des Lebens zu konzentrieren und Wertschätzung für Menschen, Ereignisse und Erfahrungen zu empfinden, die uns Gutes tun. Reflexion hingegen ist der Prozess des Nachdenkens über vergangene Erlebnisse und Verhaltensweisen, um daraus zu lernen und sich weiterzuentwickeln. Beide Praktiken schaffen eine Grundlage für innere Ruhe und eine positive Lebenseinstellung.

Sie sind entscheidend, weil sie nicht nur das Wohlbefinden stärken, sondern auch die geistige Gesundheit fördern. Dankbarkeit hilft, den Fokus auf das zu legen, was im Leben gut läuft, und kann somit negative Emotionen wie Frustration oder Neid vermindern. Regelmäßige Reflexion ermöglicht es, schädliche Gewohnheiten oder Denkweisen zu erkennen und zu verändern, was zu persönlichem Wachstum und einer klareren Selbstwahrnehmung führt. Dankbarkeit und Reflexion können zudem Stress reduzieren und die emotionale Widerstandskraft stärken, was langfristig auch zur Langlebigkeit beiträgt.

Um Dankbarkeit und Reflexion in den Alltag zu integrieren, können einfache Methoden wie das Führen eines Dankbarkeitsjournals helfen. Hierbei nimmt man sich täglich ein paar Minuten Zeit, um drei Dinge aufzuschreiben, für die man dankbar ist. Diese bewusste Auseinandersetzung mit positiven Erlebnissen kann das eigene Denken nachhaltig verändern. Reflexion kann durch regelmäßige Selbstgespräche oder Tagebuchschreiben gefördert werden, um vergangene Ereignisse zu überdenken und zu verstehen. Diese einfachen Praktiken helfen, eine positive Einstellung zu bewahren und das eigene Leben achtsamer und bewusster zu gestalten.

Langlebigkeit trifft auf Nachhaltigkeit: Nutze den Synergie-Effekt

In den vorangegangenen Kapiteln haben wir uns tiefgreifend mit den Konzepten von Langlebigkeit und Nachhaltigkeit auseinandergesetzt. Dabei wurde Langlebigkeit als eine ganzheitliche Praxis der Verlängerung der qualitativ hochwertigen Lebensjahre definiert, die sich auf körperliche, mentale und soziale Gesundheit stützt. Gleichzeitig wurde Nachhaltigkeit als eine globale Verpflichtung dargestellt, unseren Planeten und seine Ressourcen zu bewahren, um uns und künftigen Generationen ein lebenswertes Leben zu ermöglichen.

Doch was passiert, wenn wir diese beiden Konzepte miteinander verbinden? Die Art und Weise, wie wir leben, konsumieren und wirtschaften, beeinflusst sowohl unsere eigene Lebensqualität als auch die des Planeten. In diesem Kapitel geht es genau darum: Wie vereint man Langlebigkeit und Nachhaltigkeit, um sowohl individuell als auch global das Beste aus der Zukunft zu machen?

Langlebigkeit und Nachhaltigkeit verfolgen dasselbe Ziel: ein gutes Leben – heute und in Zukunft. Was dem Körper guttut, entlastet oft auch die Umwelt. Die folgende Übersicht zeigt konkrete Beispiele für diese Synergie.

Dein Upgrade-Programm in 21 Schritten für mehr Energie, Klarheit und mehr vom Leben

Die Herausforderungen, vor denen unsere Welt steht, betreffen nicht nur die Umwelt, sondern auch unsere individuelle Gesundheit, unsere Lebensweise und unsere Zukunftsaussichten. Die 21 Maßnahmen, die du im Detail in den kommenden Kapiteln findest, sind ein umfassender Leitfaden, um diese Herausforderungen aktiv anzugehen. Sie bieten konkrete Handlungsanleitungen, um dein Leben nachhaltiger zu gestalten und gleichzeitig deine Gesundheit und Lebensdauer positiv zu beeinflussen.

Aber wie setzt du diesen Leitfaden am besten für dich um? Bevor du mit der Umsetzung der Maßnahmen startest, lohnt es sich, einen Moment innezuhalten und deine persönlichen Fokusbereiche zu analysieren. Eine ehrliche Bestandsaufnahme deines aktuellen Lebensstils hilft dir dabei, realistische Ziele zu setzen und gezielte Schritte auszuwählen, die für dich den größten Hebel bieten. Wie sieht dein derzeitiger Lebensstil aus? Welche Bereiche laufen gut, wo gibt es Verbesserungspotenzial? Welche Nachhaltigkeits- und Langlebigkeitspraktiken wendest du bereits an, und wo könntest du noch mehr tun? Auch dein aktueller Gesundheitszustand spielt eine Rolle: Gibt es Aspekte deines Wohlbefindens, die du verbessern möchtest? Diese Fragen sind essenziell, um dir bewusst zu machen, wo du die größten Veränderungen sehen möchtest.

Nachhaltigkeit Langlebigkeit	Der ökologische Aspekt – Eine Perspektive für den Planeten	Der soziale Aspekt – Eine menschliche Perspektive	Der ökonomische Aspekt – Lebe ein nachhaltiges Leben und spare Geld dabei
Gesunde Ernährung	Unsere Ernährung beeinflusst die Umwelt maßgeblich – oft weit mehr, als uns bewusst ist. Der Anbau, die Verarbeitung und der Transport von Lebensmitteln verursachen große Mengen an Treibhausgasemissionen. Produkte mit einem hohen ökologischen Fußabdruck – etwa durch energieintensive Herstellung, lange Transportwege oder aufwändige Lagerung – belasten Klima, Böden und Wasserressourcen überproportional. Im Gegensatz dazu erweisen sich viele pflanzenbasierte, wenig verarbeitete und regionale Lebensmittel als deutlich ressourcenschonender: Sie benötigen weniger Energie, verursachen geringere Emissionen und hinterlassen weniger Abfall.	Gesunde Ernährung kann auch als sozialer Ausgleich fungieren. Gemeinschaftliche Initiativen wie Urban-Gardening-Projekte ermöglichen es Menschen aus allen sozialen Schichten, sich gesunde, erschwingliche Lebensmittel anzubauen und gleichzeitig soziale Bindungen zu stärken. Diese Projekte bieten eine Plattform für den Austausch von Wissen, schaffen soziale Netzwerke und verbessern die Ernährungssicherheit in städtischen Räumen.	Eine bewusste Ernährung kann auch ökonomisch sinnvoll sein: Regionale und saisonale Produkte können günstiger, vor allem vom Preis- / Nährstoffverhältnis, sein, und wer selbst kocht, spart Geld. Gleichzeitig senkt eine ausgewogene Ernährung langfristig Gesundheitskosten durch Prävention. Dies kann die Auswahl an Produkten einschränken, jedoch den Geldbeutel entlasten.
Bewegung und körperliche Aktivität	Weniger Auto zu fahren und sich stattdessen zu Fuß oder mit dem Fahrrad fortzubewegen, hat nicht nur positive Auswirkungen auf unsere Gesundheit, sondern reduziert auch die Luftverschmutzung und den CO_2-Ausstoß. Städte, die mehr auf nicht motorisierte Mobilität setzen, senken ihren Energieverbrauch und schaffen grünere und lebenswertere Umgebungen.	Bewegung in der Gemeinschaft, sei es durch öffentliche Sportangebote oder gemeinschaftliche Fahrradtouren, fördert den sozialen Zusammenhalt. Menschen kommen in Kontakt, unterstützen sich gegenseitig und motivieren einander, aktiv zu bleiben. Dies stärkt nicht nur das körperliche Wohlbefinden, sondern auch die psychische Gesundheit durch soziale Interaktion.	Regelmäßige Bewegung in der Natur kann auch ohne Fitnessstudio und teure Mitgliedschaften auskommen und ist auch noch meistens kostenlos: Fahrradfahren, Spazierengehen oder Heimtraining oder die Nutzung des Arbeitswegs kosten nichts und sparen sogar Geld – z. B. durch reduzierte Fahrkosten oder gesenkte Krankheitsrisiken.

Nachhaltigkeit Langlebigkeit	Der ökologische Aspekt – Eine Perspektive für den Planeten	Der soziale Aspekt – Eine menschliche Perspektive	Der ökonomische Aspekt – Lebe ein nachhaltiges Leben und spare Geld dabei
Erholsamer Schlaf	Umwelteinflüsse wie Lärm und Lichtverschmutzung beeinträchtigen unseren Schlaf und unsere Gesundheit. Städte, die weniger Verkehr und mehr Grünflächen schaffen, verbessern die Lebensqualität ihrer Bewohner erheblich. Ruhigere und grünere Umgebungen ermöglichen besseren Schlaf und fördern die Regeneration des Körpers. Dabei ist die Nutzung des natürlichen Biorhythmus und weniger künstliches Licht mit vielen Vorteilen verbunden.	Gemeinschaften, die den Lärmpegel reduzieren und Rückzugsorte schaffen, fördern nicht nur den Schlaf ihrer Bewohner, sondern tragen auch zu einer friedlicheren und harmonischeren Nachbarschaft bei. Dies stärkt den sozialen Zusammenhalt, da Menschen weniger gestresst sind und freundlicher miteinander umgehen.	Ein guter Schlaf senkt langfristig Gesundheitskosten. Wer ausgeruht ist, trifft bessere Entscheidungen, meidet Impulskäufe und steigert seine Produktivität mit ökonomischen Vorteilen. Ebenfalls ist der reduzierte Einsatz von Licht und die Nutzung des Biorhythmus mit weniger Energieverbrauch und damit geringeren Kosten verbunden.
Stressbewältigung	Stressbewältigung durch den Aufenthalt in der Natur fördert nicht nur die mentale Gesundheit, sondern stärkt auch das Bewusstsein für die Bedeutung von Umweltschutz. Menschen, die regelmäßig Zeit in grünen Umgebungen verbringen, entwickeln eine tiefere Wertschätzung für die Natur und sind motivierter, sich für deren Erhalt einzusetzen.	Projekte wie gemeinschaftliche Gärten oder Wandergruppen bieten eine wertvolle Plattform zur Stressbewältigung. Diese sozialen Aktivitäten ermöglichen es den Menschen, sich auszutauschen und gegenseitig zu unterstützen, was wiederum zu einem Gefühl der Zugehörigkeit und Sicherheit führt.	Wer lernt, mit Stress umzugehen, reduziert nicht nur Krankheitstage, sondern auch Folgekosten für Medikamente und Therapie. Naturkontakt oder Meditation sind kostenfrei und fördern Resilienz.
Soziale Bindungen	Starke soziale Bindungen fördern nachhaltige Lebensweisen, da Gemeinschaften gemeinsam an Lösungen arbeiten können, die den Planeten schützen. Initiativen wie gemeinschaftlicher Anbau von Lebensmitteln oder lokale Nachhaltigkeitsprojekte schaffen nicht nur Bewusstsein, sondern auch echte Veränderungen im Konsumverhalten.	Soziale Bindungen sind entscheidend für das persönliche Wohlbefinden. In einer vernetzten Gemeinschaft können Menschen leichter Unterstützung finden und geben, sei es emotional oder durch das Teilen von Ressourcen. Diese Netzwerke sind nicht nur wichtig für die mentale Gesundheit, sondern auch für die soziale Stabilität.	Starke soziale Netzwerke fördern gegenseitige Hilfe und Ressourcenteilung. Vom Werkzeugverleih bis zur Nachbarschaftshilfe – wer gemeinsam wirtschaftet, spart Geld und stärkt die Gemeinschaft.

Nachhaltigkeit Langlebigkeit	Der ökologische Aspekt – Eine Perspektive für den Planeten	Der soziale Aspekt – Eine menschliche Perspektive	Der ökonomische Aspekt – Lebe ein nachhaltiges Leben und spare Geld dabei
Kognitive Stimulanz	Die Förderung von kognitiver Stimulanz durch Bildung über Nachhaltigkeit und Umweltbewusstsein hilft, innovative Lösungen für die globalen ökologischen Herausforderungen zu finden. Menschen, die ständig lernen und ihr Wissen erweitern, sind besser in der Lage, nachhaltige Innovationen zu entwickeln und anzuwenden.	Gemeinschaftliche Lernprojekte zu Themen wie Klimaschutz oder nachhaltige Landwirtschaft fördern nicht nur das Wissen, sondern auch den sozialen Austausch. Solche Initiativen stärken das Gemeinschaftsgefühl und bieten einen Raum für kreative Problemlösungen. Aber auch Engagement in Vereinen oder in sozialen Einrichtungen.	Lebenslanges Lernen fördert Innovationskraft und Karrierechancen. Viele kostenlose Lernangebote, z. B. Online-Kurse, ermöglichen es, Wissen aufzubauen, ohne viel Geld zu investieren, und mit dem Wissen Geld zu sparen und mit tieferer Verbindung zu seinem Körper den Fokus vom Konsum abzulenken.
Dankbarkeit und Reflexion	Dankbarkeit für die natürlichen Ressourcen unseres Planeten fördert einen bewussteren Umgang mit ihnen. Wenn Menschen regelmäßig über ihren ökologischen Fußabdruck nachdenken und dankbar für die Gaben der Natur sind, sind sie eher bereit, ihre Konsumgewohnheiten zu ändern und nachhaltiger zu leben.	Dankbarkeit und Reflexion fördern auch die sozialen Bindungen. Menschen, die sich ihrer Umwelt und ihrer Mitmenschen bewusst sind und Wertschätzung zeigen, tragen zu einer empathischeren und respektvolleren Gemeinschaft bei. Diese sozialen Werte unterstützen eine Kultur der gegenseitigen Unterstützung.	Ein dankbarer und reflektierter Lebensstil führt zu bewussteren Konsumentscheidungen. Wer sich auf das Wesentliche konzentriert, reduziert Impulskäufe und überflüssige Ausgaben. Dies spart nicht nur Geld, sondern unterstützt auch langfristige finanzielle Stabilität.

Diese Grafik stellt eine integrierte Sichtweise auf Langlebigkeit und Nachhaltigkeit dar:

Quelle: Eigene Darstellung

Im Zentrum befinden sich die drei Dimensionen der Nachhaltigkeit: Ökologisch, Sozial, Ökonomisch – sie bilden das Fundament für langfristige Lebensqualität und gesellschaftliche Stabilität.

Im äußeren Kreis sind die sieben Säulen der Langlebigkeit dargestellt: z. B. Gesunde Ernährung, Kognitive Stimulation, Bewegung, Soziale Strukturen, Schlaf, Stressbewältigung, Reflexion.

Diese Säulen stehen für zentrale Handlungsfelder, die unsere Lebensspanne und -qualität beeinflussen.

Zweck des Modells:
Bei jedem Schritt oder Entscheidung kann mithilfe dieser Grafik geprüft werden:

- Welche Säulen der Langlebigkeit werden konkret angesprochen?
- Wie zahlen sie auf die drei Nachhaltigkeitsdimensionen ein?

So lassen sich individuelle Fokusbereiche definieren – mit Blick auf persönliche Gesundheit und gesellschaftliche Verantwortung.

Anbei die Übersicht der 21 Schritte mit den entsprechenden Fokusbereichen:

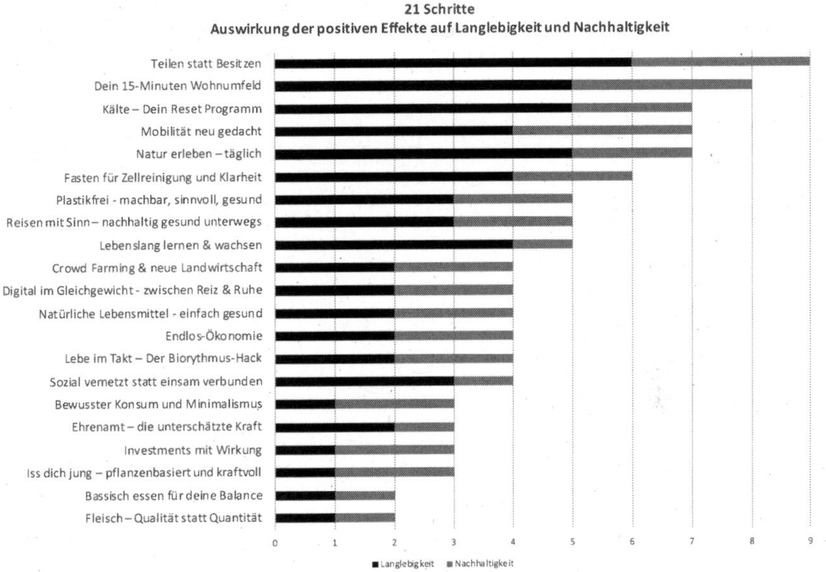

Quelle: Eigene Darstellung

Nicht jede der 21 Schritte wird für dich persönlich gleich wichtig sein. Es ist wichtig, die Maßnahmen zu identifizieren, die für dich die größte Hebelwirkung haben – also jene Veränderungen, die mit dem geringsten Aufwand den größten Nutzen bringen. Beispielsweise könnten Maßnahmen wie Bewegung und körperliche Aktivität, erholsamer Schlaf und Stressbewältigung besonders wichtig sein.

Der Schlüssel zum Erfolg liegt darin, die Schritte auszuwählen, die für dich am relevantesten sind, und diesen Schritt für Schritt zu folgen. Wähle drei bis fünf Schritte aus, die für dich höchste Priorität haben. Beginne mit den Themen, bei denen du glaubst, dass du am schnellsten Fortschritte machen kannst oder wo die Notwendigkeit am größten ist. Lies die Beschreibungen im Detail, verstehe, warum diese Schritte wichtig sind, wie sie funktionieren und welche konkreten Schritte du unternehmen kannst, um sie umzusetzen. Danach geht es an die Umsetzung.

Ein individueller Fahrplan hilft dir dabei, die Schritte in deinen Alltag zu integrieren. Setze dir realistische Ziele und gehe Schritt für Schritt an. Notiere dir deine Erfolge – schon kleine Veränderungen können große Auswirkungen haben. Bleibe flexibel und passe deinen Fahrplan an deine Lebensumstände an. Wenn ein Bereich nicht wie geplant funktioniert, ändere deinen Ansatz. Wichtig ist, dass du dranbleibst. Die wichtigste Botschaft lautet: Mache den ersten Schritt und bleibe dran. Du musst nicht perfekt sein – du musst nur anfangen.

Jeder Schritt bedient verschiedene Bereiche – aber manche entfalten eine starke Wirkung auf verschiedene Säulen der Langlebigkeit oder die drei Dimensionen der Nachhaltigkeit. Das vorliegende Diagramm zeigt den Beitrag von 21 konkreten Maßnahmen sowohl zur individuellen Langlebigkeit als auch zur Nachhaltigkeit.

Die Anzahl der Punkte verdeutlicht, wie stark jeder Schritt die Dimension der Nachhaltigkeit und die Säulen der Langlebigkeit positiv beeinflusst. Beispielsweise entfaltet der Schritr das »15-Minuten-Wohnumfeld« fünf Bereiche der Langlebigkeit und alle drei Dimensionen der Nachhaltigkeit – also in der Summe 8 acht Punkte.

1: Teilen statt Besitzen

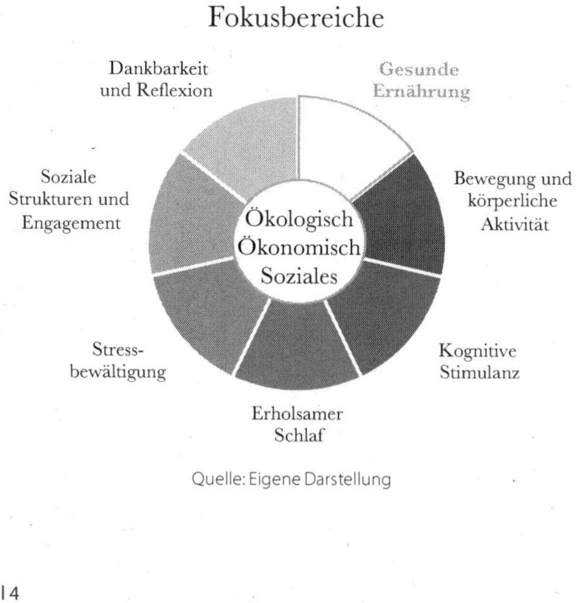

Quelle: Eigene Darstellung

Weniger besitzen, mehr erleben – die stille Revolution des Teilens

Stell dir vor, du lebst in einer Welt, in der du alles nutzen kannst – ohne es besitzen zu müssen. Statt zu kaufen und zu besitzen, wird zunehmend geteilt und ausgeliehen. Das hat gewaltige Vorteile:

- ökologische,
- soziale und
- ökonomische Vorteile

Indem weniger neue Produkte produziert werden müssen, wird der Ressourcenverbrauch gesenkt, was einen positiven Einfluss auf die Umwelt hat. Gleichzeitig fördert das Teilen soziale Interaktionen und stärkt das Gemeinschaftsgefühl, da Menschen durch das Teilen von Ressourcen miteinander verbunden werden. Weiterhin führt es zu einem geringeren Ressourceneinsatz und damit zur Senkung von Kosten.

Die Sharing Economy bietet eine Antwort auf die ökologischen, gesellschaftlichen und ökonomischen Herausforderungen unserer Zeit, indem sie Konsumgewohnheiten verändert und neue, nachhaltigere Wege des Wirtschaftens aufzeigt. Insbesondere aufgrund des steigenden Ressourcenbedarfs durch die steigende Weltbevölkerung, die 1950 noch 2,5 Milliarden Menschen betrug, aktuell bei etwa acht Milliarden Menschen[57] liegt und, basierend auf der Prognose der Vereinten Nationen, bis 2050 auf etwa 9,7 Milliarden Menschen[58] steigen wird.

Autos, die 95 Prozent der Zeit nur parken. Bohrmaschinen, die ein- bis zweimal im Jahr benutzt werden. Autos stehen oft ganz oben auf dieser Liste: Viele Fahrzeuge werden durchschnittlich nur etwa 5 Prozent der Zeit tatsächlich gefahren und stehen die restliche Zeit geparkt. Fahrräder, vor allem wenn sie nur saisonal genutzt werden, können ähnlich ungenutzt bleiben. Auch Gartengeräte wie Rasenmäher, Heckenscheren und Laubbläser kommen oft nur einmal pro Monat oder sogar nur ein paar Mal im Jahr zum Einsatz. Zusätzlich sind Werkzeuge wie Bohrmaschinen, Stichsägen oder Leitern Beispiele für Haushaltsgegenstände, die meist nur bei gelegentlichen Projekten verwendet werden. Fitnessgeräte wie Hanteln, Heimtrainer oder Laufbänder landen nach anfänglichem

Enthusiasmus ebenfalls oft in der Ecke und verstauben. Möbelstücke wie Gästebetten oder Klappstühle, die nur bei Besuch genutzt werden, gehören ebenfalls dazu. Insgesamt gibt es viele Alltagsgegenstände, die man selten benötigt und die daher großes Potenzial für eine gemeinsame Nutzung in der Sharing Economy bieten.

Die Sharing Economy umfasst eine Vielzahl von Geschäftsmodellen und Plattformen, die das Teilen von Ressourcen ermöglichen.[59] Von Wohnraum über Fahrzeuge bis hin zu Arbeitsplätzen und Haushaltsgeräten – digitale Plattformen ermöglichen es, kaum genutzte Ressourcen einer breiten Öffentlichkeit zugänglich zu machen. Bei Wohnungen steht das Teilen von Immobilien im Vordergrund – also miete Wohnungen, die untervermietet sind. Ansonsten steht das exklusive Teilen von Wohnungen in der Kritik, Wohnraum teurer zu machen. Diese Entwicklung wird durch technologische Fortschritte wie mobile Kommunikationsgeräte, elektronische Bezahlung und digitale Marktplätze ermöglicht, die Transaktions- und Suchkosten erheblich senken. In der Sharing Economy wird das Konzept des Eigentums neu definiert: Besitz wird weniger wichtig, der Zugang und die Nutzung stehen im Vordergrund. Gleichzeitig führt dies zu einer verstärkten Nutzung bereits vorhandener Güter, was sowohl ökonomisch effizient als auch umweltfreundlich ist.

Wie du sofort einsteigen kannst:

- **Bewusst konsumieren:** Überlege dir vor jedem Kauf, ob du das Produkt langfristig nutzen wirst oder ob eine temporäre Nutzung über Sharing-Modelle sinnvoller ist. Setze auf bewussten Konsum: Investiere in langlebige, qualitativ hochwertige Produkte und meide Impulskäufe. Frage dich vor jedem Kauf, ob du den Gegenstand wirklich brauchst und wie oft du ihn nutzen wirst. Und vor allem, wie viel du davon schon besitzt. Der Kauf von multifunktionalen Geräten kann ebenfalls helfen, den ökologischen Fußabdruck zu reduzieren. Zudem bietet es sich an, defekte Geräte zu reparieren, anstatt sie zu ersetzen – oft helfen Tutorials im Internet oder Repair Cafés, um einfache Reparaturen selbst vorzunehmen.

- **Plattformauswahl zum temporären Gebrauch:** Melde dich bei Plattformen an, die das Teilen von Ressourcen wie Airbnb, Turo und Just-Park unterstützen, sei es für den Urlaub, für Transportmittel oder für Büroflächen.
- **Lokale Gemeinschaften aufbauen:** Fördere das Teilen in deiner Nachbarschaft, indem du beispielsweise Werkzeuge, Bücher oder Haushaltsgeräte mit anderen teilst. Diese lokalen Sharing-Initiativen können über Nachbarschaftsgruppen oder Apps organisiert werden. Ein Beispiel ist hierbei die Plattform nebenan.de
- **Aktive Teilnahme an der Sharing Economy:** Betrachte das Teilen nicht nur als Mittel zur Kostenersparnis, sondern als Möglichkeit, nachhaltig zu handeln und die eigene Rolle in der Konsumkette bewusster zu gestalten. Reflektiere über die positiven Effekte des Teilens für die Umwelt und die Gesellschaft. Durch das Teilen kannst du deinen ökologischen Fußabdruck verringern und gleichzeitig wertvolle soziale Verbindungen knüpfen.

Potenzielle Herausforderungen:

1. Ich kenne keine Plattformen, auf denen ich Dinge nutzen kann
Hierbei stehen folgende Angebote als Orientierung zur Verfügung:

Unterkünfte (unbedingt mit Eigentümer geteilte Angebote, um den sozialen Vorteil zu nutzen)
- Couchsurfing: Kostenloser Unterkunftstausch für Reisende.
- Airbnb: Weltweite Vermittlung von privaten Unterkünften und Ferienwohnungen zur gemeinsamen Nutzung. (einstellbar)
- Wimdu: Europäische Alternative zu Airbnb

Sharing von Alltagsgegenständen
- Peerby: Nachbarschaftliches Teilen von Gegenständen wie Werkzeugen.
- Tauschticket: Tauschplattform für Medien wie Bücher und Filme.
- Zilok: Verleih von Dingen aller Art (international).
- Inuu: Peer-to-Peer-Verleihplattform für exklusive Dinge und Orte.

2. *Die Nutzung von geteilten Ressourcen setzt Vertrauen voraus*
Digitale Plattformen bieten Bewertungssysteme, die dabei helfen können, Vertrauen zwischen Nutzern und Anbietern aufzubauen. Dennoch bleibt das Risiko, dass die Erfahrungen nicht immer den Erwartungen entsprechen. Viele Plattformen haben Mechanismen entwickelt, um das Vertrauen zu stärken und das Risiko des Verleihens oder Ausleihens zu reduzieren.

Die Sharing Economy hat das Potenzial, Konsumverhalten grundlegend zu verändern und eine nachhaltigere und sozialere Gesellschaft zu fördern. Schau dich in deiner Wohnung um. Reichtum entsteht nicht durch Eigentum. Sondern durch Zugang. Durch das Teilen von Ressourcen können Menschen bewusster konsumieren und gleichzeitig einen positiven Beitrag zur Umwelt leisten. Auch die sozialen Aspekte des Teilens – von neuen zwischenmenschlichen Verbindungen bis hin zu einem stärkeren Gemeinschaftsgefühl – tragen dazu bei, den Ressourcenverbrauch zu reduzieren. Trotz der bestehenden Herausforderungen bleibt die Sharing Economy ein wichtiger Ansatz, um ökologische, soziale und ökonomische Ziele miteinander zu verbinden. Sie zeigt uns, dass echter Reichtum nicht im Besitz, sondern im Zugang und in der geteilten Nutzung von Ressourcen liegt.

2: Dein 15-Minuten-Wohnumfeld

Quelle: Eigene Darstellung

Die Mutter aller Maßnahmen – Gewinne Zeit für deine wirklich wichtigen Dinge

Was würdest du tun, wenn du jedes Jahr 25 zusätzliche Tage Lebenszeit geschenkt bekämst?

Genau das ist möglich – bspw. allein durch die Reduktion deiner täglichen Pendel- bzw. Fahrtzeiten oder die Umstrukturierung deiner Verhaltensweisen. Während viele Menschen Stunde um Stunde im Stau verbringen, habe ich mich für eine andere Realität entschieden: ein Leben im 15-Minuten-Wohnumfeld.

1,3 Milliarden Menschen verbringen täglich bis zu 2zwei Stunden auf dem Weg zur Arbeit. Hochgerechnet ergibt das bis zu 26 Milliarden Tage jährlich[60] – Zeit, die wir nie zurückbekommen. Andere Wegzeiten zu Freunden, Einkäufen, Arztbesuchen und für Hobbys etc. sind hierbei noch nicht berücksichtigt. Ich lebe seit mehreren Jahren das Konzept des 15-Minuten-Wohnumfelds. Demgegenüber verbringt ein Freund jährlich fast 600 Stunden bzw. 25 ganze Tage auf dem Weg zur Arbeit – fast zwei Stunden täglich, die für Hobbys, soziale Kontakte oder spontane Momente verloren gehen.

Wie viel Zeit verbringst du auf dem Weg des Lebens?

Das Prinzip ist so einfach wie kraftvoll: Alles, was du für deinen Alltag brauchst – Arbeit, Einkaufen, Freizeit, Bildung, medizinische Versorgung – soll innerhalb von 15 Minuten erreichbar sein. Das Konzept zielt darauf ab, so viele alltägliche Wege wie möglich auf einen 15-Minuten-Radius um den eigenen Lebensmittelpunkt zu begrenzen.

Exkurs: In der Vergangenheit wurden Städte zunehmend von Autos, Beton und anonymen Hochhäusern geprägt. Die Athen-Charta von 1933 leitete die Ära der »Maschine zum Leben« in den Städten ein, in denen das Leben in klar abgegrenzte Zonen aufgeteilt wurde.[61] Das »gute Leben« schien der Effizienz geopfert zu werden, und Städte begannen, sich eher nach den Bedürfnissen des Verkehrs als nach denen der Bewohner zu richten. Das Auto wurde zum Herrscher der Straßen, und die Stadtplanung konzentrierte sich darauf, den Verkehr möglichst reibungslos und schnell zu organisieren. Öffentliche Räume, Nachbarschaften und Gelegenheiten für Begegnungen und Gemeinschaft traten immer mehr in den Hintergrund.[62]

Carlos Morenos Konzept der »15-Minuten-Stadt«[63] ist die Rebellion gegen Betonwüsten – und ein Zurück zum Menschlichen. Arbeiten, leben, lernen, genießen – alles in Reichweite, alles in Verbindung.

Was braucht es gemäß seines Konzepts dazu?

- **Infrastruktur für Fußgänger und Radfahrer:** Sichere und gut ausgebaute Wege für Radfahrer und Fußgänger schaffen ein attraktives und angenehmes Umfeld, in dem sich Menschen gerne fortbewegen. Breite Radwege, Grünflächen und sichere Überwege fördern flexible Mobilität und laden zu mehr Bewegung im Alltag ein.
- **Nahversorgung und Dienstleistungen:** Lebensmittelgeschäfte, Apotheken und Arztpraxen sollten bequem zu Fuß erreichbar sein. Dies verkürzt die Wege und stärkt die lokale Wirtschaft, da Menschen häufiger in Geschäfte und Dienstleistungen in ihrer Umgebung investieren. Ergänzend kann hier auf Lieferservices zurückgegriffen werden.
- **Bildungsangebote in der Nähe:** Bildungseinrichtungen wie Schulen und Kindergärten sollten in der Nähe der Wohngebiete angesiedelt sein. Eltern können ihre Kinder zu Fuß zur Schule bringen, und Kinder lernen frühzeitig, sich eigenständig und umweltbewusst fortzubewegen.
- **Freizeit- und Kulturangebote:** Parks, Sportvereine und kulturelle Einrichtungen gehören zu einem lebenswerten Stadtbild. Dies ermöglicht es den Menschen, ihre Freizeitaktivitäten mit minimalem Aufwand zu genießen, und fördert einen aktiven Lebensstil.
- **Stärkung der lokalen Wirtschaft:** Arbeitsplätze und Unternehmen in der Nähe der Wohngebiete ermöglichen es den Menschen, wertvolle Zeit zu sparen und ihre Lebensqualität zu verbessern. Eine florierende lokale Wirtschaft stärkt zudem die Resilienz der Stadt gegenüber externen Krisen und fördert ein nachhaltiges Wirtschaftssystem.

Heutzutage gibt es viele Städte, die dieses Konzept in Teilen leben oder in Zukunft verstärkt umsetzen:

1. Freiburg im Breisgau, Deutschland: Besonders das Vauban-Viertel gilt als Vorbild. Es ist autofrei, fördert Fahrräder und den öffentlichen Verkehr und bietet alle notwendigen Dienstleistungen innerhalb kurzer Gehwege. Das nachhaltige Stadtmodell der gesamten Region hat Freiburg zu einer Vorzeigestadt gemacht.
2. Hamburg, Deutschland: Mit Projekten wie der »Grünen Achse« transformiert Hamburg Quartiere, um kurze Wege und nachhaltige Mobilität zu fördern.
3. München, Deutschland: Wohnquartiere integrieren Wohnen, Arbeiten, Freizeit und Nahversorgung, wodurch eine ähnliche Philosophie verfolgt wird.
4. Amsterdam, Niederlande: Amsterdam ist ein globales Beispiel für nachhaltige Stadtentwicklung. Die Stadt fördert den Radverkehr stark, hat den Autoverkehr reduziert und setzt auf eine hohe Dichte an lokal verfügbaren Dienstleistungen. Auch das Konzept der »Doughnut Economy« wird hier erprobt, was Nachhaltigkeit und Lebensqualität kombiniert.
5. Paris, Frankreich: Durch die Politik von Bürgermeisterin Anne Hidalgo wird Paris umfassend zu einer 15-Minuten-Stadt transformiert, mit neuen Parks, Fußgängerzonen und Fahrradwegen. Paris verfolgt konsequent das Ziel, die Stadt vom Autoverkehr zu entlasten: Seit 2021 wurden Tausende Parkplätze abgeschafft, Tempo 30 flächendeckend eingeführt und zentrale Achsen wie die Rue de Rivoli autofrei gestaltet. Künftig soll ein großer Teil der Innenstadt zur nahezu autofreien Zone werden – zugunsten von Fußgängern Radverkehr und Aufenthaltsqualität.
6. Barcelona, Spanien: Mit den sogenannten »Superblocks« gestaltet die Stadt größere Zonen autofrei, um die Lebensqualität und den Zugang zu lokalen Diensten zu verbessern.
7. Melbourne, Australien: Das Konzept der »20-Minuten-Nachbarschaft« bietet eine ähnliche Vision, die auf lokale Dienstleistungen und nachhaltige Mobilität abzielt.
8. Bogotá, Kolumbien: Die Förderung von Fahrrad- und Fußgängerverkehr hat Bogotá näher an das Modell der kurzen Wege gebracht.

9. Portland, USA: Mit der Förderung fußgänger- und radfreundlicher Infrastruktur wird auch hier das Prinzip der kurzen Wege umgesetzt.

Dabei hilft die Umsetzung solcher Konzepte, um das 15-Minuten-Wohnumfeld persönlich anzuwenden. Jedoch ist in jedem Dorf oder jeder Stadt die Umsetzung des Konzepts zumindest in Teilen möglich.

Die Vision: Ein Lebensumfeld, in dem die größtmögliche Anzahl der wesentlichen alltäglichen Wege und Bedürfnisse – Arbeit, Bildung, Einkaufsmöglichkeiten, Freizeit – in einer Distanz von 15 Minuten zu Fuß, mit dem Fahrrad, öffentlichen Verkehrsmitteln oder mit dem Auto erreichbar ist. Sie verkörpert das Streben nach einem einfacheren, gesünderen und nachhaltigeren Leben, das die Umwelt schützt und dir mehr Freiheit, Lebenszeit und Lebensqualität in einem sozialen Umfeld bietet.

Weniger Auto bedeutet mehr Bewegung, weniger Emissionen, bessere Luft, weniger Stress. Es kann die Abhängigkeit vom Auto verringern, den CO_2-Ausstoß senken und die Luftqualität in städtischen Gebieten verbessern. Die nahe gelegenen Einrichtungen und die Förderung sanfter Mobilität wie Gehen und Radfahren steigern die Fitness und das Wohlbefinden. Menschen, die in einem solchen Umfeld leben, bewegen sich mehr und sind weniger gestresst. Zudem stärkt das Konzept den sozialen Zusammenhalt, da es regelmäßige Begegnungen und Interaktionen im nahen Umfeld fördert. Damit wird eine Basis für eine gesündere, sozialere und umweltfreundlichere Lebensweise geschaffen, die sich positiv auf die Lebensqualität aller auswirkt.

Das »15-Minuten-Wohnumfeld« kann auch ohne große Infrastrukturprojekte im persönlichen Umfeld im aktuellen Lebensmittelpunkt umgesetzt werden.

1. **Status quo:** Analyse der aktuellen Lebenssituation am Beispiel einer durchschnittlichen Woche. Welche Wege werden mit welchem Fortbewegungsmittel zurückgelegt? Wie lange braucht man hierfür?
2. **Umgebung:** Erkundung der Umgebung zu Fuß oder mit dem Fahrrad. Identifiziere alle wichtigen Einrichtungen und Ressourcen, wie Supermärkte, Apotheken, Cafés, Fitnessstudio, Yoga-Studio, Parks

und Gesundheitszentren, die dir wichtig sind. Welche Wege führen zu einem sicheren und stressfreien Ankommen?

3. **Fortbewegungsmittel:** Welche Fortbewegungsmittel können für die einzelnen Strecken eingesetzt werden, welche Strecken mit welcher Zeit sind möglich.

Potenzielle Herausforderungen:

1. Fehlende Infrastruktur für öffentliche Verkehrsmittel, Radfahrer und Fußgänger

Suche alternative, weniger befahrene Routen, die sicherer, schöner und stressfreier sind. Ein längerer Weg ist für die Bewegung besser und lässt dich durch die Auswahl eines entspannten Wegs auch stressfreier am Ziel ankommen. Weiterhin kann es die Kreativität anregen. Zusätzlich kannst du Initiativen unterstützen, die sich für den Ausbau von Rad- und Fußwegen einsetzen.

2. Eingeschränkte Verfügbarkeit an Dienstleistungen und Einkaufsmöglichkeiten im nahen Umfeld

In ländlichen Gebieten oder Stadtteilen mit schlechter Infrastruktur kann die eingeschränkte Verfügbarkeit von Dienstleistungen und Einkaufsmöglichkeiten den Alltag erheblich erschweren. Neben dem mittel- bis langfristigen Umzug in ein passenderes Umfeld gibt es zahlreiche Maßnahmen, um diese Herausforderung kreativ und gemeinschaftlich zu lösen:

- **Lokale Lieferdienste nutzen:** Viele regionale Supermärkte, Hofläden und Biokisten-Anbieter bieten Lieferdienste direkt nach Hause an. Apotheken-Lieferdienste für Medikamente und Gesundheitsprodukte können in vielen Regionen direkt nach Hause liefern. Darüber hinaus gibt es Marktplatz-Apps und Plattformen wie Flaschenpost, Durst, Bringmeister, Flink oder Knuspr, die Produkte mit schneller Lieferung anbieten.
- **Fahrgemeinschaften und gemeinsame Einkaufstouren organisieren:** Plane regelmäßige Fahrgemeinschaften zu Wochenmärkten oder Einkaufszentren. Dies spart nicht nur Kosten, sondern stärkt auch den

sozialen Zusammenhalt. Mitfahr-Apps für Einkäufe: Regionale Apps oder Plattformen wie nebenan.de bieten eine Möglichkeit, sich mit Nachbarn zu vernetzen.

- **Wochenmärkte und regionale Anbieter unterstützen:** Direktvermarktung: Bauernhöfe, Hofläden und Wochenmärkte bieten oft frische und regionale Produkte. Hier besteht zudem die Möglichkeit, sich direkt mit den Erzeugern auszutauschen. Foodsharing- und Tauschbörsen: Plattformen wie foodsharing.de ermöglichen den Tausch oder die Abgabe überschüssiger Lebensmittel.
- **Abholstationen und Sammelbestellungen organisieren:** Paketstationen: In Kooperation mit lokalen Geschäften lassen sich Sammelstationen für Pakete einrichten. Dies reduziert Einzelfahrten von Lieferdiensten. Sammelbestellungen: Organisiere mit Nachbarn oder Freunden gemeinsame Großeinkäufe, um Lieferkosten zu sparen.

3. Eingeschränkte soziale Interaktionen in der Nachbarschaft.

Nutze örtliche Treffpunkte wie Cafés, Bibliotheken und Parks, um Kontakte zu knüpfen. Soziale Medien und Nachbarschaftsgruppen bieten zusätzlich die Möglichkeit, mit Gleichgesinnten in der Nähe in Kontakt zu treten. Dabei gibt es heutzutage Angebote in jedem Bereich wie bspw. Social Running Clubs. Forme dein soziales Umfeld nach deinen Vorlieben und Interessen.

4. Mein Lebensmittelpunkt ist nicht in einem 15-Minuten-Radius.

Ein häufiger Grund für lange Wege ist der Arbeitsort. Wenn deine Arbeitsstelle weit entfernt ist, prüfe, ob Homeoffice oder hybride Arbeitsmodelle möglich sind. Viele Unternehmen bieten mittlerweile flexible Lösungen an, die nicht nur die Umwelt schonen, sondern auch deine Lebensqualität erheblich verbessern. Wenn dein aktueller Job dauerhaft weite Wege erfordert, könnte ein Umzug näher zur Arbeitsstelle oder umgekehrt eine neue Arbeitsstelle näher am Wohnort sinnvoll sein. Bei einem Jobwechsel lohnt es sich, die Entfernung zum Wohnort direkt in die Entscheidung miteinzubeziehen.

5. Laufen oder Fahrrad erscheint im Vergleich zum Auto auf den ersten Blick zeitlich unattraktiv

Auf den ersten Blick mag es zeitraubend erscheinen, den Weg zur Arbeit mit dem Fahrrad oder zu Fuß zurückzulegen, anstatt ins Auto zu steigen. Doch dieser Eindruck täuscht, wenn man das Gesamtbild betrachtet. Nicht nur die Fahrzeit zählt, sondern auch die versteckten Kosten – in Form von Zeit, Geld und Gesundheit. Besonders Letzteres wird in unserer modernen, sitzenden Gesellschaft häufig unterschätzt. In unserer heutigen Lebensweise ist Sitzen allgegenwärtig – im Büro, im Auto, vor dem Fernseher. Doch Studien zeigen: Langes Sitzen ist eines der größten Gesundheitsrisiken unserer Zeit. Experten sprechen längst davon, dass Sitzen das »neue Rauchen« ist, da es das Risiko für zahlreiche chronische Krankheiten erheblich erhöht. Menschen, die täglich viele Stunden sitzen, haben eine höhere Wahrscheinlichkeit, an Herz-Kreislauf-Erkrankungen, Diabetes Typ 2 und bestimmten Krebsarten wie Darm- und Brustkrebs zu erkranken.[64] Auch Rückenschmerzen, Muskelabbau sowie Depressionen und Angstzustände werden durch Bewegungsmangel begünstigt. Besonders tückisch: Selbst wer regelmäßig ins Fitnessstudio geht, kann die negativen Folgen langen Sitzens nicht vollständig ausgleichen. Entscheidend ist nicht nur das gezielte Training, sondern die kontinuierliche Bewegung im Alltag. Genau hier bietet sich der tägliche Weg zur Arbeit als ideale Möglichkeit an, Aktivität in das Leben zu integrieren. Anstatt die Strecke im Auto sitzend zu verbringen, kann sie aktiv genutzt werden – zu Fuß, mit dem Fahrrad oder einer Kombination aus beidem.

Viele glauben, das Auto sei schneller. Doch wer ehrlich rechnet – mit Stau, Parkplatzsuche und Tankstopps – muss diese Einstellung wie folgt überdenken. Betrachten wir ein Beispiel: Eine Strecke von fünf Kilometern zur Arbeit wird mit dem Auto bei einer durchschnittlichen Geschwindigkeit von 30 km/h in zehn Minuten zurückgelegt. Doch im Stadtverkehr kommen Stauzeiten von etwa zehn Minuten und eine Parkplatzsuche von fünf Minuten hinzu, was die Gesamtzeit auf 25 Minuten pro Strecke oder 50 Minuten pro Tag erhöht. Mit dem Fahrrad hingegen, bei einer durchschnittlichen Geschwindigkeit von 18 km/h, dauert die Strecke etwa 17 Minuten – ganz ohne Parkplatzsuche. Das ergibt 34 Minuten für Hin- und

Rückfahrt, was im Vergleich zum Auto eine tägliche Ersparnis von 16 Minuten bedeutet. Hochgerechnet sind das 80 Minuten pro Arbeitswoche oder über 64 Stunden pro Jahr. All das, ohne zusätzliche Zeit für sportliche Aktivitäten einplanen zu müssen.

Diese integrierte Bewegung im Alltag spart nicht nur Zeit, sondern kann den Weg ins Fitnessstudio ersetzen. Während Autofahrer zusätzlich zur täglichen Pendelzeit noch etwa eine Stunde für das Training und 20 Minuten für An- und Abfahrt bspw. ins Fitnessstudio einplanen müssen, erledigen Radfahrer ihre sportliche Betätigung bereits auf dem Arbeitsweg. So sinkt die Gesamtzeit für Mobilität und Bewegung – eine enorme Zeitersparnis, die gleichzeitig der Gesundheit zugutekommt.

Diese Alltagsbewegung wirkt sich spürbar positiv auf Körper und Geist aus. Schon 30 Minuten Radfahren täglich reduzieren nachweislich das Risiko für Herzinfarkt und Bluthochdruck, während gleichzeitig der Stoffwechsel angeregt wird, mit dem akutem Effekt, dass etwa 300 Kalorien verbrannt werden, und zusätzlich einem langfristigen Kalorienverbrennungsvorteil durch Aufbau von Muskelmasse und Verbesserung des Insulinstoffwechsels sowie weiteren positiven hormonellen Effekten. Ein einfacher, mehrdimensionaler und effektiver Weg für ein gesünderes Leben. Das heißt, dass Bewegung an der frischen Luft die Ausschüttung von Endorphinen fördert, was Stress abbaut und das allgemeine Wohlbefinden steigert. Auch die Muskulatur profitiert, insbesondere in den Beinen, im Rücken und im Rumpf, wodurch typische Beschwerden durch langes Sitzen verhindert werden. Studien zeigen außerdem, dass Menschen, die aktiv zur Arbeit pendeln, produktiver und konzentrierter sind.

Neben den gesundheitlichen Vorteilen überzeugt das Fahrradfahren auch finanziell. Während sich die jährlichen Kosten für ein Auto mit Ausgaben für Kraftstoff, Versicherung, Wartung und Parkgebühren auf etwa 2.100 Euro summieren, belaufen sich die jährlichen Ausgaben für ein Fahrrad – nach einer einmaligen Anschaffung von rund 500 Euro – auf lediglich etwa 100 Euro für Wartung. Bereits im ersten Jahr ergibt sich eine Ersparnis von über 1.500 Euro, die in den Folgejahren sogar noch weiter wächst.

Das »15-Minuten-Wohnumfeld« ist mehr als ein urbanes Konzept – es ist eine Vision für eine nachhaltige und lebenswerte Zukunft. Es ist die Mutter aller Maßnahmen, um ein Leben mehrheitlich in Reichweite zu führen, um Zeit für die wirklich wichtigen Dinge zu haben. Ein überwiegendes Leben in einem 15-Minuten-Wohnumfeld bedeutet, nicht nur umweltfreundlicher und gesünder zu leben, sondern auch die Balance zwischen Arbeit, Freizeit und sozialen Beziehungen zu verbessern. Durch die Nähe zu allen wesentlichen Ressourcen und die Förderung sanfter Mobilität erleben Menschen ihre Wohnumgebung als einen Raum, der funktional, effizient und gleichzeitig lebenswert ist. Dieses Konzept ist wegweisend und gibt eine Antwort auf die Herausforderungen unserer Zeit. Es stärkt die persönliche Lebensqualität, schont die Umwelt und fördert die Verbundenheit zur Gemeinschaft – ein Modell, das sowohl für den Einzelnen als auch für die Gesellschaft eine nachhaltige Veränderung ermöglicht. Es verkörpert das Streben nach einem einfacheren, gesünderen und nachhaltigeren Leben, das die Umwelt schützt und den Bewohnern mehr Freiheit und Lebensqualität bietet, und lässt zeitlichen Freiraum für wichtige Dinge im Leben.

3: Kälte – Dein Reset Programm

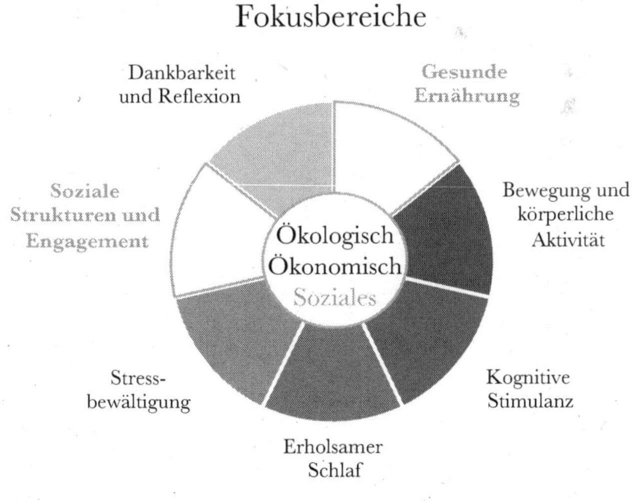

Quelle: Eigene Darstellung

Der Kick der Kälte – wie du mit kaltem Wasser Energie tankst und Stress reduzierst

Kälte. Allein das Wort lässt viele zurückzucken. Doch was wäre, wenn genau dieser Moment des Unbehagens dein stärkster Verbündeter wäre?

Richtig dosiert, wirkt Kälte wie ein natürliches Heilmittel: Sie aktiviert innere Reserven, stärkt das Immunsystem und fördert mentale Klarheit. In den letzten Jahren entdecken immer mehr Menschen die Vorteile von Kälteanwendungen, sei es durch kalte Duschen, Eisbäder oder das »Kältetraining«.

Der Grund ist einfach: Kalte Temperaturen aktivieren verschiedene Regenerations- und Schutzmechanismen des Körpers.[65] Kalte Duschen kurbeln die Durchblutung an, aktivieren die Immunabwehr und lindern Entzündungen – ganz ohne Nebenwirkungen. Außerdem sorgt die Kälte für einen klaren, wachen Geist und fördert die Stressbewältigung. Und ein weiterer Pluspunkt: Durch die geringere Nutzung von heißem Wasser lässt sich Energie sparen, was auch der Umwelt zugutekommt. Kalte Duschen sind also eine einfache Möglichkeit, die eigene Gesundheit zu fördern und gleichzeitig Ressourcen zu schonen.

Was Kälte für dich tun kann:

- **Stärkung des Immunsystems:** Die plötzliche Abkühlung bringt das Immunsystem in Schwung: Weiße Blutkörperchen werden vermehrt gebildet, was die Abwehrkräfte stärkt. So wird der Körper widerstandsfähiger gegen Infektionen und Krankheitserreger.[66]
- **Reduktion von Entzündungen:** Durch Kälte ziehen sich die Blutgefäße zusammen, was Entzündungen und Schwellungen im Gewebe lindern kann. Dieser Effekt ist besonders hilfreich bei muskulären Beschwerden und Erschöpfung nach dem Sport.[67]
- **Erholsamer Schlaf:** Eine kalte Dusche am Abend hilft, die Körpertemperatur zu senken und das Nervensystem zu beruhigen, was zu einem besseren, erholsameren Schlaf führen kann.
- **Stressbewältigung:** Die erste Reaktion auf Kälte ist Schock – doch mit jeder Anwendung wächst die Resilienz. Man gewinnt Kontrolle über den eigenen Körper zurück. Der Körper schüttet Hormone wie Endor-

phine und Adrenalin aus, was die Stimmung hebt und die Stressbewältigung fördert.

- **Energieeinsparung:** Da weniger warmes Wasser genutzt wird, spart eine kalte Dusche Energie, was die Kosten senkt und einen positiven Effekt auf die Umwelt hat.
- **Stress- und Depressionsbekämpfung:** Kälteexposition bspw. durch kalte Duschen, kann die Produktion von Endorphinen und Noradrenalin steigern, was stimmungsaufhellende Effekte haben und somit bei der Bewältigung von Stress und Depressionen helfen kann.[68]

Durch diese vielfältigen Vorteile ist die Kälte ein kraftvolles Werkzeug, um sowohl körperlich als auch mental zu profitieren und gleichzeitig Ressourcen zu schonen.

So gewöhnst du dich an die Kälte:

1. **Langsam beginnen:** Beginne mit lauwarmem Wasser und reduziere die Temperatur allmählich, bis das Wasser kühl ist. Steigere dann langsam die Dauer der kalten Duschen, um dich an die Kälte zu gewöhnen.
2. **Gezielte Kältezonen:** Starte mit einzelnen Körperteilen, wie den Beinen oder Armen, und arbeite dich schrittweise zum Oberkörper vor. Das hilft dem Körper, sich an die Kälte zu gewöhnen und den Schock zu minimieren.
3. **Richtig atmen:** Die Kälte kann anfangs dazu führen, dass man flach atmet oder die Luft anhält. Versuche, bewusst tief und ruhig zu atmen – das hilft, die Reaktion des Körpers zu kontrollieren und die Kälte als weniger unangenehm zu empfinden.
4. **Konstante Anwendung:** Regelmäßigkeit ist der Schlüssel. Versuche, kalte Duschen in deine tägliche Routine einzubauen, um langfristige Effekte zu erzielen und die Kälte nach und nach als angenehm zu empfinden.
5. **Nach der Kälte aufwärmen:** Vor allem nach längeren Kältebädern, bspw. in einer Eistonne, ist es wichtig, sich wieder aufzuwärmen, um dem Körper die Möglichkeit zur Regeneration zu geben. Durch Wärme oder Sauna, einen dicken Pullover, eine warme Dusche danach oder eine Tasse Tee erreicht der Körper schneller seine Wohlfühltemperatur.

Mit dieser schrittweisen Herangehensweise wird die kalte Dusche zum Bestandteil des Alltags und zu einem kraftvollen Mittel für mehr Energie und Wohlbefinden.

Potenzielle Herausforderungen:

1. Der anfängliche Kälteschock hält mich davon ab

Ich bin sehr gestresst durch die ersten kalten Wasserkontakte. Der erste Kontakt mit dem kalten Wasser kann unangenehm oder sogar schockierend sein. Hier hilft es, das Wasser schrittweise abzukühlen und mit kleineren Körperbereichen wie den Armen oder Beinen zu beginnen. Weiterhin ist der Start im Sommer einfacher als im kalten Winter. Hierbei ist auch auf den Körper zu hören. Wenn man bspw. angeschlagen ist, keinen Schlaf bekommen hat oder sich anderweitig nicht fit fühlt, sollte die Anwendung auf einen Tag verschoben werden, an dem man sich wieder gut fühlt. Dir fehlt die Willenskraft. Kalte Duschen erfordern Willenskraft, und gerade an kalten Tagen kann es schwerfallen, sich dazu zu überwinden. Ein guter Trick ist, sich an die positiven Effekte zu erinnern und sich mental zu motivieren. Es kann auch helfen, eine kalte Dusche mit einem angenehmen Ritual danach zu verbinden, z. B. einem warmen Tee.

2. Ich habe trockene Haut nach dem kalten Duschen

Kälte kann die Haut austrocknen, was bei regelmäßigen kalten Duschen ein Problem sein kann. Eine gute Feuchtigkeitscreme oder ein natürliches Öl, z. B. Kokos- oder Mandelöl, helfen, die Haut nach der Dusche zu pflegen und Feuchtigkeit zu bewahren. Kalt duschen statt heiß – das kann sich langfristig positiv auf das Hautbild auswirken. Während heißes Wasser die Hautbarriere angreift, natürliche Öle ausspült und die Haut austrocknet, schont kaltes Wasser die oberste Hautschicht. Es verengt die Poren, reduziert Entzündungen und fördert die Durchblutung – was den Teint frischer und klarer erscheinen lässt. Regelmäßiges kaltes Duschen kann so helfen, das Hautbild zu glätten und Irritationen zu reduzieren.

3. *Ich merke nach einer kalten kurzen Dusche keine positiven Effekte*
Um die volle Wirkung zu entfalten, sollte die kalte Dusche mindestens 1–2 Minuten dauern. Wenn die Zeit zu kurz ist, kann es sein, dass die positiven Effekte nicht vollständig eintreten. Versuche, die Dauer schrittweise zu steigern. Ich nutze auch oft Eisbäder, um den Effekt zu erhöhen – auch kombiniert mit Sauna.

Eine Kältetherapie, Eisbaden oder kaltes Duschen bieten eine einfache und kraftvolle Möglichkeit, Körper und Geist zu stärken. Die Kälte aktiviert das Immunsystem, reduziert Entzündungen und fördert die Resilienz gegenüber Stress. Darüber hinaus helfen kalte Duschen, die Schlafqualität zu verbessern und Energie- und Wasserverbrauch zu sparen, was einen positiven Effekt auf die Umwelt hat. Dem aktuellen Trend von ansteigenden Fallzahlen von Depressionen kann auch mit einer Kältetherapie entgegengewirkt werden. Achte hierbei auf die Dosierung und folge deinem Rhythmus.

4: Mobilität neu gedacht

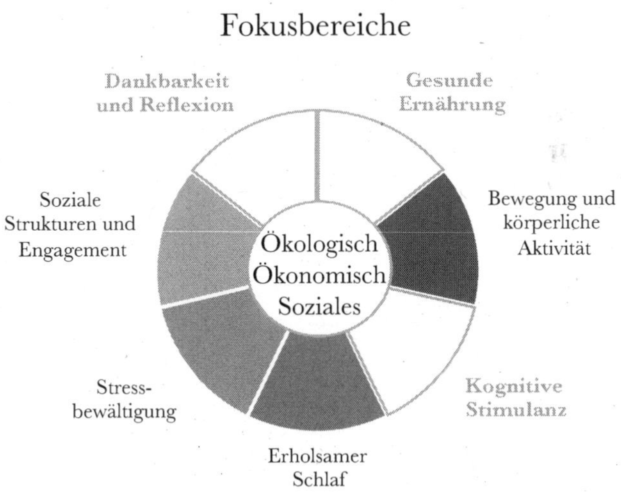

Quelle: Eigene Darstellung

Raus aus der Autodominanz – rein in echte Mobilitätsfreiheit
Es geht nicht darum, aufs Auto zu verzichten. Es geht darum, die Kontrolle zurückzugewinnen. Du entscheidest, wie du dich bewegst. Ob ohne oder mit Auto – alles ist erlaubt.

Die Wahl unserer Fortbewegungsmittel beeinflusst weltweit unseren Alltag, unsere Umwelt und unsere Lebensqualität. Jedes Jahr nutzen Milliarden von Menschen Autos, Bahnen, Fahrräder und Flugzeuge, um zur Arbeit, zur Schule oder in den Urlaub zu gelangen. Die Wahl unserer Fortbewegungsmittel beeinflusst weltweit unseren Alltag, unsere Umwelt und unsere Lebensqualität.« Das lässt sich quantitativ unterstreichen: Laut einer aktuellen Analyse werden weltweit rund 51 Prozent aller Pendelstrecken mit dem Auto zurückgelegt – regional stark ausgeprägt, insbesondere in den USA und Kanada mit bis zu 92 Prozent Autonutzung beim Arbeitsweg.[69] Die Statistiken zu Verkehr und Mobilität zeigen, wie umfassend unsere heutigen Verkehrssysteme sind und welche Herausforderungen diese mit sich bringen:

Automobil: Weltweit gibt es über 1,3 Milliarden Pkw.[70]

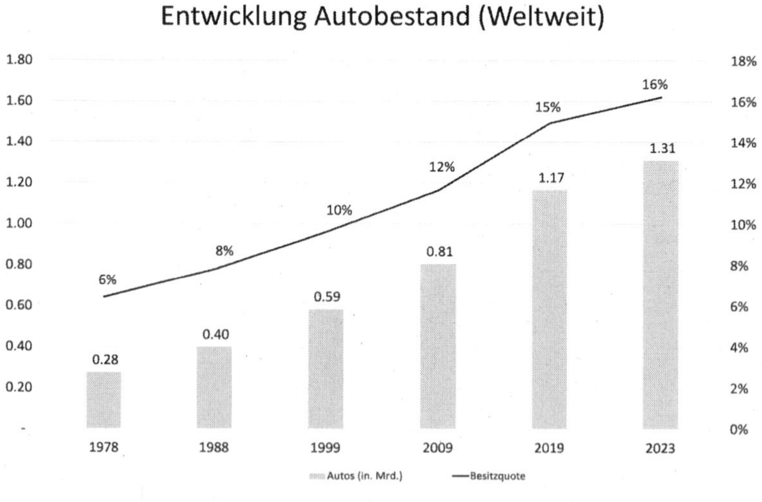

Quelle: Eurostat

Autos dominieren weltweit die Straßen. Besonders in westlichen Ländern und zunehmend auch in Schwellenländern. In Deutschland besitzt mehr als jede zweite Person ein Auto – das prägt unsere Städte, unser Verhalten, unser Klima. Seit 1978 ist dabei auch der prozentuale Anteil von 6 Prozent auf 16 Prozent gestiegen, das heißt, der Anteil von Autos zur Weltbevölkerung steigt zunehmend. In Deutschland sind wir jedoch schon bei Besitzquoten von über 50 Prozent.

Autos sind weit mehr als ein bequemes Fortbewegungsmittel – sie sind auch Emissionsquellen auf vier Rädern. Sie stoßen CO_2 aus, lärmen und wirbeln Feinstaub auf. Ein durchschnittlicher Pkw in Europa verursacht pro Kilometer rund 120 Gramm CO_2 – das summiert sich schnell zu Tonnen. Nicht nur für das Klima, sondern auch für deine Lunge.[71]

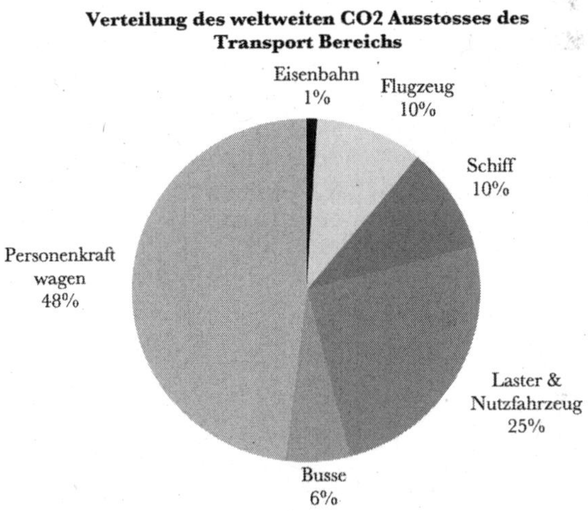

Quelle: Statista[72]

Im Jahr 2022 wurden weltweit durch die Verbrennung von Kraftstoffen im Straßenverkehr rund 36,6 Milliarden Tonnen CO_2[73] ausgestoßen, wobei Pkw mit 48 Prozent den größten Anteil hatten.[74] Diese Werte berücksichtigen nicht nur den direkten CO_2-Ausstoß, sondern auch Treibhausgase, die in der gesamten Produktions- und Lebenszykluskette des Fahrzeugs freigesetzt werden. Über die Lebensdauer eines Pkw hinweg summiert sich das auf mehrere Tonnen CO_2-Äquivalente.

Zusätzlich entstehen durch Reifen- und Bremsabrieb erhebliche Mengen an Feinstaub – auch bei Elektroautos –, die gesundheitsschädlich sind. Selbst moderne Elektroautos hinterlassen Spuren in deinen Lungen – wortwörtlich. Bei jedem gefahrenen Kilometer entstehen Partikel: aus Reifenabrieb (bis zu 15 Milligramm) und Bremsen (bis zu 4,5 Milligramm). Diese unsichtbaren Rückstände landen in Böden, Gewässern – und auch in deinem Körper.[75]

Neben den physischen Emissionen erzeugen Autos auch Lärmemissionen, die nachweislich Stress und gesundheitliche Probleme verursachen. Der durch Straßenverkehrslärm hervorgerufene Stress ist ein bedeutender Faktor für Herz-Kreislauf-Erkrankungen. Laut der WHO erhöht dauerhafter Lärm ab 55 Dezibel tagsüber und 45 Dezibel nachts das Risiko für Bluthochdruck und Herzinfarkte. Studien zeigen, dass allein in Europa jährlich mehr als 12.000 Todesfälle auf Verkehrslärm zurückzuführen sind.[76] Lärmbelastung beeinträchtigt außerdem die Schlafqualität und das allgemeine Wohlbefinden, insbesondere in urbanen Gebieten.

Der Straßenverkehr fordert jedes Jahr etwa 1,2 Millionen Menschenleben, und rund 50 Millionen Menschen werden dabei verletzt.[77] Der Automobilverkehr ist weltweit die größte Ursache für verkehrsbedingte Todesfälle, ein Vielfaches (ca. 20-mal so viel) wie Bahn- oder Flugverkehr zusammen. Straßenverkehrsunfälle sind die häufigste Todesursache bei Kindern und jungen Erwachsenen im Alter von 5 bis 29 Jahren. Zusammenfassend verursachen Autos nicht nur direkte Treibhausgase, sondern tragen auch durch Feinstaub- und Lärmemissionen erheblich zur Umweltverschmutzung und gesundheitlichen Belastung bei.[78]

Eigene Erfahrung: Ein Taxi. Eine Reise. Ein Schockmoment, der alles veränderte. Noch heute spüre ich die Folgen jenes Aufpralls – und die Dankbarkeit, überlebt zu haben. Diese Erfahrung hat mein Verhältnis zum Autofahren verändert.

Es war eine Geschäftsreise, die so unscheinbar begann – von der geschäftigen Eleganz Mailands hinüber ins malerische Tessin, eingebettet zwischen den sanften Hügeln. Die Sonne tauchte die Welt in goldene Farben, während ich entspannt auf dem Rücksitz eines Taxis saß, neben meinem Kollegen. Wir hatten keine Ahnung, dass in wenigen Augenblicken alles anders sein würde. Plötzlich brach das Chaos herein. Ein Wagen zog ohne Vorwarnung von rechts quer über die vierspurige Autobahn. Es geschah in Sekundenbruchteilen, aber die Erinnerung läuft in Zeitlupe ab. Die Geschwindigkeit – 130 Kilometer pro Stunde – und das heftige Krachen, als das Auto uns rammte, hallen noch immer in meinen Gedanken wider. Ich spürte den Aufprall, wie mein Körper nach vorne geschleudert wurde und zurückprallte, gefangen in einer brutalen Kollision. Mein Herz raste, die Angst griff wie eiserne Klauen nach mir, während wir ins Schlingern gerieten. In diesem Moment dachte ich, es könnte vorbei sein. Doch das Schicksal hatte andere Pläne. Der Wagen kam zum Stehen, wir blieben am Leben – erschüttert, aber unversehrt genug, um diese Geschichte zu erzählen. Leider hatte der Familienvater und Unfallverursacher weniger Glück. Doch die Narben dieses Tages sind geblieben, unsichtbar und doch immer präsent. Der immer mal wieder aufkommende stechende Schmerz in meiner Schulter ist mein ständiger Begleiter, eine Erinnerung an ein Schleudertrauma, das nie ganz heilen wollte. Mehr als 15 Jahre sind vergangen, doch jeder Schmerzstoß erinnert mich daran, wie zerbrechlich das Leben ist – und wie kostbar. Jedes Mal, wenn ich zurückdenke, verspüre ich eine seltsame Mischung aus Dankbarkeit und Ehrfurcht. Dankbarkeit, dass ich damals überlebt habe, und Ehrfurcht vor der Erkenntnis, wie schnell alles hätte enden können. Der Himmel über dem Tessin schien an diesem Tag strahlend blau, aber die Schatten des Augenblicks begleiteten mich, als ich das Tal erreichte – verändert, gezeichnet und dennoch lebendig.

Bahn und öffentlicher Verkehr: Der öffentliche Nah- und Fernverkehr spielt weltweit eine zentrale Rolle in der Mobilität der Menschen. Laut aktuellen Statistiken nutzen jedes Jahr Milliarden von Menschen öffentliche Verkehrsmittel wie Busse, Bahnen, Straßenbahnen und U-Bahnen. Die Vereinten Nationen schätzen, dass weltweit über 1,5 Milliarden Menschen täglich den öffentlichen Verkehr nutzen und dabei etwa 7 Prozent des weltweiten CO_2-Ausstoßes verursachen.[79] In urbanen Zentren wie Tokio, Shanghai oder Moskau wird der ÖPNV von Millionen Menschen täglich als primäres Verkehrsmittel genutzt.

Allein in der Europäischen Union wurden im Jahr 2022 über 60 Milliarden Personenkilometer durch öffentliche Verkehrsmittel zurückgelegt. In Asien, insbesondere in Ländern wie Japan und China, sind die Zahlen noch beeindruckender. Die Tokioter U-Bahn, das weltweit am stärksten genutzte U-Bahn-System, verzeichnet jährlich über drei Milliarden Fahrten. In Afrika und Lateinamerika setzen Millionen von Menschen auf Bus- und Bahnnetzwerke, die trotz infrastruktureller Herausforderungen oft das Rückgrat der Mobilität darstellen.

Laut einem Bericht der Europäischen Umweltagentur macht der Schienenverkehr rund ein Prozent der gesamten verkehrsbedingten CO_2-Emissionen weltweit aus. Dies steht in starkem Kontrast zum Straßenverkehr (Pkw, Laster und Nutzfahrzeuge), der rund 70 Prozent der verkehrsbedingten Emissionen verursacht.

Fahrrad: Das Fahrrad gewinnt weltweit an Bedeutung als nachhaltige und flexible Mobilitätsoption. Die Niederlande sind ein Vorbild dafür: Dort erfolgt rund 27 Prozent des gesamten Verkehrs mit dem Fahrrad.[80] Auch in anderen Ländern investieren Städte vermehrt in Radwege, um das Rad als alternatives Fortbewegungsmittel zu fördern. Das Fahrrad ist eines der umweltfreundlichsten Verkehrsmittel, da es praktisch keine direkten Lärm- oder Schadstoffemissionen verursacht. Im Vergleich zu Autos, die durchschnittlich 70–80 Dezibel Lärm erzeugen, ist das Fahrrad nahezu geräuschlos und trägt wesentlich zur Reduzierung von Verkehrslärm bei. Auch hinsichtlich der CO_2-Bilanz schneidet es hervorragend ab: Die Emissionen entstehen ausschließlich durch Herstellung, Wartung und Entsorgung, liegen jedoch weit unter denen motorisierter Fahrzeuge. Fahrräder verursachen zudem keine Feinstaubbelastung durch Reifen- oder Bremsabrieb, da sie leichter gebaut sind und andere Materialien nutzen. Als emissionsfreie Mobilitätsalternative verbessert das Fahrrad die Luftqualität und trägt zu einer ruhigeren, gesünderen städtischen Umgebung bei. Es bietet damit eine einfache und effektive Lösung zur Entlastung von Umwelt und Gesundheit.

Flugzeug: Die Luftfahrt bleibt für Langstrecken und internationale Reisen fest verankert. Im Jahr 2024 wurden weltweit etwa fünf Milliarden Fluggäste gezählt.[81] Trotz wachsender Umweltbedenken steigt die Nachfrage nach Flugreisen und hat sich seit 2004 (ca. 2 Mrd.) mehr als verdoppelt. Dies hängt vor allem mit dem größeren Flugangebot, Bevölkerungswachstum und erschwinglicheren Flugpreisen zusammen. Flugzeuge sind eine erhebliche Quelle von Lärm- und Schadstoffbelastungen, denen man insbesondere in der Nähe von Flughäfen und stark frequentierten Flugrouten ausgesetzt ist. Sie verursachen nicht nur hohe CO_2-Emissionen – durchschnittlich etwa 90 bis 100 Gramm CO_2 pro Passagierkilometer, abhängig von der Flugdistanz –, sondern setzen auch Stickoxide (NOx) und Feinstaub frei, die zur Luftverschmutzung beitragen. Weltweit belaufen sich die Emissionen aus dem Luftverkehr auf rund 10 Prozent der gesamten CO_2-Emissionen.[82] Die Lärmbelastung durch Flugzeuge liegt oft bei 80 bis 100 Dezibel beim Start und bei der Landung, was in umliegenden Wohngebieten zu Schlafstörungen und langfristigen gesundheitlichen Risiken wie Bluthochdruck und Herz-Kreislauf-Erkrankungen führen kann. Trotz technologischer Fortschritte wie leisere Triebwerke und effizientere Flugzeuge bleibt die Luftfahrt ein wesentlicher Verursacher von Umweltbelastungen. Zumindest am Horizont bahnen sich nachhaltige Treibstoffe und alternative Antriebstechnologien zur Entschärfung der Effekte an. Selbst für Passagiere ist der Lärmpegel in einem Flugzeug enorm. Bei einem Selbstversuch habe ich einen Flug einmal mit und einmal ohne Noise-Cancelling-Kopfhörer erlebt. Das Ergebnis war eindeutig: Beim Ausstieg ohne Gehörschutz war mein Stresslevel deutlich höher – körperlich spürbar durch innere Unruhe, leichte Erschöpfung und das Gefühl permanenter Anspannung. Mit Noise Cancelling hingegen: deutlich entspannter, klarer, fast erholt.

Studien bestätigen, was ich subjektiv gespürt habe: Dauerlärm – auch wenn er nicht als Schmerz empfunden wird – aktiviert dauerhaft das Stresssystem. Im Flugzeug kommt dazu: Druckunterschiede, enge Räume, künstliches Licht und ständige Vibrationen. Fliegen bedeutet Hochleistungsbetrieb für das Nervensystem – oft ohne dass wir es bewusst wahrnehmen.

Die Wahl des Verkehrsmittels – ob öffentliches Verkehrsmittel, Flugzeug, Auto, Fahrrad oder zu Fuß – hat erhebliche Auswirkungen auf die

Schadstoff- und Lärmbelastung sowie auf unsere eigene Gesundheit. Laut einer Analyse des Health Effects Institute und des Institute for Health Metrics and Evaluation ist die Luftverschmutzung nach hohem Blutdruck der zweitgrößte Risikofaktor für die menschliche Gesundheit und verursacht weltweit etwa 8,1 Millionen Todesfälle pro Jahr.[83] Obwohl diese Zahl nicht ausschließlich dem Straßenverkehr zuzuschreiben ist, trägt dieser erheblich zur Umweltbelastung bei und beeinflusst die Luftqualität insbesondere in urbanen Gebieten maßgeblich. Diese Fakten verdeutlichen die tiefgreifenden gesundheitlichen Auswirkungen der Luftverschmutzung und die Dringlichkeit, verkehrsbedingte Emissionen drastisch zu reduzieren.

Die Mobilität hat sich in den letzten Jahren bspw. durch alternative Modelle wie Carsharing, Ridesharing, Fahrradleihsysteme, Taxi-Plattformen und E-Scooter stark verändert. Dank digitaler Plattformen und Apps lassen sich Verkehrsmittel flexibel kombinieren und optimal an die Bedürfnisse jedes Einzelnen anpassen. Autonome Fahrzeuge und digitale Verkehrssysteme versprechen zudem eine Zukunft, in der wir die Fahrzeit effizient nutzen können, die Unfallhäufigkeit deutlich reduzieren, ohne selbst fahren zu müssen.

Das Konzept der »multimodalen Mobilität« steht im Zentrum dieser Entwicklung: Menschen können je nach Bedarf verschiedene Verkehrsmittel flexibel miteinander kombinieren. Statt auf das Auto ausschließlich angewiesen zu sein, rückt eine breite Palette an Optionen in den Fokus. Das Ziel ist es, Freiheit und Mobilität zu erreichen, ohne von einem einzigen, oft teuren Verkehrsmittel abhängig zu sein.

Eine flexible, unabhängige Mobilität kann durch einige einfache Schritte im Alltag erreicht werden:

Status quo: Analysiere deine aktuelle Situation und ermittle ein Mobilitätsbudget auf Basis des letzten Jahres. Was hast du die letzten Jahre durchschnittlich für Mobilität ausgegeben? Weiterhin schaue dir deine Optionen an, welche neuen Mobilitätsalternativen für dich an dem aktuellen Ort existieren und eingesetzt werden können.

Multimodales Denken: Indem man flexibel zwischen verschiedenen Verkehrsmitteln wechselt, lassen sich Zeit und Kosten sparen. Ein E-Scooter oder das von zu Hause mitgebrachte Fahrrad oder der Roller können zum Beispiel die letzte Strecke vom Bahnhof zur Arbeitsstelle überbrücken, wenn der Bus zu lange dauert. Wenn ein Auto nötig ist, kann es über Carsharing genutzt werden. Das spart hohe Anschaffungs- und Unterhaltskosten, ist nachhaltig und bietet gleichzeitig die Flexibilität, ein Auto bei Bedarf zur Verfügung zu haben.

Alltagswege gezielt planen: Kombiniere tägliche Besorgungen mit Arbeits- oder Freizeitwegen, um die Anzahl der Fahrten zu reduzieren. So lassen sich viele Wege idealerweise zu Fuß, mit dem Rad oder dem öffentlichen Verkehr bewältigen.

Potenzielle Herausforderungen:

1. Verkehrsmittel sind in Kombination oder neben dem Unterhalt eines Autos sehr teuer.

Die Nutzung des Autos ist mehrheitlich nicht mit direkten Kosten verbunden. Dagegen ist die Nutzung von Verkehrsmitteln wie Bus, Bahn oder Mietwagen mit direkten wesentlichen Kosten verbunden. Dadurch scheut man die Nutzung und empfindet die Nutzung als teuer. In dem Fall hilft der Verkauf des Autos und die Festlegung eines Mobilitätsbudgets. Dieses Mobilitätsbudget kann z. B. von den letzten Kosten des Autos abgeleitet werden. Dabei addiert man alle jährlichen Kosten des Autos[84]:

In EUR	Leasing/Kauf
Leasingrate/Abschreibung:	6.000
Benzin:	2.500
Versicherung:	900
Steuer:	400
Wartung:	500
Sonstiges:	500
Gesamt:	**10.800**

Somit ergibt sich ein jährliches Mobilitätsbudget von 10.800 EUR jährlich oder 900 EUR monatlich oder rund 30 EUR täglich. Diesen Betrag kann man ohne Auto mit gutem Gewissen ausgeben und ist gesünder und nachhaltiger unterwegs bei gleichen Kosten.

Klar, Verspätungen nerven. Aber statt mich zu ärgern, nutze ich die Zeit, um E-Mails zu beantworten, zur Tagesplanung oder für ein Powernap. Die Bahn wurde zu meiner mobilen Insel der Produktivität.

Bei wichtigen Terminen ist es ratsam, immer einen Puffer einzuplanen, insbesondere wenn man auf öffentliche Verkehrsmittel angewiesen ist. So vermeidet man Stress, wenn es zu Verspätungen kommt, und hat die Möglichkeit, unvorhergesehene Ereignisse abzufangen. Im digitalen Zeitalter, in dem persönliche Treffen zunehmend durch Online-Besprechungen ersetzt werden, verringert sich jedoch das Risiko, da man für viele Termine nicht mehr physisch anwesend sein muss, sondern auch alternativ die Option der virtuellen Einwahl als Notlösung nutzen kann.

Meine Situation: Es gab eine Zeit, da saß ich oft zwei Stunden am Steuer, auf dem Weg zu einem Termin. Die Straße forderte meine volle Aufmerksamkeit – Autos überholten hektisch, der Verkehr stockte und das Risiko eines Unfalls war immer präsent. Selbst mit Freisprecheinrichtung fühlte sich jedes Telefonat wie ein Drahtseilakt an, und wenn ich aufgelegt hatte, konnte ich mich oft kaum an die letzten Kilometer erinnern. Es war stressig, monoton und ließ mich ausgelaugt zurück. Heutzutage habe ich kein eigenes Auto mehr und nehme überwiegend das Fahrrad, öffentliche Verkehrsmittel wie die Bahn, die manchmal verspätet ist, oder auch mal einen Mietwagen. Anstatt mich über die verlorene Zeit zu ärgern, habe ich gelernt, sie sinnvoll zu nutzen. Ich nehme mein Laptop mit und erledige Arbeit, die sonst liegen bleiben würde. Manchmal gönne ich mir einen Powernap, diese erholsamen 20 Minuten gleichen einer Schnellladung deiner Energiespeicher. Oder ich lese eine Zeitung, führe konzentrierte Calls, plane meinen Tag oder lasse einfach mal die Gedanken schweifen. Im Vergleich zu den nervenaufreibenden Autofahrten ist die Zeit in der Bahn für mich eine kleine Auszeit geworden, die mich nicht nur produktiv, sondern auch entspannter macht. Selbst bei Verspätungen fühle ich mich sinnvoll beschäftigt. Es ist nicht die Zeit, die zählt, sondern wie ich sie nutze – und die Bahn gibt mir die Freiheit, das Beste daraus zu machen.

1. Begrenzte Verfügbarkeit in ländlichen Regionen

Auf dem Land sind öffentliche Verkehrsmittel und Carsharing-Angebote oft eingeschränkt. Ich weiß nicht, was ich in meiner Stadt nutzen kann.

Bilde Fahrgemeinschaften mit Nachbarn oder Kollegen, um Kosten zu teilen und die Umwelt zu schonen. Plane Besorgungen und Fahrten voraus, um die wenigen öffentlichen Verkehrsangebote im ländlichen Raum besser nutzen zu können. Nutze regionale Lieferdienste, auch von Landwirten oder Einkaufsläden, um wertvolle Zeit zu sparen.

Folgende Liste als initialer Tipp zum Ausprobieren:

- DriveNow/Share Now: Carsharing-Dienste mit städtischem Fokus
- Flinkster: Carsharing der Deutschen Bahn
- Nextbike: Fahrradverleih in vielen Städten weltweit
- BlaBlaCar: Plattform für Mitfahrgelegenheiten, besonders in Europa
- Uber: App-basierter Fahrdienst, weltweit aktiv
- Lyft: Konkurrent von Uber, vor allem in Nordamerika
- Bird/Lime: Elektroroller-Sharing-Plattformen mit globaler Reichweite
- Turo: Vermietung privater Fahrzeuge, international aktiv

2. Verwurzelte Gewohnheiten und Statusdenken hindern dich an der Umsetzung

Für viele Menschen ist das Auto ein Statussymbol oder eine bequeme Gewohnheit, und ein Wechsel auf andere Mobilitätsformen erfordert eine mentale Umstellung. Starte klein und ersetze zunächst kurze Strecken durch alternative Verkehrsmittel, um dich an die Flexibilität zu gewöhnen. Ein langsamer Wechsel fällt oft leichter. Sieh Mobilität als Bereicherung an: Die Nutzung verschiedener Verkehrsmittel kann Zeit, Geld und Stress sparen und zur Lebensqualität beitragen.

Die Zukunft der Mobilität bietet die Chance, das Auto als unverzichtbares Fortbewegungsmittel zu hinterfragen und sich von dessen Dominanz zu lösen. Individuelle Mobilität bedeutet, das Verkehrsmittel bedarfsorientiert und flexibel nach seinen Wünschen zu wählen. Diese Freiheit stärkt nicht nur die persönliche Unabhängigkeit, sondern kann auch Städte entlasten und die Umwelt schonen. In einer multimodalen Welt können wir ohne große Investitionen selbstbestimmt mobil sein und weiterhin Autos nutzen, ohne unsere Entscheidungen durch ein eigenes Auto »kontrollieren« zu lassen. Die Flexibilität zwischen unterschiedlichen Verkehrsmitteln schafft Lebensqualität, spart Kosten und reduziert das Unfallrisiko. Mobilität wird damit zu einer bewussten Entscheidung – ganz ohne Zwang und Zwangsnutzung durch das eigene Auto. Entscheide dich daher für ein eigenes Auto mit allen damit verbundenen Kosten oder nimm ein tägliches Mobilitätsbudget[85] auf Basis der aktuellen Kosten in Anspruch.

5: Natur erleben – täglich

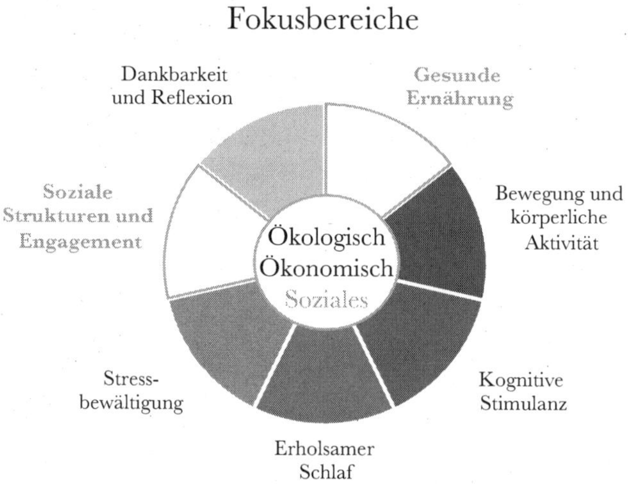

Quelle: Eigene Darstellung

Der Herzschlag der Erde – warum uns die Natur tief in der Seele berührt

In einer Welt, die von Asphalt, Bildschirmen und Termindruck dominiert wird, wächst in uns ein stiller Ruf nach Erdung – einem Ort, an dem unser Geist atmen kann. Die Wissenschaft ist eindeutig: Ein Spaziergang im Grünen – und dein Gehirn atmet durch. Die Natur ist ein Heilmittel für unsere Psyche. In einer Untersuchung des Max-Planck-Instituts wurde festgestellt, dass ein einstündiger Spaziergang im Grünen die Aktivität der Amygdala, einer für Stressreaktionen zuständigen Gehirnregion, signifikant reduziert. Dies ist besonders bedeutsam, da das Leben in Städten mit einem erhöhten Risiko für psychische Erkrankungen wie Angststörungen, Depressionen und Schizophrenie verbunden ist. Untersuchungen zeigen, dass die Amygdala bei Stadtbewohnern während stressiger Aufgaben stärker aktiviert wird als bei Menschen aus ländlichen Regionen.[86]

Diese Erkenntnisse verdeutlichen, wie tief verwurzelt unsere Verbindung zur Natur ist. Während die Urbanisierung oft zu einem Anstieg von Stress und psychischen Belastungen führt, bietet die Natur eine Gegenkraft: Sie schenkt uns Erholung, verbessert die Konzentration, gewährt eine höhere Sauerstoffzufuhr und senkt nachweislich den Stresshormonspiegel. Theorien wie die Attention Restoration Theory[87] (ART) oder die Stress Recovery Theory[88] (SRT) zeigen, dass natürliche Umgebungen sowohl unser Denken als auch unsere Emotionen positiv beeinflussen können.

»Der Herzschlag der Erde« lädt ein, die heilende Kraft der Natur neu zu entdecken – nicht nur für unseren Körper, sondern auch für unsere Seele. Inmitten des städtischen Trubels können grüne Oasen einen unverzichtbaren Rückzugsort bieten, der uns hilft, das Gleichgewicht zwischen Mensch und Natur wiederzufinden. Naturerlebnisse bieten eine Vielzahl von Vorteilen für Körper und Geist:

- **Bewegung und körperliche Aktivität:** Wandern, Spazierengehen, Radfahren oder Gartenarbeit fördern die körperliche Aktivität und sind gelenkschonend, im Gegensatz zu intensiven Fitness-Programmen. Aktivitäten in der Natur senken das Risiko für chronische Erkrankungen, verbessern die Fitness und unterstützen das Herz-Kreislauf-System und wirken gegen die häufigsten Todesursachen wie bspw. den Herzinfarkt.[89]
- **Kognitive Stimulation:** Die vielfältigen Eindrücke in der Natur – wie Geräusche, Farben und Gerüche – regen das Gehirn an und fördern die kognitive Flexibilität. Studien zeigen, dass sich die Konzentrations-

fähigkeit und Kreativität nach Aufenthalten in der Natur verbessern, da die natürliche Umgebung das Gehirn beruhigt und regeneriert.[90]

- **Erholsamer Schlaf:** Zeit, in der Natur hilft, den natürlichen Schlaf-Wach-Rhythmus mit positiven Effekten auf die hormonelle Bilanz zu unterstützen. Durch die Reduzierung von künstlichem Licht, wie es in der Stadt allgegenwärtig ist, und den Kontakt mit natürlichem Tageslicht wird die Melatoninproduktion gefördert, was zu einem besseren Schlaf führt.[91]
- **Stressbewältigung:** Die beruhigende Atmosphäre von Wäldern, Seen oder Bergen senkt den Cortisolspiegel im Körper. Die Natur hat eine entspannende Wirkung und hilft, Stress zu reduzieren und das Wohlbefinden zu steigern.[92]

Um die Vorteile eines naturnahen Lebens zu genießen, gibt es einige einfache Schritte, die du in deinen Alltag integrieren kannst:

- **Arbeitsweg:** Nutze jede Möglichkeit, um auch den Arbeitsweg entlang der Natur zu planen.
- **Wochenendausflüge und Natururlaube:** Nutze freie Tage für Ausflüge in die Berge, ans Meer oder in Naturschutzgebiete. Die intensive Zeit in der Natur vertieft die positiven Effekte auf Körper und Geist.
- **Outdoor-Sportarten:** Sportarten wie Wandern, Radfahren, Joggen oder Yoga im Freien bieten eine doppelte Wirkung: Sie fördern die körperliche Aktivität und ermöglichen den Kontakt zur Natur.
- **»Waldbaden« oder »Forest Bathing«:** Dieses Konzept aus Japan, das Shinrin Yoku genannt wird, legt den Fokus auf die bewusste Wahrnehmung der Natur und das Eintauchen in die Waldatmosphäre. Setze dich ruhig hin, atme tief ein und genieße die Geräusche, Gerüche und Farben des Waldes.
- **Gartenarbeit und Urban Gardening:** Falls du einen eigenen Garten oder Zugang zu einem Gemeinschaftsgarten hast, nutze diese Möglichkeit, um aktiv Zeit draußen zu verbringen. Pflanzen zu pflegen, fördert nicht nur die körperliche Aktivität, sondern stärkt auch das Bewusstsein für die Naturkreisläufe.

Potenzielle Herausforderungen

1. Zeitmangel im Alltag

Viele Menschen haben aufgrund von Arbeits- und Alltagsverpflichtungen wenig Zeit, regelmäßig in die Natur zu gehen. Starte mit kurzen, alltäglichen Routinen wie einem Spaziergang in der Mittagspause, einer kurzen Wegstrecke auf dem Arbeitsweg, indem du bspw. früher oder später aus der Bahn aussteigst bzw. einsteigst, oder einem Besuch im Stadtpark nach der Arbeit. Selbst kleine Naturerlebnisse können bereits positive Effekte haben. Reserviere dir entsprechend Zeit – und stelle dir persönliche Termine ein.

Persönliche Situation: Es gab eine Zeit, in der ich dachte, ich hätte einfach keine Zeit. Zwischen Arbeit, Freunden, Familie, Beziehung und all den Verpflichtungen des Alltags blieb kaum Raum für etwas, das nur mir selbst guttat. Doch irgendwann wurde mir klar: Wenn ich ständig nur für andere funktioniere und mich selbst vergesse, kann ich den Menschen, die mir wichtig sind, nicht das Beste von mir geben. Also habe ich eine Entscheidung getroffen: Ich nehme mir Zeit – für mich. Ich habe angefangen, meine Zeit für die Natur genauso fest einzuplanen wie einen wichtigen beruflichen Termin. Ob es ein kurzer Spaziergang im Park oder ein Nachmittag im Grünen war, ich trug es in meinen Kalender ein und hielt mich daran. Anfangs hatte ich das Gefühl, mich rechtfertigen zu müssen – doch dann verstand ich, dass es nichts Egoistisches daran gibt, gut zu sich selbst zu sein. Im Gegenteil: Es war der erste Schritt, um eine stabile Basis zu schaffen, auf der ich all meine Rollen im Leben besser ausfüllen konnte. Diese Momente in der Natur haben langfristig alles verändert. Ich bin entspannter, konzentrierter und sogar effektiver geworden. Meine Gesundheit hat davon profitiert, ebenso wie meine Beziehungen. Denn erst als ich lernte, gut mit mir selbst umzugehen, konnte ich anderen das geben, was sie wirklich brauchten: eine ausgeglichene, glückliche Version von mir.

2. Regen, Kälte oder Hitze können Naturaufenthalte unattraktiv machen.
Das ist eine Frage der Perspektive. Es gibt selten schlechtes Wetter – nur unpassende Kleidung. Lebe den Moment. Spür den Regen. Atme die Kälte. Rüste dich – und geh trotzdem. Zusätzlich passe deine Aktivitäten und Kleidung den Wetterbedingungen an. Bei Regen sind kurze Spaziergänge mit entsprechender Kleidung möglich, und im Winter kannst du dich gut in warme Kleidung einpacken. Es gibt selten »schlechtes« Wetter, sondern eher das »falsche« Set-up und vor allem Mindset.

3. Beschränkter Zugang zur Natur in städtischen Gebieten
In urbanen Regionen kann es schwierig sein, schnell und einfach in natürliche Umgebungen zu gelangen. Nutze nahe gelegene Parks, städtische Grünflächen oder Flussläufe. Viele Städte bieten auch sogenannte »Greenways« oder Naturpfade, die ideal für kurze Naturerlebnisse sind.

4. Mangel an Motivation oder Gewohnheit
Oft fällt es schwer, Naturbesuche in den Alltag zu integrieren, besonders wenn man nicht daran gewöhnt ist. Setze dir kleine, erreichbare Ziele. Starte mit einem wöchentlichen Naturausflug und baue diesen nach und nach aus. Vereinbare auch »Natur-Treffen« mit Freunden oder Familie, um die Verbindlichkeit zu erhöhen.

Ein naturnahes Leben fördert Gesundheit und Wohlbefinden auf vielfältige Weise. Die Natur unterstützt uns dabei, körperlich aktiv zu bleiben, unseren Geist zu stimulieren, unseren Stress zu bewältigen und das Risiko von psychischen Erkrankungen wie Angststörungen, Depressionen und Schizophrenie zu reduzieren. Gleichzeitig verbessern wir durch häufige Naturerlebnisse unsere Schlafqualität und entwickeln ein tieferes Verständnis und Wertschätzung für die Umwelt. Die Natur kann dabei ein inspirierender Lehrer und Heiler sein, der uns zu einem nachhaltigeren, gesünderen und bewussteren Leben führt. Egal, ob durch regelmäßige Spaziergänge, Wochenendausflüge oder das Erleben von Outdoor-Sportarten – die Möglichkeiten sind vielfältig und für jeden zugänglich.

6: Fasten für Zellreinigung und Klarheit

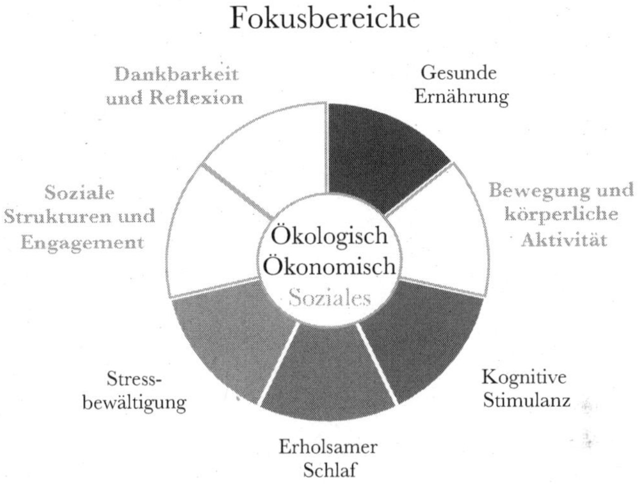

Quelle: Eigene Darstellung

Mit weniger Nahrung zu mehr Energie – wie du durch bewussten Verzicht gewinnst

Fasten ist kein Trend. Es ist eine uralte Praxis – und ein moderner Schlüssel zur Regeneration. Neben religiösen und spirituellen Ursprüngen hat das Fasten heutzutage auch in der modernen Gesundheits- und Ernährungswelt an Bedeutung gewonnen. Besonders das intermittierende Fasten – auch bekannt als Intervallfasten – erlebt derzeit ein Comeback. Es ermöglicht nicht nur eine effektive Gewichtskontrolle, sondern fördert auch tiefer gehende Prozesse wie Zellreinigung, Hormonbalance und bessere Schlafqualität. Außerdem trägt Fasten dazu bei, die Umwelt zu schonen, indem es unsere Aufnahmefähigkeit für Makro- und Mikronährstoffe erhöht und damit unseren Konsum von Lebensmitteln reduziert.

Warum fasten? Nicht als Verzicht, sondern als Geschenk. In einer Welt ständiger Reizüberflutung ist Fasten die seltene Gelegenheit, dem Körper das zu geben, was er am meisten braucht: Ruhe, Klarheit – und eine Pause vom Zuviel.

Die Motivation hinter dem Fasten kann vielseitig sein. Viele Menschen fasten, um Gewicht zu verlieren oder ihre Gesundheit zu verbessern. Fasten ist jedoch mehr als nur eine Methode zur Kalorienkontrolle. Es ermöglicht dem Körper, sich zu regenerieren, unterstützt die Verdauung und reduziert entzündliche Prozesse. Durch den bewussten Verzicht auf Nahrung für bestimmte Zeiträume entsteht auch eine Achtsamkeit für den eigenen Körper und seine Bedürfnisse. Die sieben unsichtbaren Kräfte des Fastens:

1. **Autophagie – Die Zellreinigung:** Während des Fastens aktiviert der Körper ein faszinierendes Selbstreinigungsprogramm: die Autophagie. Dieser Prozess – aus dem Griechischen für »sich selbst essen« – sorgt dafür, dass beschädigte Zellbestandteile, fehlgefaltete Proteine und angesammelte »Abfallprodukte« identifiziert, abgebaut und recycelt werden. So bleibt die Zelle funktionsfähig, effizient und gesund.

   Autophagie ist damit keine Schwäche, sondern ein intelligenter Reparaturmechanismus. Sie hilft dem Körper, sich von innen heraus zu regenerieren, und trägt zur Prävention chronischer Erkrankungen, zur Zellverjüngung und sogar zur Krebsabwehr bei.

   Wann tritt Autophagie ein?

   Autophagie wird vor allem dann aktiviert, wenn dem Körper keine neue Energie zugeführt wird – insbesondere nach 12 bis 16 Stunden ohne Nahrung. Erst dann erkennt der Stoffwechsel: Jetzt ist kein Wachstum gefragt, sondern Erhalt, Schutz und Reinigung. Bewegung, Kälteexposition oder ketogene Ernährung können diesen Effekt zusätzlich verstärken.

   Wann ist sie am stärksten?

   Der Autophagie-Peak liegt meist zwischen 18 und 24 Stunden Fastenzeit, abhängig von Aktivitätsniveau, Stoffwechsel und Ernährung davor. In dieser Phase beginnt der Körper gezielt, alte und defekte Zellstrukturen abzubauen und wiederzuverwerten – wie bei einem biologischen Frühjahrsputz auf Zellebene.

   Autophagie ist keine Ausnahme, sondern ein evolutionäres Programm. Und Fasten ist der Schlüssel, um es zu aktivieren – regelmäßig, bewusst und kraftvoll.[93]

2. **Erholung des Verdauungssystems:** Das Verdauungssystem ist ein energiefordernder Teil des Körpers. Durch Fasten wird der Verdauungstrakt entlastet, was dem Körper erlaubt, die frei werdende Energie auf Reparatur- und Regenerationsprozesse zu lenken. Ohne ständige Verdauungsarbeit können sich die Schleimhäute regenerieren und Entzündungsprozesse im Darm reduziert werden. Fasten ermöglicht eine kontrollierte Aufnahme von Lebensmitteln, was zu einem effizienteren Nährstoffhaushalt führt. Durch die Pausen im Essverhalten kann der Körper aufgenommene Vitamine und Mineralstoffe besser verarbeiten und speichern, was langfristig zu einer optimierten Gesundheit beiträgt.
3. **Optimierte Hormonproduktion:** Fasten reguliert Hormone wie Insulin und das Wachstumshormon. Sinkt der Insulinspiegel (da weniger Glukose im Blut ist), werden Fettreserven für die Energieversorgung genutzt. Gleichzeitig steigt die Produktion des menschlichen Wachstumshormons (HGH), das entscheidend für Zellwachstum, -reparatur und den Fettstoffwechsel ist. Das Wachstumshormon fördert die Erneuerung und Regeneration von Muskeln und Geweben.
4. **Entzündungshemmende Effekte:** Studien zeigen, dass Fasten entzündliche Marker im Körper senkt. Chronische Entzündungen stehen mit vielen degenerativen Erkrankungen in Verbindung und belasten das Immunsystem.[94] Durch die Reduktion von Entzündungen wird die Regenerationsfähigkeit des Körpers gesteigert, da das Immunsystem weniger mit Abwehrmaßnahmen beschäftigt ist und sich stärker auf den Wiederaufbau konzentrieren kann.
5. **Förderung der zellulären Reparaturmechanismen**: Beim Fasten werden DNA-Reparaturen und andere zelluläre Wartungsprozesse angeregt. Besonders in Phasen wie dem intermittierenden Fasten schaltet der Körper in eine Art »Erhaltungsmodus«, der auf Langlebigkeit ausgerichtet ist. Hierbei wird die Zellgesundheit gestärkt, um den Körper widerstandsfähiger gegenüber Stress und Alterung zu machen.[95]
6. **Schutz der Mitochondrien:** Mitochondrien sind die »Kraftwerke« unserer Zellen und spielen eine entscheidende Rolle im Energiehaushalt. Fasten kann die Effizienz und Gesundheit der Mitochondrien

steigern, indem es beschädigte Mitochondrien beseitigt und die Neubildung gesunder fördert. Eine bessere Mitochondrienfunktion unterstützt die Energieproduktion und damit alle regenerativen Prozesse im Körper.

Exkurs Mitochondrien: Mitochondrien sind winzige Zellorganellen – mikroskopisch kleine Strukturen innerhalb fast jeder Zelle unseres Körpers. Sie sitzen im Zellinneren (Zytoplasma) und sind dort für eine ganz zentrale Aufgabe verantwortlich: die Energieproduktion. Ihre Hauptfunktion besteht darin, aus Nährstoffen – insbesondere Glukose und Fettsäuren – Adenosintriphosphat zu erzeugen, den universellen »Treibstoff« für alle Lebensprozesse. Man nennt sie deshalb oft die »Kraftwerke der Zelle« – aber sie sind weit mehr als das. Mitochondrien steuern auch den Zelltod (Apoptose), sind beteiligt an der Hormonproduktion, regulieren den Kalziumhaushalt und beeinflussen die zelluläre Alterung. Besonders viele Mitochondrien finden sich in energieintensiven Geweben: in Muskelzellen, im Herz, in der Leber – und vor allem im Gehirn. Mitochondrien besitzen eine eigene DNA, die unabhängig vom Zellkern funktioniert – ein Relikt ihrer evolutionären Herkunft. Diese mitochondriale DNA ist allerdings anfällig für Schäden durch oxidativen Stress, was mit zunehmendem Alter zu funktionellen Einbußen führen kann. Wenn Mitochondrien geschwächt oder beschädigt sind, leidet die Energieproduktion – und mit ihr der gesamte Organismus. Müdigkeit, Entzündungen, degenerative Erkrankungen und beschleunigte Alterungsprozesse können die Folge sein.

7. **Vermehrung von Stammzellen:** Insbesondere bei längeren Fastenperioden (wie 24 bis 48 Stunden) zeigen Studien, dass die Produktion von Stammzellen, die für die Regeneration von Geweben notwendig sind, angeregt wird.[96] Diese Stammzellen spielen eine wichtige Rolle beim Wiederaufbau und der Reparatur von Organen und Gewebe.

Welche bewährten Fastenmethoden gibt es?
16/8-Methode: 16 Stunden Fasten, 8 Stunden Essensfenster. Hierbei ist der Verzicht auf die Abendmahlzeit zu empfehlen, um einen besseren Schlaf zu fördern. Wenn man jedoch wie bei mir den Tag mit einem Zwei-Stunden-Workout starten möchte, um den Testosterongehalt anzukurbeln, verzichtet man auf das Frühstück und nimmt das Abendessen spätestens drei Stunden vor dem Schlafengehen ein. Hierbei verwende ich jedoch auch MCT-Öl zur Energiegewinnung und Salze innerhalb der Fastenzeit, bspw. vor einer Trainingseinheit. Bei Frauen kann nüchternes Training kontraproduktiv sein, da entstehendes Cortisol schlechter verarbeitet werden kann. Dies ist das Stresshormon und kann bei einem Anstieg die Fettreserven auffüllen.

5:2-Diät: Bei der 5:2-Methode wird an fünf Tagen pro Woche normal gegessen, während an zwei nicht aufeinanderfolgenden Tagen die Kalorienzufuhr deutlich reduziert wird – meist auf etwa 500–600 kcal pro Tag. Der Vorteil: Diese Form des intermittierenden Fastens lässt sich flexibel in den Alltag integrieren, ohne dauerhaft auf Genuss oder soziale Mahlzeiten verzichten zu müssen. Besonders praktikabel ist sie für Menschen, die sich z. B. am Wochenende bewusst zurücknehmen oder unter der Woche gezielt zwei »Entlastungstage« einbauen möchten. Auch beruflich stark eingebundene Menschen profitieren von der Planbarkeit: Fastentage können z. B. auf stressärmere Tage gelegt werden.

Fastenperioden: Hierbei kann man ein- bis zweimal im Jahr über einen längeren Zeitraum fasten – bspw. habe ich bereits gute Erfahrungen mit drei Tagen gemacht –, den man auch gut über ein verlängertes Wochenende legen kann. Hier habe ich bspw. die Periode mit Wandern kombiniert. Aus meiner eigenen Erfahrung würde ich diese Form des Fastens selektiv einsetzen.

Beim Fasten durchläuft der Körper mehrere klar unterscheidbare Stoffwechselphasen. Bereits nach 12–36 Stunden beginnt die Zellreinigung (Autophagie) und der Körper gewinnt Energie aus Fett und Ketonkörpern.

Anbei eine Übersicht der verschiedenen Phasen mit entsprechender Wirkung:

Phase	Stoffwechselveränderung	Wirkung
12–36 Stunden	Glykogen ist verbraucht, Ketonkörper produzieren Energie, Autophagie startet	Effektive Zellreinigung, Fettverbrennung
>48 Stunden	Stoffwechsel bleibt stabil oder leicht erhöht (3–14 %)	Kein Einbruch – aber erhöhte Stresshormone
3–6 Tage	Umstellung auf neue metabolische Homöostase: reduziertes Glukoseniveau, stark erhöhte Ketone	Tiefer Stoffwechselmodus – hohe Autophagie, aber **Hungersignal**
>7 Tage	Körper fährt Stoffwechsel herunter (»Starvation mode«), Muskelabbau und Organbelastung möglich	Risiko für Mangelzustände, reduzierte Belastbarkeit

Nach 48 Stunden bleibt der Grundumsatz stabil, Stresshormone steigen leicht. Zwischen Tag 3 und 6 stellt sich der Stoffwechsel tiefgreifend um – Glukose sinkt, Ketone steigen stark, die Zellregeneration läuft auf Hochtouren. Nach sieben Tagen jedoch beginnt der Körper, Muskeln abzubauen und wichtige Funktionen zu drosseln – der Zustand wird gesundheitlich kritisch. Fasten kann also nicht nur den individuellen Körper stärken, sondern auch zur Reduktion des ökologischen Fußabdrucks beitragen und dabei noch Geld sparen.

Intermittierendes Fasten kann einfach in den Alltag integriert werden. Hier eine Schritt-für-Schritt-Anleitung zur Umsetzung der 16/8-Methode, die besonders für Anfänger geeignet ist:

Starte langsam: Beginne zunächst mit einer kürzeren Fastenperiode, etwa 12 Stunden Fasten und 12 Stunden Essensfenster. Verlängere das Fastenfenster nach ein paar Tagen schrittweise, bis du ca. 16 Stunden erreichst. Ich achte vor dem Start auf eine kohlenhydratreduzierte Ernährung wie bspw. 100–200 g Kohlenhydrate am Tag, um den Übergang in das Fasten zu erleichtern.

Trinke ausreichend Wasser: Während der Fastenzeit ist es wichtig, viel Wasser zu trinken. Ungezuckerter Tee und Kaffee ohne Milch sind ebenfalls erlaubt. Diese Flüssigkeiten unterstützen die Verdauung und helfen, ein Sättigungsgefühl zu bewahren. Da beim Fasten Wassereinlagerungen gelöst werden, nehme ich vermehrt mineralhaltiges Wasser mit Salz, bspw. Himalayasalz, auf, um den Mineralien- und Elektrolythaushalt aufzufüllen.

Nährstoffreiche Mahlzeiten: Nutze das Essensfenster, um auf eine ausgewogene Ernährung mit frischem Gemüse, gesunden Fetten und hochwertigen Proteinen zu achten. Fasten ist keine Entschuldigung für ungesunde Essgewohnheiten – die Qualität der Nahrung bleibt entscheidend.

Achte auf deinen Körper: Fasten ist kein Dogma. Wenn du dich schwach oder unwohl fühlst, höre auf deinen Körper. Es ist in Ordnung, das Fasten zu beenden oder das Fenster zu verkürzen, wenn nötig.

Durch diese Schritte wird nicht nur die Nährstoffaufnahme optimiert, sondern es wird auch ein bewussterer Umgang mit der Ernährung gefördert. Die regelmäßigen Esspausen regen den Körper dazu an, effizienter mit den aufgenommenen Vitaminen und Mineralstoffen umzugehen.

Eigene Erfahrung:

Mein Erfahrungsweg mit dem Fasten: Warum weniger nicht immer mehr ist

Ich habe jede Form des Fastens ausprobiert. 16/8, 18/6, 5:2, Wasserfasten über mehrere Tage – mal sanft, mal radikal, mal kombiniert mit Sport. Und ich habe viel gelernt. Vor allem über mich. Über meinen Körper. Und darüber, was Fasten wirklich bedeutet.

Was mir schnell klar wurde: Der größte Fehler liegt oft nicht im Fasten selbst, sondern im Übergang. Ich erinnere mich an eine Phase, in der ich regelmäßig direkt nach einem High-Carb-Abendessen ins Fasten gestartet bin. Klingt erstmal harmlos. Doch der Effekt war brutal: Mein Blutzuckerspiegel schoss über Nacht durch die Decke – nur um dann in den Keller zu krachen. Ich wachte auf mit zittrigen Händen, Heißhunger, einem regelrechten »Crash«-Gefühl. Nicht, weil ich zu wenig gegessen hatte. Sondern weil der Kontrast zu groß war.

Ich habe auch mehrfach mehrtägige Fastenkuren durchgezogen – zwei, drei, manchmal vier Tage komplett ohne Nahrung. Anfangs fühlte es sich kraftvoll an. Mein Kopf wurde klarer, mein Fokus schärfer, mein Körper ruhig. Doch jedes Mal kam danach ein harter Rebound: Es dauerte oft Wochen, bis mein Energielevel wieder normal war. Ich fühlte mich schlapp, muskulär leer, innerlich ausgebremst. Mein Körper war in den Notlauf geschaltet – ein Überlebensmodus, in dem er alles drosselt, was nicht zwingend nötig ist. Verdauung, Hormonsystem, Regeneration – alles auf Sparflamme. Dabei gehe ich heute nur noch selten über ein Fastenfenster von drei Tagen hinaus. Die Vorteile treten auch in der Zeit ein und sind nicht mit den Nachteilen eines längeren Fastenzeitraums verbunden. Diese Erfahrung hat mein Verständnis vom Fasten radikal verändert.

Heute gehe ich es anders an. Sanfter. Bewusster. Bedachter. Ich achte darauf, den Unterschied zwischen Essen und Fasten nicht zu groß werden zu lassen. Keine Kohlenhydrat- und Zuckerspitzen vorm Fastenfenster. Kein Last-Minute-Carb-Loading. Stattdessen: hochwertige Fette, moderate Proteine, stabile Energie. Und ein ganz neues Körpergefühl.

Fasten ist für mich heute kein Dogma, keine Heldenleistung mehr. Es ist ein Werkzeug – und ich setze es gezielt ein. Ich höre auf meinen Körper. Ich weiß, wann er bereit ist – und wann nicht. Und ich habe gelernt, dass weniger nicht automatisch mehr ist. Manchmal ist weniger einfach … zu wenig.

Potenzielle Herausforderungen

1. Ich habe großen Hunger während der Fastenzeit

Besonders am Anfang kann das Hungergefühl stark sein. Trink viel Wasser oder ungesüßten Tee, um den Magen zu füllen und die Hungerrezeptoren zu beruhigen. Ein bisschen Salz im Wasser kann ebenfalls helfen, den Hunger zu mildern. Hierbei kann bspw. in der nüchternen Zeit mit MCT-Öl dem Körper Energie zugeführt werden (unbedingt langsam – 1 Teelöffel – wegen potenzieller Verdauungsprobleme und Gewöhnung starten).

2. *Meine sozialen Beziehungen leiden unter meinem Fasten*

Fasten und soziale Beziehungen können miteinander kollidieren. Feste Esszeiten können schwer durchzuhalten sein, wenn man oft mit anderen Menschen isst. Versuche, das Essensfenster so zu legen, dass es mit den Hauptmahlzeiten deiner Familie, Freunde oder Geschäftspartner übereinstimmt.

3. *Anfängliche Müdigkeit oder Reizbarkeit*

Gerade zu Beginn des Fastens fühlen sich viele Menschen müde, gereizt oder leicht benebelt. Das ist kein Zeichen von Schwäche, sondern Ausdruck einer tiefgreifenden Anpassung: Der Körper stellt seinen gesamten Stoffwechsel um. Statt ständig Glukose zu verarbeiten, beginnt er, Fette zu mobilisieren und daraus Ketonkörper zu gewinnen – ein Prozess, den Verdauung, Leber und Zellen erst wieder lernen müssen. Diese Übergangsphase ist vergleichbar mit einem Systemneustart. Es braucht Zeit, bis sich die neue Energiequelle eingespielt hat. Unterstütze deinen Körper in dieser Phase mit ausreichend Schlaf, bewussten Ruhepausen und sanfter Bewegung. Nach wenigen Tagen berichten viele von mentaler Klarheit, gesteigerter Energie und einem neuen Körpergefühl.

4. *Ich habe Heißhunger auf ungesunde Snacks*

Dein Hungergefühl kann es schwer machen, zu fasten. Wenn der Körper den neuen Essensrhythmus noch nicht gewohnt ist, können Heißhungerattacken auftreten. Stelle sicher, dass die Mahlzeiten im Essensfenster ausgewogen sind und alle wichtigen Nährstoffe enthalten, um das Verlangen nach ungesunden Snacks zu reduzieren. Hierbei können die Zeichen wie folgt gedeutet werden:

Das möchtest du essen	Das fehlt dir	Das solltest du essen
Schokolade	Magnesium, Chrom, Kohlenstoff, Phosphor, Schwefel, Tryptophan	Nüsse, Samen, Hülsenfrüchte, Brokkoli, Käse, Hähnchen, Rindfleisch, Fisch, Eier, Cranberrys, Rosenkohl, Kohl, Blumenkohl, Brokkoli, Spinat, Lamm, Käse, Süßkartoffeln

Das möchtest du essen	Das fehlt dir	Das solltest du essen
Zucker, Süßigkeiten allgemein	Chrom, Kohlenstoff, Phosphor, Schwefel	Brokkoli, Käse, Hähnchen, Rindfleisch, Fisch, Eier, Hülsenfrüchte, Cranberrys, Rosenkohl, Kohl, Blumenkohl
Brot, Nudeln, immer Lust auf Carbs	Stickstoff	Proteinreiche Nahrung, Fleisch, Fisch, Nüsse, Bohnen
Fettreiches Essen	Calcium	Grünes Blattgemüse, Brokkoli, Hülsenfrüchte, Joghurt, Käse
Salziges Essen	Chlorid, Silicium	Fisch, Ziegenmilch, Nüsse, Samen
Immer Hunger / Appetit	Tryptophan, Tyrosin	Käse, Lamm, Leber, Rosinen, Süßkartoffeln, Spinat, Brie, Camembert, Erbsen, Sojabohnen, Schweinefleisch, Erdnüsse

5. *Vitamin- und Mineralstoffmangel*

Obwohl Fasten die Nährstoffaufnahme effizienter gestalten kann, solltest du darauf achten, dass die Ernährung ausgewogen bleibt, um Defizite zu vermeiden. Weiterhin ist die Aufnahme in dem »Essensfenster« entscheidend für das Fasten. Vermeide leere Kohlenhydrate wie Reis, Nudeln oder Getreideprodukte. Es kann sinnvoll sein, einen Arzt oder Ernährungsberater zu konsultieren, besonders bei längeren Fastenperioden.

Fasten – insbesondere intermittierendes Fasten – bietet zahlreiche Vorteile für die Gesundheit und das Wohlbefinden. Durch die regelmäßigen Essenspausen wird die Effizienz der Nährstoffaufnahme verbessert, der Schlaf gefördert und das Risiko für Stoffwechselkrankheiten verringert. Gleichzeitig unterstützt Fasten einen nachhaltigen Lebensstil, indem es den Lebensmittelkonsum und damit verbundene Umweltbelastungen reduziert, aber gleichzeitig zu einer effizienteren Nahrungsaufnahme führt.

Fasten ist jedoch mehr als eine Diät: Es ist eine Lebensweise, die zu einem bewussteren und nachhaltigeren Umgang mit Ressourcen führt. Mit der richtigen Herangehensweise und etwas Geduld kann Fasten helfen, den Alltag zu optimieren, den Körper zu stärken und die Umwelt und dein Portemonnaie zu schonen.

7: Plastikfrei – machbar, sinnvoll, gesund

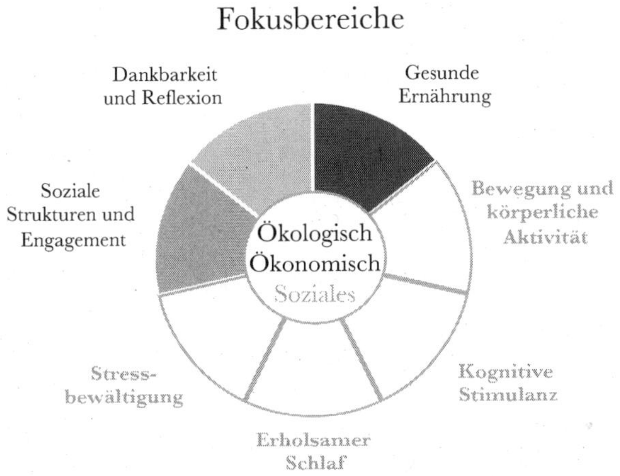

Quelle: Eigene Darstellung

Weniger Plastik. Mehr Gesundheit

Plastik ist in unserem Alltag allgegenwärtig – von Verpackungen über Textilien bis hin zu Haushaltswaren. Plastik ist nicht nur ein Umweltproblem – es ist ein Gesundheitsrisiko. Über Jahrzehnte haben wir Plastik als Wundermaterial gefeiert: leicht, billig, vielseitig. Doch was lange als praktisch galt, entpuppt sich zunehmend als unsichtbare Gefahr. Die zunehmende Besorgnis über die gesundheitlichen Auswirkungen von Plastik, insbesondere von Mikroplastik, aber auch Weichmachern, hat viele Menschen dazu veranlasst, ihren Konsum zu überdenken. Studien haben Mikroplastik in menschlichem Blut und Organen nachgewiesen, was potenzielle Risiken für unsere Gesundheit impliziert.[97] Zudem tragen synthetische Textilien wie Polyester zur Freisetzung von Mikroplastik bei, das über die Nahrungskette in unseren Körper gelangen kann.[98]

Plastikprodukte enthalten oft Zusatzstoffe wie Weichmacher (z. B. Phthalate) und Bisphenol A (BPA), die sich negativ auf die Gesundheit auswirken können. Hier sind die wichtigsten Risiken, die mit Plastik und Mikroplastik in Verbindung gebracht werden:

Hormonelle Störungen: Phthalate und BPA, die in vielen Kunststoffen enthalten sind, wirken als endokrine Disruptoren, das heißt, sie können das Hormonsystem stören. Diese Chemikalien stehen in Verdacht, das Risiko für hormonbedingte Krankheiten wie Unfruchtbarkeit, Entwicklungsstörungen und hormonell bedingte Krebsarten (z. B. Brust- und Prostatakrebs) zu erhöhen.[99]

Krebsrisiko: Einige Studien zeigen einen Zusammenhang zwischen Mikroplastik und einem erhöhten Risiko für bestimmte Krebsarten. Während die Forschung hierzu noch in den Anfängen steckt, wird angenommen, dass die in Plastik enthaltenen toxischen Substanzen das Zellwachstum verändern und Krebs begünstigen können.[100]

Chronische Entzündungen: Mikroplastik kann, wenn es in den Körper gelangt, eine entzündliche Reaktion hervorrufen. Diese Entzündungen stehen im Zusammenhang mit Krankheiten wie rheumatoider Arthritis und entzündlichen Darmerkrankungen. Die Reizung des Gewebes durch Mikroplastikpartikel kann chronische Entzündungen fördern, die als Ursache vieler chronischer Erkrankungen gelten.[101]

Atmungsprobleme: Das Einatmen von Mikroplastikpartikeln, die aus synthetischen Textilien stammen, kann die Atemwege reizen und langfristig zu Erkrankungen wie Asthma und anderen Atemwegsproblemen führen. Besonders kleine Partikel (Nanoplastik) können tief in die Lunge eindringen und sich dort ansammeln.[102]

Beeinträchtigung des Immunsystems: Mikroplastikpartikel, die in die Umwelt gelangen, können über verschiedene Wege in den menschlichen Körper aufgenommen werden, beispielsweise durch Inhalation oder den Verzehr kontaminierter Lebensmittel. Diese Partikel können das Immunsystem beeinträchtigen, indem sie Entzündungsreaktionen auslösen und die Funktion von Immunzellen stören. Studien haben gezeigt, dass Mikroplastik die Aktivität von Makrophagen und dendritischen Zellen beeinflussen kann, was zu einer veränderten Immunantwort führt. Zudem können Mikroplastikpartikel als Träger für Schadstoffe dienen, die zusätzliche immunologische Risiken bergen.[103]

Um die gesundheitlichen Risiken von Plastik zu minimieren und die Exposition zu reduzieren, sind folgende Schritte hilfreich:

Kleidung aus natürlichen Materialien wählen: Wenn es um nachhaltige und hautfreundliche Kleidung geht, sind Materialien natürlichen Ursprungs klar im Vorteil. Synthetische Fasern wie Polyester, Nylon und Acryl setzen beim Waschen Mikroplastik frei – ein wachsendes Umweltproblem mit gesundheitlichen Risiken. Im Gegensatz dazu sind Textilien aus Baumwolle, Leinen oder Wolle biologisch abbaubar und verursachen keine Mikroplastikbelastung. Besonders empfehlenswert sind Lenzing Modal und zertifizierte Bio-Baumwolle: Lenzing Modal gilt als besonders hautverträglich, verursacht kaum Irritationen und wird chemisch schonend hergestellt. Auch Bio-Baumwolle ist sehr sicher – vorausgesetzt, sie trägt ein glaubwürdiges Nachhaltigkeitssiegel. Synthetik wie Polyester hingegen erhöht nicht nur die Schweißbildung, sondern auch das Risiko für Hautirritationen und Mikroplastikfreisetzung. Wer also Kleidung tragen möchte, die gut für Körper und Umwelt ist, wählt am besten Naturfasern.

Plastikfreie Verpackungen nutzen: Vermeide Lebensmittel, die in Plastik verpackt sind, und greife stattdessen zu Alternativen wie Glas-, Edelstahl- oder Papierverpackungen. Wiederverwendbare Glas- oder Edelstahlbehälter eignen sich ideal zum Einkaufen und Lagern – besonders für Trockenwaren, Obst, Gemüse und Reste vom Vortag. Das reduziert nicht nur Müll, sondern auch die Aufnahme potenziell schädlicher Weichmacher wie BPA oder anderer hormonell wirksamer Zusatzstoffe, die aus Kunststoffverpackungen in Lebensmittel übergehen können.

Weitere einfache Schritte im Alltag:

- Frischhaltefolie ersetzen durch Bienenwachstücher oder Silikonabdeckungen

- Leitungswasser trinken statt PET-Flaschen schleppen – ideal in einer Edelstahlflasche
- Unverpackt einkaufen: In immer mehr Städten gibt es Läden, in denen du Lebensmittel direkt in eigene Behälter füllen kannst
- Feste Seifen und Shampoos verwenden statt Flüssigprodukte in Plastikflaschen
- Stoffnetze für Obst und Gemüse nutzen statt dünner Einwegbeutel

Kosmetika ohne Mikroplastik verwenden: Achte auf mikroplastikfreie Kosmetikprodukte. Mikroplastik wird in Peelings, Duschgels und anderen Pflegeprodukten als Schleifmittel eingesetzt und kann über die Haut aufgenommen werden.

Raumluft bewusst optimieren: Mikroplastikpartikel aus Kleidung und Teppichen gelangen auch in die Innenraumluft. Regelmäßiges Lüften und HEPA-Filter in Luftreinigern können die Belastung deutlich senken.

Meeresfrüchte und Fisch bewusst konsumieren: Beim Fischkonsum ist es wichtig, Arten zu meiden, die nachweislich besonders stark mit Mikroplastik belastet sind. Dazu gehören vor allem Fische aus stark verschmutzten Gewässern wie der Nord- oder Ostsee, etwa Hering, Makrele und Kabeljau, sowie Raubfische wie Thunfisch, die Mikroplastik durch die Nahrungskette anreichern. Auch Muscheln und Schalentiere sollten mit Vorsicht genossen werden, da sie Filterfresser sind und somit besonders anfällig für Mikroplastik.

Potenzielle Herausforderungen:

1. Eingeschränkte Verfügbarkeit von Alternativen

Viele Produkte, wie Verpackungen oder Haushaltsartikel, sind standardmäßig aus Plastik, und nachhaltige Alternativen sind nicht immer leicht zugänglich. Suche gezielt in Unverpacktläden oder Online-Shops nach plastikfreien Optionen. Plane Einkäufe im Voraus, um spontane Plastikkäufe zu vermeiden.

2. ***Höhere Kosten für plastikfreie Produkte***
Nachhaltige Alternativen, wie Glasbehälter oder Edelstahltrinkflaschen, können teurer sein als Plastikprodukte. Betrachte die Mehrkosten als langfristige Investition. Wiederverwendbare Alternativen zahlen sich mit der Zeit aus. Nutze Flohmärkte oder Tauschplattformen, um günstiger an umweltfreundliche Produkte zu kommen.

3. ***Beschränkte Verfügbarkeit plastikfreier Optionen im Supermarkt***
Lebensmittel sind oft in Plastik verpackt, selbst bei Obst und Gemüse. Kaufe unverpacktes Obst und Gemüse auf dem Wochenmarkt. Nutze eigene Stoffbeutel und meide Produkte mit unnötigen Verpackungen.

4. ***Wie kann ich kritische Waren erkennen?***
Viele Kosmetika und Reinigungsmittel enthalten Mikroplastik oder Zusatzstoffe, die schwer zu identifizieren sind. Verwende Apps wie »Code-Check« oder »ToxFox«, um Produkte auf gefährliche Stoffe inkl. Plastik zu prüfen. Halte nach zertifizierter Naturkosmetik Ausschau.

Plastik zu meiden, ist mehr als Umweltschutz – es ist aktiver Gesundheitsschutz. Durch bewusste Entscheidungen, wie den Kauf natürlicher Kleidung, die Nutzung plastikfreier Verpackungen und die Wahl von Produkten ohne Mikroplastik, können wir das Risiko verringern und zugleich einen positiven Beitrag für die Umwelt leisten. Auch wenn der Umstieg Herausforderungen mit sich bringt, sind die langfristigen Vorteile – für die Gesundheit und für unseren Planeten – jeden Aufwand wert.

Setze dir kleine, realistische Ziele, wie den Wechsel zu Stofftaschen beim Einkaufen oder die Nutzung einer wiederverwendbaren Wasserflasche. Mit der Zeit werden diese Gewohnheiten selbstverständlich und können um weitere Maßnahmen erweitert werden.

8: Reisen mit Sinn – nachhaltig gesund unterwegs

Quelle: Eigene Darstellung

Reisen mit Sinn und Augenmaß

Warum kennen wir oft die Namen der entlegensten Strände in Thailand, die exotischen Märkte in Marrakesch oder die Skylines von New York besser als die Geheimnisse vor unserer eigenen Haustür? Warum träumen wir von Abenteuern in fernen Ländern, während uns die Wunder unserer unmittelbaren Umgebung fast unsichtbar erscheinen?

Vielleicht liegt es daran, dass uns das Fremde aufregend erscheint, während wir das Vertraute als selbstverständlich ansehen. Doch wie oft hast du dich gefragt: »Was bietet meine eigene Region?« Stell dir vor, wie du die Schönheit deiner Heimat mit demselben neugierigen Blick entdecken könntest, den du für ferne Länder reservierst. Lokales Reisen bedeutet, die Verbindung zu deiner Umgebung zu stärken, deinen Horizont neu zu öffnen – und dabei Körper, Geist und sogar die Umwelt zu entlasten.

Es ist nicht nur eine Einladung, stressfreier und gesünder zu reisen, sondern auch eine Möglichkeit, deine unmittelbare Welt mit neuen Augen zu sehen und dabei etwas Gutes zu tun – für dich und für den Planeten. Der

Preis der Fernweh-Faszination. Fernreisen mögen aufregend sein, doch sie kommen mit einem Preis – für Körper, Geist und Klima:

Gesundheitliche Nebenwirkungen: Trockene Kabinenluft, lange Sitzzeiten und die Strahlung während des Fliegens belasten den Körper. Hinzu kommt der Jetlag, der den Schlaf-Wach-Rhythmus stört und Tage dauern kann, bis man sich akklimatisiert hat.

Hoher Stressfaktor: Lange Reisezeiten, eng getaktete Pläne und der Druck, möglichst viel zu erleben, können das Urlaubserlebnis stressiger machen als den Alltag.

Umweltbelastung: Flugreisen tragen signifikant zu den globalen CO_2-Emissionen bei. Ein Hin- und Rückflug von Frankfurt nach Bangkok verursacht durchschnittlich etwa 2,8 Tonnen CO_2 pro Person – bei Berechnungen mit marktüblichen Emissionsrechnern. Bei Flügen in der Business Class oder mit mehreren Zwischenstopps kann dieser Wert sogar auf über sechs Tonnen steigen – je nach Berechnungsmodell und Radiative-Forcing-Faktor, der den zusätzlichen Klimaeffekt in der Atmosphäre berücksichtigt. Zum Vergleich: Der durchschnittliche jährliche CO_2-Fußabdruck eines Deutschen allein für Mobilität – also Auto, Bahn, Bus und Nahverkehr – liegt bei rund zwei bis drei Tonnen. Ein einziger Langstreckenflug kann diesen Wert also vollständig aufbrauchen. Und das, obwohl viele Menschen mehrmals im Jahr fliegen – für Urlaub, Geschäftsreisen oder Wochenendtrips.

Im Gegensatz dazu bietet lokales Reisen viele Vorteile:
Reisen in der eigenen Region bietet zahlreiche Vorteile – nicht nur für die Umwelt, sondern auch für das persönliche Wohlbefinden. Kürzere Anfahrtswege und eine flexible Zeitgestaltung reduzieren Stress und körperliche Belastung; auch Probleme wie Jetlag entfallen vollständig. Gleichzeitig profitieren Gesundheit und Erholung durch ein ruhigeres Reisetempo. Wer lokal unterwegs ist, stärkt zudem direkt die regionale Wirtschaft – etwa durch Übernachtungen in kleinen Unterkünften, den

Kauf regionaler Produkte oder Besuche in lokalen Restaurants. Nicht zuletzt ist der ökologische Fußabdruck deutlich geringer: Nahreisen verursachen wesentlich weniger CO_2 und sind damit eine bewusst nachhaltige Alternative.

Wie du das Beste aus lokalen Reisen machst

1. **Erkunde deine Region neu:** Die eigene Umgebung bietet oft verborgene Schätze. Plane Tagesausflüge zu Naturparks, historischen Orten oder weniger bekannten Attraktionen in deiner Nähe.
2. **Setze auf sanften Tourismus:** Wandern, Radfahren oder Bahnreisen bieten eine nachhaltige Möglichkeit, neue Orte zu entdecken. Sie fördern gleichzeitig die Gesundheit durch Bewegung an der frischen Luft.
3. **Unterstütze lokale Anbieter:** Wähle Unterkünfte, Restaurants und Aktivitäten, die von lokalen Unternehmern betrieben werden. So stärkst du die Gemeinschaft und erhältst authentische Einblicke in die Region.
4. **Plane bewusst und flexibel:** Lokales Reisen ermöglicht es dir, spontaner zu sein und deinen Zeitplan flexibel anzupassen. Nutze die Möglichkeit, das Tempo zu reduzieren und wirklich zur Ruhe zu kommen.
5. **Kombiniere Reisen mit persönlichen Interessen:** Ob Yoga-Retreats, Kunstworkshops oder kulinarische Erkundungen – viele lokale Anbieter haben einzigartige Erlebnisse im Angebot, die deinen Urlaub bereichern.

Potenzielle Herausforderungen

1. Ich möchte die Welt sehen

Viele Menschen empfinden Fernreisen als einzigartiges Erlebnis und glauben, dass lokales Reisen weniger aufregend ist. Gehe mit einem offenen Geist an lokale Reisen heran. Recherchiere weniger bekannte Orte in deiner Umgebung oder versuche, deine Region mit neuen Augen zu sehen. Fernreisen sind nicht verboten, sollten aber unter den genannten Umständen abgewogen werden. Reise in deinen Zeitzonen, somit schaltest du den Stressfaktor »Jetlag« aus.

2. Ich brauche Abwechslung bei meinen Reisen

Lokales Reisen wird oft als weniger exotisch wahrgenommen: Experimentiere mit neuen Aktivitäten oder Übernachtungsmöglichkeiten, z. B. Glamping, Tiny Houses oder Abenteuerreisen in der Natur. Manche verbinden Reisen mit großen Abenteuern und fremden Kulturen: Suche nach Herausforderungen in deiner Nähe, wie anspruchsvollen Wanderungen, regionalen Festivals oder sportlichen Aktivitäten. Abenteuer ist nicht immer eine Frage der Distanz. Es kann schwierig sein, spannende Ziele in der Nähe zu finden: Nutze Apps, Reiseführer oder lokale Tourismusseiten, um Ideen zu sammeln. Oft wissen wir gar nicht, welche Schätze sich in unserer Nähe befinden.

Lokal zu reisen ist nicht nur eine umweltfreundliche Entscheidung, sondern auch eine Einladung, die Schönheit des eigenen Kontinents neu zu entdecken, bspw. den Sommer in Europa zu genießen. Es reduziert Stress, unterstützt die Gesundheit und bietet die Möglichkeit, den Planeten zu schonen. Natürlich gibt es Fernreisen, die besondere Erlebnisse bieten – doch sie sollten bewusst und sparsam gewählt werden. Indem wir mehr in der Nähe reisen, erleben wir intensivere, nachhaltigere Abenteuer und fördern gleichzeitig die Menschen und die Kultur vor unserer eigenen Haustür. Weniger Distanz kann mehr Tiefe und Gesundheit bedeuten – für dich, für die Gemeinschaft und für den Planeten.

9: Lebenslang lernen & wachsen

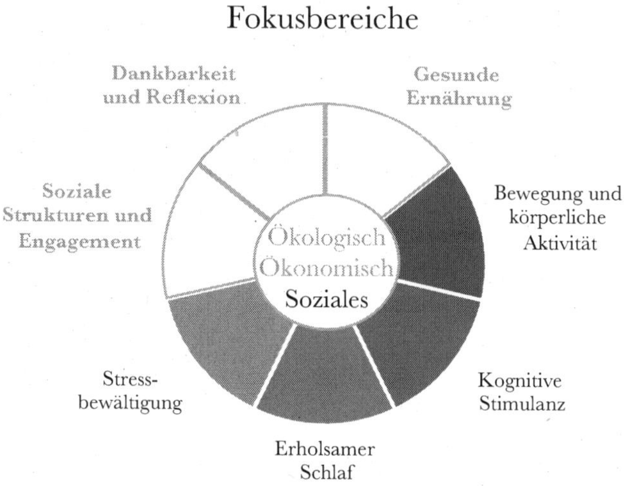

Quelle: Eigene Darstellung

Junger Körper und Kopf – wie du dein Gehirn und deinen Körper wach und stark hältst

Stell dir dein Gehirn als einen Muskel vor. Je öfter du ihn forderst – mit Neuem, Unbekanntem, Herausforderndem –, desto fitter bleibt er. Wer das Lernen einstellt, verliert mit der Zeit an geistiger Beweglichkeit. Wer dranbleibt, bleibt wach, klar – und jung im Kopf. Unser Verstand verliert an Beweglichkeit, und das Risiko altersbedingter Erkrankungen wie Demenz oder Alzheimer, aber auch anderer Volkskrankheiten, steigt. Lebenslanges Lernen, verbunden mit einem aktiven Leben, ist nicht nur eine Maßnahme, um neue Fähigkeiten zu erwerben, sondern auch ein Schutzschild für unser Gehirn. Es hält uns geistig wach, verbessert unsere kognitiven Fähigkeiten und hilft uns, ein aktives und erfülltes Leben zu führen. In einer Welt, die sich ständig verändert, ist Lernen nicht nur eine Notwendigkeit, sondern eine Gelegenheit, jung zu bleiben – mental und emotional. Und auch körperlich. Studien zeigen, dass geistige Aktivität den Stoffwechsel anregt, den Blutfluss verbessert und das Zusammenspiel von Körper und Geist stärkt. Wer regelmäßig lernt, bleibt nicht nur mental beweglich, sondern fördert auch die körperliche Koordination, Stressresistenz und sogar die Immunabwehr – weil Denken und Bewegung im Organismus enger verknüpft sind, als wir oft glauben.

Die Forschung ist eindeutig: Körperliche Bewegung – besonders komplexe Bewegungsformen mit Hand-Augen-Koordination – stimuliert das Gehirn auf einzigartige Weise und hält den Körper fit. Sportarten wie Tischtennis, Tanzen, Tennis oder Kampfsport aktivieren nicht nur Muskeln, sondern auch Gedächtnis, Reaktion, Raumgefühl und motorische Präzision.

Das passiert in deinem Kopf:

- **Erhalt kognitiver Fähigkeiten:** Studien zeigen, dass geistig aktive Menschen seltener an Demenz erkranken.[104]
- **Verbesserung der Neuroplastizität:** Das Gehirn bleibt flexibel und anpassungsfähig, selbst im hohen Alter.[105]
- **Förderung emotionaler Gesundheit:** Neues Wissen stärkt das Selbstbewusstsein und reduziert Stress.
- **Aufbau neuer Verbindungen:** Das Lernen neuer Themen fördert soziale Kontakte und den Austausch mit Gleichgesinnten.

Altersbedingte Risiken und Prävention:

Mit zunehmendem Alter kann das Gehirn an Geschwindigkeit und Flexibilität verlieren. Doch regelmäßiges Lernen stimuliert neuronale Netzwerke und kann degenerative Prozesse verlangsamen. Es wirkt wie ein »mentales Fitnessprogramm«, das das Risiko für Krankheiten wie Alzheimer oder Parkinson senkt.

1. **Finde deine Leidenschaft:** Wähle Themen, die dich wirklich interessieren – sei es eine neue Sprache, Sport, Kunst, Musik, Wissenschaft oder Technologie. Wenn du Spaß daran hast, fällt das Lernen leichter.
2. **Setze dir realistische Ziele:** Definiere klare, erreichbare Lernziele. Zum Beispiel: »Ich möchte in drei Monaten einfache Sätze auf Spanisch verstehen« oder »Ich lerne jede Woche ein neues Rezept.« Auch Sportarten mit Hand-Augen-Koordination sind Gamechanger.

3. **Schaffe Routinen:** Integriere das Lernen in deinen Alltag. Eine feste Zeit am Tag – etwa 20 Minuten morgens oder abends – reicht aus, um neue Gewohnheiten zu entwickeln.
4. **Bleibe neugierig:** Besuche Vorträge, Ausstellungen oder Bibliotheken. Offene Neugier ist der Motor des lebenslangen Lernens.

Potenzielle Herausforderungen:

1. Ich habe keine Zeit

Im Alltag erscheint es oft schwierig, Zeit für Lernen zu finden – zwischen Beruf, Familie und Verpflichtungen. Doch Lernen muss kein stundenlanges Studium sein. Nutze kleine Zeitfenster: Höre Podcasts oder Lernhörbücher beim Pendeln, Kochen oder Spazierengehen. Nimm dir zehn Minuten für eine App oder einen kurzen Artikel. Auch körperliche Aktivitäten lassen sich mit Lernen verbinden – etwa durch Sprachenlernen beim Walken oder das Erlernen eines Instruments, das sowohl Geist als auch Motorik stimuliert. Die Frage ist selten, ob du Zeit hast – sondern wie du sie nutzt.

2. Ich bin zu alt, um Neues zu lernen

Viele glauben, dass Lernen im Alter nicht mehr gut funktioniert. Doch Studien belegen das Gegenteil: Unser Gehirn bleibt ein Leben lang formbar – dank Neuroplastizität. Es passt sich an, solange wir es fordern. Starte klein: Eine neue Gewohnheit, ein Buch in einem neuen Themenfeld, eine neue Sprache mit nur fünf Vokabeln am Tag. Entscheidend ist nicht das Tempo – sondern die Kontinuität. Altersunabhängiges Lernen stärkt nicht nur die kognitive Fitness, sondern auch Selbstvertrauen und Lebensfreude.

3. Ich weiß nicht, wo ich anfangen soll

Die Vielfalt an Kursen, Plattformen und Angeboten kann überfordern. Wichtig ist: Du musst nicht alles auf einmal lernen. Fokussiere dich auf ein Thema, das dich wirklich interessiert oder im Alltag hilft. Wähle einen strukturierten Einstieg – etwa einen Einführungskurs oder ein Buch mit Lernplan. Kleine, machbare Etappen geben dir Orientierung und Erfolgserlebnisse. Lass dich nicht vom Überangebot lähmen – sondern von Neugier leiten.

4. *Ich vergesse schnell*

Das Gefühl, Gelerntes gleich wieder zu verlieren, ist frustrierend – aber völlig normal. Unser Gehirn braucht Wiederholung, um Informationen dauerhaft zu speichern. Nutze einfache Methoden wie Karteikarten (analog oder digital), Lern-Apps mit Spaced-Repetition-Technik oder regelmäßige Gespräche über das Gelernte in Gruppen. Wer Wissen wiederholt, anwendet oder erklärt, verankert es tiefer. Vergessen ist kein Zeichen von Schwäche – sondern ein Aufruf zur Wiederholung.

Lebenslang aktiv zu bleiben – körperlich wie geistig – ist der beste Schutz vor geistigem Abbau, innerer Leere und körperlicher Trägheit. Dein Gehirn liebt Herausforderung, besonders dann, wenn sie im Körper stattfindet. Ob auf dem Fahrrad, auf dem Tanzparkett oder beim Jonglieren im Park: Aktivität macht dich nicht nur fitter, sondern auch klarer, wacher, lebendiger. Also: Bleib in Bewegung – mit Kopf, Herz und Körper. Dein zukünftiges Ich wird dir dankbar sein.

10: Crowd Farming & neue Landwirtschaft

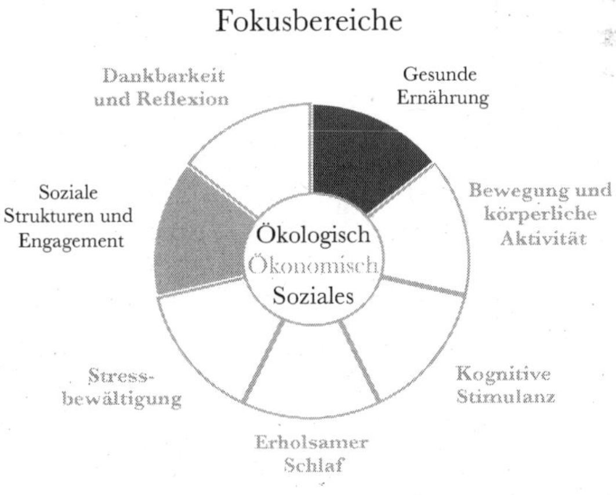

Quelle: Eigene Darstellung

Vom Acker auf den Tisch – wie Crowd Farming Geschmack, Vertrauen, Ökologie und Soziales vereint

In einer Zeit, in der der Großteil unserer Lebensmittel aus globalisierten Lieferketten stammt, wird der Wunsch nach regionalen und nachhaltig produzierten Lebensmitteln immer stärker. Crowd Farming verbindet Produzenten und Konsumenten auf direktem Weg: Du unterstützt Landwirte ohne Zwischenhändler, erhältst frische, saisonale Produkte – und reduzierst gleichzeitig CO_2-Emissionen, Verpackungsmüll und Transportwege. Durch direkte Investitionen und Käufe können die Landwirtschaft vor Ort gestärkt, Transportkosten gesenkt und ein Beitrag zur Umwelt geleistet werden. Gleichzeitig schafft Crowd Farming regionale Arbeitsplätze und bringt uns näher an die Menschen, die unsere Lebensmittel anbauen, sodass Vertrauen und Transparenz in der Lebensmittelerzeugung wachsen.[106]

Crowd Farming ist mehr als ein Ernährungstrend – es ist eine Bewegung. Dabei können Verbraucher Patenschaften übernehmen, etwa für einen Olivenbaum oder eine Kuh, und erhalten im Gegenzug regelmäßig Produkte direkt vom Hof. Diese können aber auch einfach entgeltlich erworben werden. Dieses Modell bringt Produzenten Planungssicherheit und Konsumenten frische, transparente Qualität. Du adoptierst einen Olivenbaum oder einen Bienenstock oder bestellst einfach ein Abo – und bekommst die Ernte direkt vor deine Haustür. Diese Form des Direkthandels stärkt die regionale Wirtschaft und reduziert lange Transportwege, was den ökologischen Fußabdruck der Lebensmittelproduktion erheblich senkt.

Ein weiteres Ziel des Crowd Farming ist es, die Nachfrage stabiler und planbarer zu gestalten, was den Landwirten wirtschaftliche Sicherheit und Planbarkeit bietet und ihnen erlaubt, umweltbewusster und oft ohne große Abhängigkeit von Zwischenhändlern zu arbeiten. Dadurch entstehen direkte Beziehungen zwischen Landwirten und Verbrauchern, was wiederum die Transparenz und das Vertrauen in die Lebensmittelqualität erhöht.

So wirst du Teil der Crowd-Farming-Bewegung – in vier einfachen Schritten:

Plattform finden: Crowd-Farming-Plattformen wie »CrowdFarming.com« oder meine-ernte.de bieten eine breite Auswahl an Produkten und Projekten an, bei denen sich Konsumenten beteiligen können. Meist kann man genau sehen, wer hinter dem Projekt steht und welche Philosophie den Anbau oder die Tierhaltung leitet. Auf diesen Plattformen können Interessenten zwischen verschiedenen Landwirten und Projekten wählen. Es gibt die Möglichkeit, etwa für eine bestimmte Anzahl von Orangenbäumen, einen Bienenstock oder Olivenbäume eine Patenschaft zu übernehmen.

Patenschaft oder Abo abschließen: Nach Auswahl des Projekts kann man eine jährliche oder saisonale Patenschaft oder ein Abnahmepaket abschließen. Meist erhält man eine regelmäßige Lieferung der Ernteprodukte direkt nach Hause. Diese Patenschaften sind oft flexibel gestaltet und lassen sich je nach Jahreszeit und Bedarf anpassen.

Genießen und unterstützen: Die Lieferung von Produkten erfolgt frisch und direkt vom Erzeuger. Verbraucher haben die Möglichkeit, die Herkunft und Qualität der Produkte zu verfolgen, was die Beziehung zu den Lebensmitteln und den Landwirten stärkt. Ich habe auch die Chance genutzt, selber die Waren abzuholen. Es ist immer wieder ein tolles Erlebnis, mit den Erzeugern, auch auf Wochenmärkten, direkt zu sprechen.

Potenzielle Herausforderungen:

1. Wie gehe ich mit saisonaler Verfügbarkeit um

Da die Produkte naturbedingt saisonabhängig sind, kann es zu Schwankungen in der Verfügbarkeit kommen. Wer sich für Crowd Farming entscheidet, sollte sich auf saisonale Angebote einstellen und bereit sein, die Auswahl an die Erntezeit anzupassen. Hierbei kann es sinnvoll sein, das Crowd-Farming-Angebot mit herkömmlichen Angeboten aus dem Supermarkt zu ergänzen. Die Crowd-Farming-Angebote gibt es z. B. im Monatsabo und man kauft dann zusätzlich fehlende Produkte ein.

2. ***Höhere Preise für die Produkte als im Supermarkt***
Produkte aus dem Crowd Farming sind oft teurer als Supermarktware, da die Landwirte faire Preise verlangen, um nachhaltig und qualitativ hochwertig produzieren zu können. Dies erfordert von Konsumenten ein Bewusstsein für den Mehrwert der regionalen und nachhaltigen Produktion. Dabei sollte im Vordergrund stehen, dass man sich Betriebe auswählt, die mit den eigenen Gesundheitsmaßstäben einhergehen, die keine oder nur minimiert Pestizide nutzen, um gesündere Produkte zu erhalten. Daher sollte der Vergleichsmaßstab keinesfalls Discounterware sein, da man auch mehr für sein Geld bekommt.

3. ***Weniger Flexibilität bei der Auswahl***
Da die Produkte direkt von bestimmten Höfen kommen, sind Auswahl und Vielfalt oft begrenzt. Wer Crowd Farming nutzt, wird häufig dieselben Produkte erhalten, was für manche Menschen eine Einschränkung darstellen kann. Man kann es auch als eine Form der ausgewogenen Ernährung betrachten. Da man automatisch Lebensmittel mit anderen Vitaminen und Mineralstoffen bezieht, die man eigentlich bei seinem gegebenfalls eingefahrenen Kaufverhalten nicht genommen und somit auch nicht die Vorteile einer ausgewogeneren Ernährung kennengelernt hätte. Weiterhin verlässt man durch die Lieferung von Lebensmitteln, die man vielleicht nicht gekauft hätte, ausgetretene Pfade, die die Kreativität beim Kochen anregen kann.

Crowd Farming ist mehr als ein Einkauf – es ist ein Bekenntnis zu Transparenz, Regionalität und Zukunftsfähigkeit, um lokale Landwirte zu unterstützen und hochwertige, umweltfreundlich produzierte Lebensmittel zu erhalten. Es reduziert Transportkosten und den ökologischen Fußabdruck der Lebensmittel, stärkt die regionale Wirtschaft und schafft Arbeitsplätze. Gleichzeitig bringt es Verbraucher näher an die Erzeuger und fördert eine transparente, faire und umweltbewusste Landwirtschaft. Crowd Farming vereint Konsumenten und Erzeuger in einer gemeinsamen Vision von

Nachhaltigkeit und Qualität – eine Vision, die den Genuss von Lebensmitteln mit einem bewussten sozialen Engagement für die Zukunft verbindet.

11: Digital im Gleichgewicht – zwischen Reiz & Ruhe

Quelle: Eigene Darstellung

Zurück in die Wirklichkeit – Warum dein Gehirn Stille braucht

Die digitale Welt ist ein endloser Strom aus Reizen, Nachrichten, Bildern, Push-Nachrichten. Sie hält uns wach, beschäftigt, stimuliert – und raubt uns oft genau das, was wir am meisten brauchen: Ruhe, Tiefe, Verbindung.

Smartphones, Tablets und Laptops sind aus unserem Alltag nicht mehr wegzudenken und haben einen großen Stellenwert eingenommen – und das zu Recht. Und doch: Was sie uns geben, hat einen Preis. Die Kehrseite der Dauerverfügbarkeit heißt Stress, Schlaflosigkeit, innere Unruhe. Studien zeigen: Der übermäßige Konsum digitaler Medien beeinträchtigt nicht nur unsere Konzentration, sondern auch unseren Schlaf, unsere Stimmung – und sogar unsere körperliche Gesundheit.

Digital Balance bedeutet, digitale Technologien gezielt und selbstbestimmt zu nutzen – ohne sich von ihnen vereinnahmen zu lassen. Es geht nicht um Verzicht, sondern um Verhältnis und Verantwortung: Wie viel Bildschirmzeit tut mir gut? Wann dient mir Technologie – und wann lenkt sie mich ab, stresst oder erschöpft mich?

In einer Welt permanenter Erreichbarkeit, Reizüberflutung und Informationsdichte wird die Fähigkeit zur digitalen Selbstregulation zur neuen Schlüsselkompetenz. Digital Balance heißt: Offline-Zeiten schaffen, bewusste Pausen einbauen, den Fokus zurückgewinnen – und die Technik so einsetzen, dass sie dem Leben dient, nicht es bestimmt. Technologie ist ein Werkzeug. Wer sie meistert, gewinnt Klarheit, Präsenz – und echte Lebenszeit.

Wie drückt sich ein übermäßiger Gebrauch der digitalen Produkte aus:

Schlafstörungen: Bildschirme von Smartphones und Tablets emittieren blaues Licht, das die Produktion des Schlafhormons Melatonin hemmt und somit den Schlaf-Wach-Rhythmus stört. Eine Studie der Harvard Medical School zeigte, dass die Nutzung von Bildschirmen vor dem Schlafengehen die Einschlafzeit verlängert und die Schlafqualität mindert.[107] Melatonin, ein Hormon, das natürlicherweise in der Zirbeldrüse produziert wird, spielt eine entscheidende Rolle bei der Regulierung des Schlaf-Wach-Rhythmus.

Psychische Gesundheit: Exzessive Nutzung sozialer Medien und digitaler Geräte wird mit erhöhten Raten von Depressionen und Angstzuständen in Verbindung gebracht. Eine Studie der WHO aus dem Jahr 2024 berichtete, dass elf Prozent der Jugendlichen in Europa eine problematische Nutzung sozialer Medien aufweisen, was mit einer Verschlechterung der psychischen Gesundheit korreliert.[108]

Energiehunger: Der Energieverbrauch digitaler Medien ist ein bedeutender Faktor im globalen Stromverbrauch. Laut einer Studie aus dem Jahr 2014 machte das Internet im Jahr 2012 etwa 4,6 Prozent des weltweiten Stromverbrauchs aus. Wäre das Internet ein Land, würde es damit auf Platz sechs der größten Stromverbraucher stehen, hinter China, den USA, der EU, Indien und Japan.[109] Aktuellere Daten zeigen, dass der Energieverbrauch der digitalen Technologien weiter gestiegen ist. Eine Studie des französischen Thinktanks »The Shift Project« aus dem Jahr 2019 berichtet, dass der Energieverbrauch für die Produktion und Nutzung elektronischer Geräte sowie der dafür nötigen Infrastruktur – vor allem Server und Netze – jährlich um etwa neun Prozent zunimmt. Dies führt zu einem steigenden Anteil am globalen Energieverbrauch.

Digital Balance kann helfen, die negativen Auswirkungen der digitalen Welt zu minimieren. Hier sind einige praktische Schritte:

1. **Bildschirmfreie Zeiten einplanen:** Lege täglich feste Zeiten fest, in denen du auf die Nutzung digitaler Geräte verzichtest, insbesondere in den Stunden vor dem Schlafengehen. Dies unterstützt die natürliche Melatoninproduktion und fördert einen erholsamen Schlaf.
2. **Technik bewusst nutzen:** Nutze Blaulichtfilter oder spezielle Brillen, um die Exposition gegenüber blauem Licht in den Abendstunden zu reduzieren.
3. **Bewusster Einsatz sozialer Medien:** Setze dir klare Grenzen für die Nutzung sozialer Medien und achte darauf, wie diese dein Wohlbefinden beeinflussen.
4. **Fokus auf echte Begegnungen:** Nutze gewonnene Zeit für Gespräche, Spaziergänge oder Bücher. Der Gewinn: Tiefe statt Ablenkung.

Potenzielle Herausforderungen:

1. Digitale Abhängigkeit erschwert das digitale Detoxing

Viele Menschen sind stark an ihre digitalen Geräte gewöhnt, was den Verzicht erschwert. Hierbei können Apps eingesetzt werden, die den Zugriff auf verschiedene Apps zeitlich beschränken. Weiterhin ist die Nutzung an zeitlich vorgegebenen Terminen sinnvoll, um das Bedürfnis zu bestimmten Zeiten zu befriedigen.

Beginne mit kleinen Pausen von deinen Geräten. Starte mit einer festen bildschirmfreien Stunde am Tag und steigere die Dauer allmählich. Hier können auch Apps oder native Funktionen im Smartphone unterstützend helfen. Fülle die bildschirmfreie Zeit bewusst mit Aktivitäten, die dir Freude bereiten, wie Lesen, Sport oder Spaziergänge. So entsteht weniger das Gefühl, »etwas zu verpassen«. Schalte Push-Benachrichtigungen für alle nicht dringenden Apps aus. Ohne die ständige Versuchung, auf dein Gerät zu schauen, fällt es leichter, die Zeit ohne digitale Geräte zu genießen.

Technik gegen Technik: Wie du mit digitalen Tools deine digitale Abhängigkeit reduzierst

Digitale Balance beginnt nicht mit Verzicht, sondern mit Bewusstsein. Und dieses Bewusstsein lässt sich erstaunlich gut mit Technologie selbst unterstützen. Paradox?

Wenn du dein Handy zur Seite legen willst – aber doch immer wieder zu Social Media oder Messengern greifst, hilft ein Trick: Lass dein Gerät für dich mitdenken. Native Funktionen und spezialisierte Apps können dir dabei helfen, bildschirmfreie Zeiten konsequent umzusetzen und dein digitales Verhalten dauerhaft zu verändern.

2. *Native Tools: Die Macht liegt bereits in deiner Tasche*

Moderne Betriebssysteme wie iOS und Android bieten bereits integrierte Werkzeuge, um Bildschirmzeit zu messen, zu begrenzen – und bewusster zu gestalten.

- iOS: Bildschirmzeit
  Erfasst, wie viel Zeit du täglich in welchen Apps verbringst. Erlaubt App-Limits: Lege eine maximale Nutzungszeit pro App oder App-Kategorie fest. »Downtime«-Funktion: Definiere Ruhezeiten, in denen nur essenzielle Apps erlaubt sind. Möglichkeit, Apps vollständig für bestimmte Zeiträume zu blockieren.
- Android: Digital Wellbeing
  Überblick über die tägliche Nutzung. App-Timer begrenzen die Nutzungsdauer einzelner Apps.
- Fokusmodus: Blendet ausgewählte Apps aus, um Ablenkung zu vermeiden.
- Schlafenszeitmodus: Grau- oder Schwarzweiß-Darstellung plus »Bitte nicht stören« automatisch aktivierbar.

- Life Hack: Wenn du dein Handy nachts automatisch in den Flugmodus schalten lässt, schützt du nicht nur deinen Schlaf – du durchbrichst auch die Gewohnheit, morgens sofort zum Display zu greifen.

3. *Externe Apps: Digitale Mentoren für dein Offline-Leben*

Für alle, die noch gezielter vorgehen wollen, gibt es spezialisierte Apps, die dich aktiv bei deinem digitalen Detox unterstützen:

- Forest – Stay Focused – Pflanze einen virtuellen Baum, der nur wächst, solange du dein Handy nicht benutzt. Ideal für Fokussessions oder bildschirmfreie Pausen. Kombiniert Achtsamkeit mit einem spielerischen Belohnungssystem.
- Freedom – Sperrt Apps und Websites auf allen Geräten gleichzeitig – auch auf deinem Laptop. Erstelle wiederkehrende Blockierzeiten (z. B. morgens 6–9 Uhr). Besonders hilfreich für konzentriertes Arbeiten.
- Offtime – Erlaubt dir, gezielt Apps, Anrufe und Benachrichtigungen zu blockieren. Analysiert dein Verhalten und bietet Einblick in digitale Gewohnheiten. Nützlich, wenn du am Abend bewusst offline gehen willst.

Warum das funktioniert:
Psychologische Schwelle: Wenn der Zugang zu Apps erschwert wird, überlegst du es dir zweimal – und das reicht oft, um den Griff zum Handy zu unterbrechen. Automatisierung: Du musst nicht mehr willentlich entscheiden – das System übernimmt. Bewusstheit durch Messung: Was du misst, kannst du steuern. Allein die Zahlen wirken oft als Augenöffner. Probiere selber aus – welche Vorgehensweise für dich funktioniert.

Ein bewusster Umgang mit digitalen Medien durch eine Digital Balance kann erheblich zur Verbesserung der Schlafqualität, der psychischen Gesundheit und des allgemeinen Wohlbefindens beitragen. Dies unterstützt nicht nur die persönliche Gesundheit, sondern trägt auch zu einem geringeren Energieverbrauch und somit zum Umweltschutz bei.

12: Natürliche Lebensmittel – einfach gesund

Quelle: Eigene Darstellung

Du bist, was du isst – zurück zu echtem Geschmack und echter Gesundheit

Stell dir vor, du betrittst einen Supermarkt und bist von endlosen Regalen voll bunter, verlockender Verpackungen umgeben. Was wie eine praktische Lösung für den Alltag aussieht – schnell zubereitete Fertiggerichte, Snacks und zuckerreiche Getränke – könnte schleichend deine Gesundheit beeinträchtigen. Hochverarbeitete Lebensmittel, die heute so leicht verfügbar sind, enthalten oft künstliche Zusatzstoffe, Konservierungsstoffe und Geschmacksverstärker, die nicht nur die Qualität deiner Nahrung, sondern auch dein Wohlbefinden mindern können.

Die Wissenschaft warnt: Der regelmäßige Konsum solcher Produkte wird mit einem erhöhten Risiko für Herz-Kreislauf-Erkrankungen, Diabetes und sogar Krebs in Verbindung gebracht. Gleichzeitig zeigt eine Rückbesinnung auf natürliche, unverarbeitete Lebensmittel, wie sehr frische Zutaten unsere Energie, unsere mentale Stärke und unsere Langlebigkeit fördern können. Hochverarbeitete Lebensmittel sind nicht nur voller Konservierungsstoffe, sondern stecken auch voller künstlicher Substanzen, die wie unsichtbare Eindringlinge unsere Nahrung bereichern – oft zum Preis unserer Gesundheit.[110]

Künstliche Farbstoffe: Künstliche Farbstoffe sind synthetisch hergestellte chemische Verbindungen, die Lebensmitteln, Getränken, Kosmetika und anderen Produkten Farbe verleihen. Sie werden in der Regel aus Erdöl oder Kohleteer gewonnen und dienen dazu, die Attraktivität von Produkten zu erhöhen oder Farbverluste durch Verarbeitung und Lagerung auszugleichen.

Geschmacksverstärker: Geschmacksverstärker sind chemische Zusätze, die den Geschmack von Lebensmitteln verstärken oder intensivieren, ohne selbst einen dominanten Geschmack zu haben. Sie werden vor allem in hochverarbeiteten Produkten verwendet, um die Aromen ansprechender zu machen oder Kosten für hochwertige Zutaten zu senken.

Verdickungs- und Feuchtmittel: Verdickungsmittel und Feuchthaltemittel werden eingesetzt, um die Textur und Konsistenz von Lebensmitteln zu verändern oder Feuchtigkeit zu binden.

Süß- und Zuckeraustauschstoffe: Süßstoffe und Zuckeraustauschstoffe dienen als kalorienarme oder kalorienfreie Alternativen zu Zucker. Sie werden häufig in Diätprodukten, Getränken und Süßwaren eingesetzt. Süßstoffe wie beispielsweise Aspartam (E951) und Sucralose (E955) sind häufige Zuckerersatzstoffe, die laut Studien den Stoffwechsel negativ beeinflussen und Krebs auslösen können.[111]

Transfette: Transfette entstehen durch die industrielle Härtung von Pflanzenölen. Sie werden in Margarine, Backwaren und frittierten Lebensmitteln verwendet, um die Haltbarkeit zu verlängern und die Textur zu verbessern. Jedoch erhöhen sie das Risiko für Herz-Kreislauf-Erkrankungen erheblich.

Siehe Anlage 1 für Details zu E-Stoffen.

Natürliche Lebensmittel in den Alltag integrieren:

1. **Frische Vorräte schaffen:** Kaufe Obst, Gemüse, Nüsse und Samen in ihrer ursprünglichen Form. Plane Mahlzeiten, um frische Zutaten zu nutzen, bevor sie verderben.
2. **Zutatenlisten prüfen:** Vermeide Produkte mit langen Listen an Zutaten, die auch noch schwer aussprechbar sind. Wähle stattdessen Produkte (Richtschnur: max. 3 Zutaten) mit wenigen, natürlichen Zutaten.
3. **Selbst zubereiten:** Fertige Saucen, Dressings oder Snacks können leicht durch selbst gemachte Alternativen ersetzt werden. Das reduziert die Aufnahme künstlicher Zusätze erheblich.
4. **Regionale und saisonale Produkte bevorzugen:** Diese sind nicht nur frischer, sondern enthalten auch weniger künstliche Zusatzstoffe, da ihre Haltbarkeit kürzer ist.
5. **Achtsam konsumieren:** Ersetze hochverarbeitete Lebensmittel schrittweise, um den Übergang für dich und deine Familie einfacher zu gestalten.

Dabei muss nicht alles Bio sein. Aber bei manchen Lebensmitteln lohnt sich der Griff zur Bio-Variante unbedingt. Denn nicht jedes Obst und Gemüse ist gleich stark mit Pestiziden belastet – und nicht jedes schützt sich gleich gut vor chemischer Behandlung. Eine einfache Regel hilft: Je dünner oder essbarer die Schale, desto größer ist die Gefahr, dass Rückstände beim Verzehr direkt in den Körper gelangen.
Zahlreiche Untersuchungen zeigen, dass Pestizidbelastungen aus konventionell erzeugtem Obst und Gemüse langfristig mit hormonellen Störungen, Fruchtbarkeitsproblemen und chronischen Erkrankungen in Verbindung stehen können. Besonders Kinder, Schwangere und Menschen mit einem empfindlichen Stoffwechsel sind gefährdet. Es geht dabei nicht um Panikmache, sondern um kluge Priorisierung.

Zu den Lebensmitteln, bei denen sich der Kauf in Bio-Qualität besonders lohnt, gehören solche mit hoher Pestizidgefahr und empfindlicher Oberfläche. Dazu zählen Erdbeeren, Äpfel, Pfirsiche, Nektarinen, Kirschen, Birnen, Paprika, Tomaten, Sellerie, Spinat, Grünkohl und verschiedene Blattsalate wie Römersalat. Sie alle werden in der Regel mit Schale gegessen, sind schwer vollständig zu reinigen und werden im konventionellen Anbau häufig intensiv behandelt.

Weniger bedenklich sind hingegen Produkte mit einer dicken, ungenießbaren oder schützenden Schale. Dazu zählen Bananen, Avocados, Ananas, Mango, Melonen, Kiwi, Maiskolben, Zwiebeln, Auberginen, Kürbis, Kartoffeln, Süßkartoffeln und Erbsen in der Schale. Diese Lebensmittel sind von Natur aus besser geschützt – und Pestizide gelangen kaum in den essbaren Teil. Bei ihnen ist Bio nicht zwingend notwendig, sondern eher aus Umwelt- oder Sozialstandards interessant. Bedenke hierbei, die Schale vor allem bei Kartoffeln und Süßkartoffeln zu entfernen.

Dann gibt es jene Lebensmittel, bei denen die Entscheidung für Bio sinnvoll sein kann – je nach Herkunft, Saison und Anbaumethode. In diese mittlere Gruppe fallen Brokkoli, Karotten, Zucchini, Pilze, Heidelbeeren, Pflaumen und Weintrauben. Bei diesen Sorten schwankt die Belastung, etwa durch Import aus Ländern mit laxeren Richtlinien oder durch Anbau im Gewächshaus. Wer hier Bio wählt, geht auf Nummer sicher – vor allem, wenn das Produkt nicht regional und saisonal verfügbar ist.

Letztlich geht es nicht darum, dogmatisch einzukaufen. Es geht darum, mit kleinen Entscheidungen große Wirkung zu erzielen. Wer Bio gezielt einsetzt, reduziert seine persönliche Pestizidbelastung, unterstützt nachhaltigere Landwirtschaft – und fördert eine Ernährung, die Körper und Umwelt gleichermaßen hilft.

Mediterrane Diät vs. Longevity Diet

Wenn wir über Ernährung im Kontext von Langlebigkeit sprechen, tauchen zwei Ansätze immer wieder auf: die traditionelle Mediterrane Diät und die wissenschaftlich fundierte Longevity Diet[112]. Beide Modelle gelten als wegweisend für ein gesundes, langes Leben – und doch unterscheiden sie sich in zentralen Punkten.

Die mediterrane Ernährung basiert auf jahrhundertealten Essgewohnheiten aus Südeuropa, insbesondere aus Regionen wie Kreta, Süditalien und Südfrankreich. Studien zeigen, dass Menschen, die sich mediterran ernähren, seltener an Herz-Kreislauf-Erkrankungen, Diabetes oder bestimmten Krebsarten leiden.[113] Der Fokus liegt auf pflanzenbasierten Lebensmitteln, kaltgepresstem Olivenöl, moderatem Fischkonsum und dem sozialen Erlebnis des gemeinsamen Essens. Milchprodukte wie Käse und Joghurt sowie gelegentlicher Wein sind kulturell eingebettet, aber nicht überbetont.

Die Longevity Diet hingegen wurde vom Biogerontologen Prof. Valter Longo entwickelt – basierend auf einer Kombination aus Ernährungsforschung, Zellbiologie und Beobachtungen in den sogenannten Blue Zones, also Regionen mit besonders hoher Lebenserwartung. Sie geht deutlich weiter als die mediterrane Diät: Tierische Produkte werden fast vollständig reduziert, die Proteinzufuhr in der Lebensmitte bewusst niedrig gehalten, und das zeitlich begrenzte Essen (Time-Restricted Feeding) ist ein zentraler Bestandteil. Das Ziel: Zellregeneration, Prävention chronischer Erkrankungen und Aktivierung körpereigener Reparaturmechanismen.

Beide Modelle verfolgen dasselbe Ziel – ein langes, gesundes Leben – aber mit unterschiedlichen Schwerpunkten und wissenschaftlicher Tiefe. Die eine wurzelt in Kultur und Tradition, die andere in moderner Forschung und molekularer Präzision. Wer beide verbindet, profitiert vom Besten aus zwei Welten.

Vergleichstabelle: Mediterrane vs. Longevity-Ernährung[114]

Komponente	Mediterran	Longevity
Fokus	Traditionell, herzgesund, kulturell verwurzelt	Wissenschaftlich fundiert, zellbiologisch optimiert
Fettquelle	Viel Olivenöl, wenig tierisches Fett	Viel Olivenöl, keine tierischen Fette
Hauptnahrungsmittel	Gemüse, Obst, Hülsenfrüchte, Fisch, Vollkorn	Hülsenfrüchte, Gemüse, Vollkorn – wenig Obst bis ca. 65 Jahre
Tierische Produkte	Moderate Mengen (Fisch, Käse, Joghurt, Eier)	Fast vollständig vermieden bis ca. 70 Jahre
Milchprodukte	Mäßig: Käse & Joghurt akzeptiert	Sehr gering oder abwesend bis ins hohe Alter
Fleisch	Gering, meist Geflügel, kaum rotes Fleisch	Abwesend oder maximal monatlich
Eier	Wenige pro Woche	Sehr niedrig bis ca. 65–70, danach gelegentlich
Butter / Milch	Gering	Abwesend oder minimal

Komponente	Mediterran	Longevity
Proteinzufuhr	Nicht gezielt geregelt	Niedrig bis ca. 65, dann moderat für Muskelmasse
Wein	In Maßen (v. a. Rotwein)	In Maßen erlaubt
Obstanteil	Hoch – täglich mehrmals	Reduziert bis ca. 65, dann erhöht
Time-Restricted Eating	Nicht Bestandteil	Zentrales Element: 11–12-Stunden-Essfenster
Fastentage	Nicht integriert	Empfohlen: 1–2 Fasten-Mimicking-Tage pro Monat
Ziel	Vorbeugung chronischer Krankheiten, Lebensqualität	Zellregeneration, gesunde Alterung, Prävention chronischer Prozesse

Mein persönliches Allzwecklebensmittel, da ich mehr Protein als in den beschriebenen Ernährungsformen zu mir nehme: Bio-Eier.

Eier gehören zu den natürlichsten und nährstoffreichsten Lebensmitteln überhaupt. Sie liefern hochwertiges Eiweiß, essenzielle Fettsäuren sowie wichtige Mikronährstoffe wie Vitamin D, B12 und Cholin – ein Nährstoff, der besonders für die Gehirnfunktion bedeutsam ist. Dennoch galten Eier jahrzehntelang als umstritten, vor allem wegen ihres hohen Cholesteringehalts. Viele Ernährungsempfehlungen warnten davor, mehr als zwei bis drei Eier pro Woche zu konsumieren, aus Sorge vor einem erhöhten Risiko für Herz-Kreislauf-Erkrankungen.

Doch aktuelle Forschung widerspricht zunehmend dieser pauschalen Warnung. Eine wachsende Zahl an Studien zeigt, dass der Konsum von Eiern – selbst bei mehr als zehn Stück pro Woche – nicht zwangsläufig den Cholesterinspiegel im Blut negativ beeinflusst, solange die Ernährung insgesamt ausgewogen bleibt. Diese Erkenntnisse decken sich auch mit meiner eigenen Erfahrung: Trotz regelmäßigem Konsum von über zehn Eiern pro Woche konnte ich keinerlei negative Auswirkungen feststellen – im Gegenteil, ich profitiere von gesteigerter Sättigung, besserer Muskelregeneration und konstanter Energie.[115]

Die US-amerikanische Lebensmittelbehörde FDA hat kürzlich Eier offiziell in die Liste »gesunder Lebensmittel« aufgenommen und damit ihre frühere Haltung revidiert. Die Begründung: Eier enthalten wertvolle

Nährstoffe wie Vitamin D, Cholin und hochwertige Proteine – und tragen bei moderatem Verzehr zu einer gesunden Ernährung bei.[116] Das zeigt: Es lohnt sich, Ernährungsempfehlungen regelmäßig zu hinterfragen – insbesondere, wenn neue wissenschaftliche Erkenntnisse die bisherigen Narrative verändern.

Potenzielle Herausforderungen:

1. *Zubereitung natürlicher Lebensmittel kann zeitintensiver sein*
Der Verzicht auf Fertiggerichte und Snacks erfordert Disziplin. Plane Mahlzeiten und koche in größeren Mengen für mehrere Tage vor. Das spart Zeit und stellt die Aufnahme von natürlichen Lebensmitteln sicher. Ersetze ungesunde Snacks durch Alternativen wie Nüsse, Obst oder selbst gemachte Müsliriegel.

2. *Natürliche Lebensmittel, insbesondere Bio-Produkte, sind oft teurer*
Kaufe saisonal und lokal, um Geld zu sparen. Oder pflanze Kräuter und Gemüse selbst an. Oder nutze Techniken, um herkömmliches Obst und Gemüse von Pestiziden zu befreien. Obst und Gemüse einfach unter fließendem Wasser abzuspülen, gehört für viele zur Routine – doch für Pestizide ist das oft nicht genug. Sichtbarer Schmutz lässt sich zwar entfernen, doch Rückstände von Pflanzenschutzmitteln haften hartnäckig an der Oberfläche oder dringen sogar in die äußeren Zellschichten ein. Besonders Sorten mit dünner Schale oder poröser Oberfläche wie Äpfel, Spinat oder Beerenfrüchte sind betroffen.

Eine besonders wirksame Methode, um Obst und Gemüse von oberflächlichen Pestizidrückständen zu befreien, ist das Einweichen in einer Natronlösung. Eine Lösung aus Wasser und Natron konnte selbst in die Schale eingedrungene Rückstände effektiver entfernen als Wasser allein oder handelsübliche Fruchtreiniger.[117] Dabei genügt bereits ein Teelöffel Natron auf einen Liter Wasser. Das Gemüse oder Obst wird darin zehn bis fünfzehn Minuten eingeweicht und anschließend gründlich mit klarem Wasser abgespült. Empfindliche Beeren benötigen meist weniger Zeit.

Auch Blattgemüse profitiert von dieser Methode: kurzes Wässern in der Natronlösung, gefolgt von einem zweiten Spülgang, hilft, Rückstände zu minimieren. Dennoch sollte man sich bewusst machen: Diese Reinigung entfernt nur Rückstände an der Oberfläche. Substanzen, die systemisch – also über die Wurzeln – in die Pflanze gelangt sind, bleiben auch nach sorgfältiger Reinigung in Teilen des Lebensmittels erhalten.

Deshalb bleibt die sorgfältige Auswahl entscheidend. Wer auf stark belastete Sorten nicht verzichten möchte, kombiniert idealerweise beides: bewusste Kaufentscheidung – etwa in Bio-Qualität – und eine gezielte Reinigung. Denn nur wer versteht, wie Lebensmittel angebaut, behandelt und verarbeitet werden, kann sie auch wirklich sicher genießen.

3. Verarbeitete Lebensmittel sind oft geschmacksverstärkt und schmecken besser.

Experimentiere mit frischen Kräutern und Gewürzen, um natürliche Aromen zu intensivieren. Weiterhin wird sich dein Geschmackssinn langfristig anpassen und dann auch aktuell für dich eher fade Gerichte zu einem Geschmackserlebnis purer Frische machen.

Du musst nicht alles verändern – aber du kannst bewusst auswählen. Indem du dich für natürliche, unverarbeitete Lebensmittel entscheidest und bei sensiblen Sorten gezielt zu Bio greifst, reduzierst du nicht nur die Belastung durch Pestizide und künstliche Zusatzstoffe, sondern stärkst deine Gesundheit. Es geht nicht um Verzicht, sondern um Rückbesinnung auf echten Geschmack, natürliche Vielfalt und nährende Qualität. Was du einkaufst, wie du zubereitest und was du bewusst weglässt, formt deinen Alltag – und sendet ein Signal an Landwirtschaft, Industrie und deine eigene Gesundheit. Ernährung wird so vom Konsumakt zur Entscheidung für Lebendigkeit. Eine Orientierung gibt dir auch die mediterrane oder Longevity-Ernährung. Indem du künstliche Zusatzstoffe aus deinem Leben verbannst, schützt du dich nicht nur vor den unsichtbaren Gefahren wie Allergien, hormonellen Störungen oder gar Krebs. Du öffnest auch die Tür zu einer Welt, in der Nahrung wieder echt schmeckt, wo du die unverfälschten Aromen von Obst, Gemüse und frischen Kräutern neu entdeckst. Ja, der Anfang mag anspruchsvoll sein, aber jede kleine Veränderung bringt dich näher an ein Leben voller Vitalität und Wohlbefinden.

13: Endlos-Ökonomie

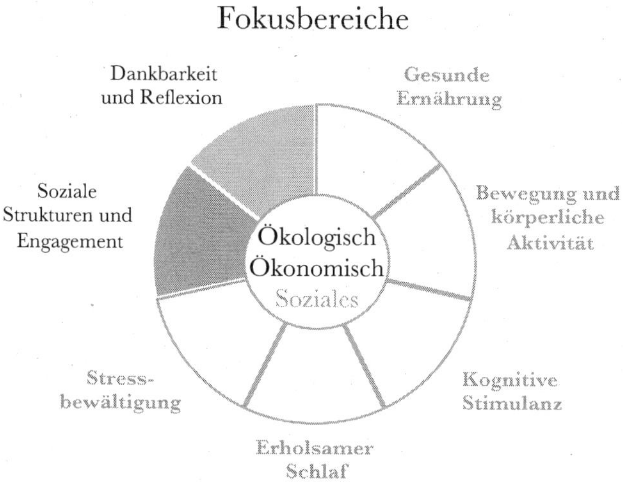

Quelle: Eigene Darstellung

Ressourcen neu denken – wie die Kreislaufwirtschaft Abfall in Wert verwandelt

Unsere heutige Gesellschaft ist stark auf das Prinzip des »Take-Make-Waste« ausgerichtet: Rohstoffe werden abgebaut, Produkte hergestellt und nach Gebrauch entsorgt. Dieses lineare Modell belastet die Umwelt durch Abfall und Ressourcenverschwendung erheblich. Die Kreislaufwirtschaft ist der Gegenentwurf zum Wegwerfzeitalter. Sie denkt Produkte von Anfang an so, dass sie nach Gebrauch nicht enden, sondern neu beginnen – als Ressource für etwas anderes. Kreislaufwirtschaft heißt: Produkte zu entwickeln mit dem Gedanken an ein zweites, drittes oder viertes Leben. Reparierbar, wiederverwendbar, recycelbar – und damit nachhaltig wertvoll. Dieses Prinzip betrifft nicht nur die Produktion, sondern auch die gesamte Wertschöpfungskette, die Wiederverwendung und die Rückführung in den Kreislauf. Immer mehr Unternehmen und Verbraucher erkennen die Vorteile dieses Modells und suchen nach Möglichkeiten, ihren Alltag und ihre Konsumgewohnheiten nachhaltiger zu gestalten.

Kritiker argumentieren, dass durch langlebige Produkte, Reparaturen oder Secondhand der Konsum sinke – und damit das Wirtschaftswachstum und unser Wohlstand. Doch diese Sicht verkennt, was Wertschöpfung im 21. Jahrhundert wirklich bedeutet. Kreislaufwirtschaft ersetzt nicht Wohlstand – sie definiert ihn neu. Wenn ich ein Produkt repariere, anstatt es wegzuwerfen, verlängere ich nicht nur seine Lebensdauer – ich verlagere Wertschöpfung von der Rohstoffgewinnung hin zu lokalen Dienstleistungen: Reparatur, Wartung, Aufbereitung. Das schafft Jobs im Handwerk, fördert regionale Strukturen und macht uns unabhängig von volatilen Rohstoffmärkten. Wirtschaftswachstum muss nicht materiell sein – es kann regenerativ sein. Ein repariertes Smartphone, ein aufbereitetes Möbelstück oder eine Mahlzeit aus fast abgelaufenen Lebensmitteln bedeuten keineswegs »Verzicht«, sondern intelligente Ressourcennutzung. Der eigentliche Nutzen – Mobilität, Funktion, Sättigung – bleibt erhalten. Der Ressourcenverbrauch sinkt, der Wohlstand bleibt gleich – oder steigt sogar, weil weniger Verschwendung auch ökonomisch entlastet.

Zudem: Neue Geschäftsmodelle entstehen genau hier – von Product-as-a-Service bis zu digitalen Marktplätzen für Wiederverwendung, Sharing und Rücknahme. Wer heute in Kreislaufwirtschaft investiert, investiert in die Infrastruktur einer robusteren, regionaleren und resilienteren Ökonomie. Nicht der Output macht eine Wirtschaft erfolgreich, sondern ihr Wirkungsgrad. Und der ist in der Kreislaufwirtschaft um ein Vielfaches höher.

Ein Klassiker der Kreislaufwirtschaft: die Glasflasche – mehrfach genutzt, mehrfach recycelt, kein Qualitäts- und Wertverlust. Eine Glasflasche kann nach Gebrauch zurückgegeben, gereinigt und viele Male neu befüllt werden. Sobald sie für das Pfandsystem nicht mehr geeignet ist, wird sie eingeschmolzen und zu neuen Glasprodukten geformt. Dieser Kreislauf schont wertvolle Rohstoffe, spart Energie und reduziert Abfall erheblich, da Glasflaschen immer wieder in den Wirtschaftskreislauf zurückgeführt werden. Die Kreislaufwirtschaft bei Glas zeigt, wie Materialien durch Wiederverwendung und Recycling nachhaltig genutzt werden können.

Die Wertschöpfungskette beschreibt alle Schritte, die ein Produkt durchläuft – von der Idee bis zur Entsorgung oder Wiederverwendung. Sie umfasst dabei nicht nur die eigentliche Herstellung, sondern auch die vorgelagerte Wertschöpfung (z. B. Rohstoffgewinnung, Energieeinsatz, Transport der Vorprodukte) sowie die nachgelagerte Wertschöpfung (z. B. Nutzung, Wartung, Recycling). Im Unterschied zur Lieferkette, die vor allem logistische Abläufe zwischen Unternehmen abbildet, beschreibt die Wertschöpfungskette den gesamten ökonomischen, ökologischen und sozialen Beitrag, der entlang dieses Prozesses entsteht – oder verloren geht. Wer nachhaltig wirtschaften will, muss deshalb das große Ganze sehen: Wert schaffen statt nur liefern.

Die Kreislaufwirtschaft wird in immer mehr Branchen zur gesetzlichen Pflicht. Ob Elektrogeräte, Batterien, Autos oder Verpackungen – Unternehmen sind heute vielfach verpflichtet, Materialien zurückzunehmen, wiederzuverwerten und recyclinggerecht zu gestalten. Sieben Bereiche stehen besonders im Fokus: Elektronik, Bau, Batterien, Fahrzeuge, Verpackungen, Textilien und erneuerbare Energien. Der Übergang zum zirkulären Wirtschaften ist nicht nur notwendig, sondern auch eine Chance – für Ressourcenschutz, Innovation und echte Zukunftsfähigkeit. Die Kreislaufwirtschaft umfasst verschiedene Konzepte und Maßnahmen, die die Umwelt schonen und Ressourcen effizient nutzen. Zu den wichtigsten Ansätzen gehören:

Plattformen: Es gibt Initiativen wie »Good To Go«, um die Verschwendung von Lebensmitteln zu reduzieren. Hierbei befinden sich bereits namhafte Unternehmen auf der Plattform. Du als Privatperson kannst dir sogenannte Pakete oder Tüten ordern, die mit Lebensmitteln gefüllt sind, die kurz vor dem Verzehrablaufdatum stehen.

Weiterhin gibt es die »Zero Waste Europe / Germany«-Initiative, die Anleitungen enthält, wie man reduziert, repariert und wiederverwendet. Dabei gibt es auch eine Unterstützung für eigene Zero-Waste-Initiativen, die du als Nachbarschaftsprojekt starten kannst.

Wiederverwendbare Verpackungen: Der Einsatz von Mehrwegverpackungen, wie zum Beispiel Pfandsystemen oder wiederverwendbaren Glas- und Metallverpackungen, reduziert Abfälle erheblich. Unternehmen setzen zunehmend auf recycelbare oder wiederverwendbare Verpackungen, um Plastikmüll und andere Einwegmaterialien zu minimieren. Diese Art von Verpackungen ist besonders in der Gastronomie und im Lebensmittelbereich beliebt und wird stetig ausgebaut.

Reparieren statt wegwerfen: Repair Cafés und Online-Anleitungen fördern das Bewusstsein für die Langlebigkeit von Produkten und bieten Wissen und Werkzeuge, um alltägliche Gegenstände wie Kleidung, Elektronik oder Möbel zu reparieren und weiterzunutzen.
Achte auf anerkannte Label, die Aspekte der Kreislaufwirtschaft abbilden:

- Cradle to Cradle Certified®: Produkte, die so gestaltet sind, dass sie vollständig in biologische oder technische Kreisläufe zurückgeführt werden können.
- Blauer Engel: Weist Produkte aus, die ressourcenschonend, langlebig und reparierbar sind.
- EU Ecolabel, FSC, Fairphone-Zertifizierung, GOTS (für Textilien) – je nach Produktkategorie.

Der Sekundärmarkt: Umfasst alle Plattformen und Orte, an denen gebrauchte Waren weiterverkauft werden können. Dazu zählen Online-Plattformen wie eBay Kleinanzeigen, Marktplätze für gebrauchte Bücher und Kleidung, Flohmärkte und Tauschbörsen. Im Gegensatz zum Neukauf spart der Kauf auf dem Sekundärmarkt erhebliche Ressourcen ein, da bereits produzierte Waren im Kreislauf gehalten werden. Vom Vintage-Möbelstück über Elektronik bis hin zu Kleidungsstücken – gebrauchte Gegenstände erhalten durch den Sekundärmarkt ein zweites Leben, was nicht nur die Umwelt entlastet, sondern auch eine Möglichkeit bietet, den eigenen Konsum zu reflektieren.

Diese Schritte helfen, die Kreislaufwirtschaft in den Alltag zu integrieren und aktiv an einer nachhaltigen Zukunft mitzuwirken.

Potenzielle Herausforderungen:

1. Eingeschränkte Verfügbarkeit von Produkten

Plattformen und Initiativen für Produkt-Sharing oder Reparaturmöglichkeiten sind oft nur in größeren Städten vorhanden und nicht flächendeckend verfügbar. In ländlichen Regionen fehlt es häufig an lokalen Angeboten, Werkstätten oder aktiven Netzwerken. Die Anreise zu Repair Cafés oder der Zugriff auf Sharing-Dienste wird dadurch erschwert – Nachhaltigkeit wird zur Frage des Wohnorts. Doch diese Hürde ist überwindbar. Eine Lösung liegt in der Stärkung dezentraler Strukturen: mobile Reparaturservices, Kooperationsmodelle mit Bibliotheken, Volkshochschulen oder lokalen Vereinen können Angebote auch außerhalb urbaner Zentren zugänglich machen. Auch digitale Plattformen, die Reparaturwissen vermitteln oder regionale Sharing-Angebote bündeln, können helfen, Distanzen zu überbrücken. Wichtig ist, dass Menschen vor Ort aktiviert werden – denn wo sich Initiativen lokal verankern, wächst oft auch das Bewusstsein für nachhaltigen Konsum.

2. Kosten und Aufwand stehen nicht im Verhältnis

Recycelbare Materialien und wiederverwendbare Verpackungen sind oft teurer in der Produktion als Einwegverpackungen. Unternehmen zögern daher, vollständig auf wiederverwendbare Materialien umzusteigen, da diese Veränderungen hohe Anfangskosten mit sich bringen können. Wer nachhaltiger konsumieren möchte, muss nicht auf Qualität oder Komfort verzichten. Immer mehr Plattformen bieten Produkte an, die langlebig, reparierbar oder recycelt sind – und damit echte Alternativen zur Wegwerfökonomie darstellen. Ob Kleidung, Technik, Haushaltswaren oder Möbel: Kreislauffähigkeit wird zum neuen Qualitätsmerkmal. Beispiele hierfür sind Plattformen wie Avocadostore (nachhaltige Alltagsprodukte), BuyMeOnce (extrem langlebige Artikel), Refurbed und Back Market (aufbereitete Elektronik), Fairphone (modulare Smartphones), Patagonia Worn Wear (reparierte Kleidung) oder iFixit (Ersatzteile und Reparaturanleitungen für Technik).

Die Kreislaufwirtschaft ist ein vielversprechendes Modell, das nachhaltigen Konsum und Ressourcenschonung miteinander vereint. Durch Konzepte wie Sharing-Plattformen, wiederverwendbare Verpackungen und Reparaturinitiativen lässt sich eine neue Art des Wirtschaftens fördern, die Abfall vermeidet und Rohstoffe effizient nutzt. Selbst Energiequellen wie Solaranlagen können durch die Kreislaufwirtschaft nachhaltiger gestaltet werden. Die Integration der Kreislaufwirtschaft in den Alltag erfordert zwar ein Umdenken und eine gewisse Umstellung, bietet jedoch langfristige Vorteile für die Umwelt, die Gesellschaft und die Wirtschaft. Wenn immer mehr Menschen und Unternehmen sich für die Kreislaufwirtschaft entscheiden, können wir gemeinsam eine nachhaltigere Zukunft gestalten und den Verbrauch von Ressourcen nachhaltig reduzieren. Die Kreislaufwirtschaft zeigt uns, dass Produkte und Rohstoffe keinen »Endpunkt« haben müssen – sie können weiterleben und so zur Grundlage für ein nachhaltiges Wirtschaftssystem werden.

14: Lebe im Takt – Der Biorhythmus-Hack

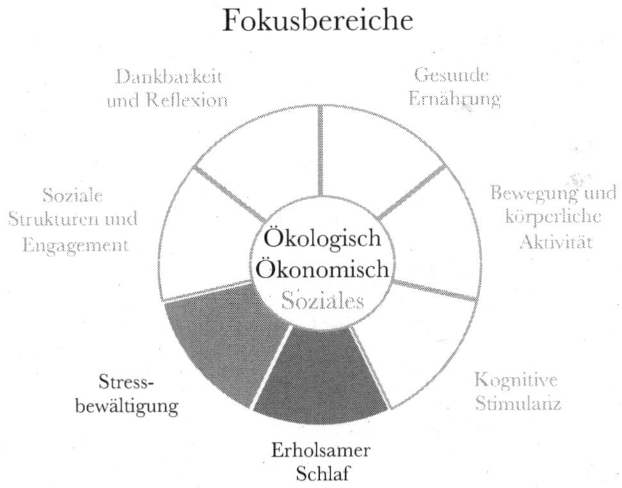

Quelle: Eigene Darstellung

Wach auf mit der Sonne – nicht mit dem Wecker.
Stell dir vor, du wachst auf – nicht durch das Klingeln eines Alarms, sondern weil dein Körper von selbst signalisiert: Es ist Zeit. Die Sonne geht gerade auf, ihr Licht durchflutet dein Zimmer. Du fühlst dich erfrischt, wach, bereit. Kein Snooze-Knopf. Kein Nebel im Kopf. Genau so fühlt sich ein Leben im Rhythmus deiner inneren Uhr an.

Doch der Gewinn ist nicht nur persönlich. Ein Leben im Einklang mit dem natürlichen Biorhythmus schont auch die Umwelt: weniger künstliches Licht, weniger Stromverbrauch, geringerer CO_2-Fußabdruck. Du tust deinem Körper etwas Gutes – und gleichzeitig dem Planeten.

Dein Biorhythmus – auch zirkadianer Rhythmus genannt – wird hauptsächlich durch Sonnenlicht gesteuert. Dieser Taktgeber reguliert zentrale Körperprozesse wie:

- Hormonhaushalt,
- Körpertemperatur,
- Stoffwechsel und
- Schlaf-Wach-Rhythmus.

Wenn morgens Licht auf unsere Netzhaut trifft, löst das eine hormonelle Kaskade aus, die Körper und Geist in Schwung bringt. Früh am Morgen aktiviert das Sonnenlicht eine Kaskade hormoneller Veränderungen, die deine Energie, Stimmung und Leistungskraft für den Tag und auch die kommende Nacht bestimmen:

1. **Cortisol:** Direkt nach dem Aufwachen steigt der Cortisolspiegel an. Dieses »Stresshormon« ist am Morgen besonders wichtig, da es dich wach macht, Energie bereitstellt und den Stoffwechsel ankurbelt. Sonnenlicht am frühen Morgen verstärkt diesen Prozess und hilft dir, besser in den Tag zu starten.
2. **Melatonin:** Melatonin, das Schlafhormon, wird durch helles Licht unterdrückt. Das Morgenlicht signalisiert deinem Körper: »Zeit, aufzuwachen!« Der Melatonin-Abbau ist der Startschuss für Wachheit und Klarheit.

3. **Serotonin:** Sonnenlicht stimuliert die Produktion von Serotonin, das »Glückshormon«. Es hebt die Stimmung und wirkt beruhigend. Außerdem dient Serotonin abends als Vorstufe für die Produktion von Melatonin, was deinen Schlaf verbessert.

Was passiert, wenn unser innerer Takt aus dem Gleichgewicht gerät? Studien zeigen: Wer seinen Biorhythmus dauerhaft ignoriert, riskiert gesundheitliche Probleme – von Diabetes bis Depression. Besonders betroffen: Menschen mit Schichtarbeit, Jetlag oder dauerhaft künstlichem Licht:[118]

1. Stoffwechselstörungen:

Unser innerer Biorhythmus ist mehr als nur ein Gefühl für Tag und Nacht – er steuert zentrale Stoffwechselprozesse im Körper. Gerät dieser Rhythmus dauerhaft aus dem Takt, steigen Gesundheitsrisiken messbar an. Besonders betroffen sind sogenannte »Nachtmenschen«: Menschen mit einem späten Schlaf-Wach-Typus. Personen mit Abendchronotyp hatten ein um 46 Prozent erhöhtes Risiko, an Typ-2-Diabetes zu erkranken – selbst dann, wenn Ernährung, Bewegung und BMI berücksichtigt wurden. Auch der Anteil an viszeralem Fett, das besonders stoffwechselaktiv und gesundheitsschädlich ist, war bei Nachtmenschen höher. Die Ursache: Ein dauerhaft gestörter Schlaf-Wach-Rhythmus – auch »Chronodisruption« genannt – wirkt wie ein latenter Stressfaktor auf den Organismus. Hormonelle Ungleichgewichte, Insulinresistenz und eine gestörte Glukoseverwertung sind die Folge.[119]

2. Stimmungsstörungen:

Ein dauerhaft gestörter zirkadianer Rhythmus wirkt wie ein unsichtbarer Störimpuls auf das emotionale Gleichgewicht. Schlafprobleme, hormonelle Dysbalancen und eine Verschiebung der inneren Uhr können zu anhaltenden Stimmungstiefs führen – insbesondere zu Depressionen und Angstzuständen. Menschen mit einem unregelmäßigen Schlaf-Wach-Muster oder einem späten Chronotyp sind besonders gefährdet.[120] Der Körper kann wichtige regenerative Prozesse – etwa die nächtliche Hormonregulation oder emotionale Reizverarbeitung – nicht zuverlässig ausführen.

Das Ergebnis: Gereiztheit, Antriebslosigkeit, übersteigerte Reaktionen auf Stress und das Gefühl, dauerhaft aus dem Takt geraten zu sein.

3. ***Herz-Kreislauf-Erkrankungen:***
Chronische Störungen des zirkadianen Rhythmus – etwa durch Schichtarbeit, häufiges Reisen über Zeitzonen oder ein dauerhaft verschobenes Schlafprofil – wirken sich direkt auf das Herz-Kreislauf-System aus. Der Körper gerät in eine Art Dauerstress: Blutdruck, Herzfrequenz und Hormonspiegel schwanken unnatürlich. Die Folgen können Bluthochdruck, Arterienverengungen oder Herzrhythmusstörungen sein. Besonders kritisch ist, dass auch die nächtliche »Ruhephase« des Herz-Kreislauf-Systems ausbleibt – jener Zeitraum, in dem Blutdruck und Herzbelastung normalerweise sinken und sich das Gefäßsystem regeneriert. Wird dieser Rhythmus dauerhaft gestört, steigt das Risiko für Herzinfarkt, Schlaganfall und andere kardiovaskuläre Erkrankungen spürbar an.[121]

Wie du den Biorhythmus und das Licht der Sonne für deine Gesundheit nutzen kannst

Starte deinen Tag im Licht: Schon 10 bis 20 Minuten Sonnenlicht am Morgen reichen, um deinen inneren Taktgeber zu aktivieren. Kaffee auf dem Balkon, ein Spaziergang ums Viertel – das Morgenlicht wirkt wie ein natürlicher Turbo für deine Stimmung und Energie. Gehe spazieren, trinke deinen Morgenkaffee draußen oder öffne die Fenster weit.

Schaffe eine Morgenroutine im Licht: Integriere Bewegung in deine morgendliche Lichtdusche. Ein Spaziergang, Ausnutzung des Arbeitswegs zu Fuß oder mit dem Fahrrad, leichtes Stretching oder Yoga im Freien verbinden die Vorteile von körperlicher Aktivität mit der hormonellen Stimulation durch das Licht.

Plane Aktivitäten am Vormittag: Nutze die Zeit bis zur Mittagszeit für körperliche oder geistige Herausforderungen. Dein Cortisolspiegel ist in dieser Phase hoch, und du bist besonders leistungsfähig. Ob Sport, Arbeit oder kreative Projekte – diese Stunden gehören dir.

Nutze natürliche Lichtquellen: Halte dich tagsüber möglichst in Räumen mit viel Tageslicht auf oder setze dich regelmäßig ans Fenster. Vermeide, dich zu lange in künstlich beleuchteten Innenräumen aufzuhalten.

Reduziere künstliches Licht am Abend: Sobald die Sonne untergeht, bereitet sich dein Körper auf die Nacht vor. Dimme das Licht, verzichte auf Bildschirme und nutze warmes Licht, um die Melatoninproduktion nicht zu stören.

Potenzielle Herausforderungen:

1. ***Du hast wenig Zeit am Morgen***
Der Morgen kann hektisch sein, besonders wenn Arbeit, Kinder oder andere Verpflichtungen warten: Kombiniere Licht und Bewegung: Ein kurzer Spaziergang zur Arbeit, eine Runde um den Block oder dein Frühstück draußen können den Unterschied machen.

2. ***Was mache ich in der dunklen Jahreszeit oder bei Schichtarbeit***
In den Wintermonaten oder bei Nachtschichten fehlt oft das natürliche Morgenlicht: Nutze eine Tageslichtlampe, die speziell für die Simulation von Sonnenlicht entwickelt wurde. Sie kann dir helfen, die hormonellen Vorteile des Lichts zu nutzen, auch wenn die Sonne fehlt. Dabei sollten strukturelle Probleme angegangen werden und die Schichtarbeit langfristig mit einem anderen Job ersetzt werden.

3. ***Mir fällt es schwer, meine Gewohnheiten zu ändern***
Frühes Aufstehen, Lichtbaden sowie ein regelmäßiger Schlafrhythmus mit acht Stunden Schlaf mag anfangs ungewohnt sein: Setze dir kleine Ziele. Beginne mit fünf Minuten im Freien und steigere die Dauer allmählich. Mache es zur Routine, z. B. mit einem Kaffee auf dem Balkon.

4. ***Ich lebe in der Stadt mit wenig Zugang zu Natur***
In Städten ist der Zugang zu Grünflächen oder direktem Sonnenlicht manchmal eingeschränkt: Plane deine Morgenroutine bewusst: Gehe zu

einem Park oder öffne zumindest die Fenster, um frische Luft und Tageslicht zu bekommen.

Natürliches Sonnenlicht ist der Schlüssel, um deinen Biorhythmus zu synchronisieren und die hormonellen Prozesse deines Körpers zu optimieren. Indem du den Tag mit Licht beginnst, aktivierst du Cortisol für Energie, Serotonin für gute Laune und stellst die Weichen für eine erholsame Nachtruhe durch die spätere Produktion von Melatonin, die durch eine bewusste Reduktion von künstlichen Lichtquellen unterstützt werden kann. Doch das Leben im Rhythmus der Sonne bringt nicht nur persönliche Vorteile. Du reduzierst den Einsatz von künstlichem Licht, sparst Strom und lebst nachhaltiger. Dieses einfache, natürliche Prinzip schenkt dir mehr Energie, bessere Stimmung und eine tiefere Verbindung zur Natur – für dich und den Planeten.

15: Sozial vernetzt statt einsam verbunden

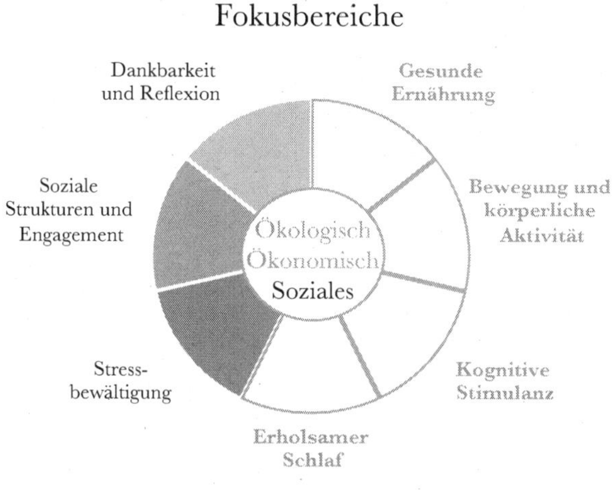

Quelle: Eigene Darstellung

Gemeinsam statt einsam: Wie wir unser Leben reicher machen können

Früher waren Mehrgenerationenhaushalte der Dreh- und Angelpunkt des sozialen Lebens: Familien lebten unter einem Dach, halfen sich gegenseitig und boten sowohl emotionalen als auch praktischen Rückhalt. Dieses enge Netzwerk stärkte das Wohlbefinden und sorgte für regelmäßigen Austausch über Generationen hinweg. Doch das Bild hat sich gewandelt. Heute lebt ein immer größerer Teil der Bevölkerung allein – in Deutschland sind es 20,3 Prozent der Menschen, während der EU-Durchschnitt bei 16,1 Prozent liegt.[122] Auch Mehrgenerationenhaushalte sind in den letzten Jahrzehnten um über 40 Prozent zurückgegangen. Diese Veränderungen führen oft zu Isolation und Einsamkeit, insbesondere bei Jugendlichen und älteren Menschen.

Die Auswirkungen sind auch auf die psychische Gesundheit spürbar. Studien zeigen, dass depressive Störungen weltweit zu einem ernst zu nehmenden Problem geworden sind. Schätzungsweise 4 Prozent der Weltbevölkerung litten 2021 an einer Depression, die höchste Rate der letzten Jahrzehnte[123]. In Europa lag die durchschnittliche Prävalenzrate zwischen 2018 und 2020 bei etwa 6,5 Prozent, in Deutschland sogar bei 8,2 Prozent. Besonders beunruhigend ist der Anstieg bei Jugendlichen: In Deutschland liegt die Prävalenz depressiver Symptome bei jungen Erwachsenen (15 bis 29 Jahre) bei 11,5 Prozent, deutlich über dem EU-Durchschnitt von 5,2 Prozent. Studien belegen weiterhin: Wer allein lebt, ist deutlich häufiger von depressiven Symptomen betroffen. Daten aus dem National Health Interview Survey 2021 zeigen, dass 6,4 Prozent der Personen, die allein leben, über depressive Gefühle berichten – im Vergleich zu 4,1 Prozent bei Personen, die mit anderen zusammenleben.[124] Diese Zahlen verdeutlichen, wie wichtig es geworden ist, neue Formen der Gemeinschaft und des sozialen Rückhalts zu schaffen – nicht nur durch Kontakte auf Augenhöhe, sondern auch durch Mentoring und gezielte Unterstützungsangebote.

Zur Förderung von Gemeinschaft gibt es heute zahlreiche Initiativen, die helfen, soziale Isolation zu durchbrechen und Netzwerke zu schaffen. Running Clubs und Freizeitvereine sind nur einige Beispiele und bieten eine regelmäßige Möglichkeit, Menschen zu treffen und gemeinsam aktiv zu sein.

Wer sich aktiv in eine Gemeinschaft einbringen möchte, kann durch verschiedene Schritte nachhaltig soziale Kontakte aufbauen:

Interessen definieren und passende Gruppen finden: Überlege, welche Art von Gemeinschaft und Aktivitäten für dich am besten passt. Running Clubs, Urban Gardening oder lokale Vereine bieten ein breites Spektrum an Möglichkeiten.

Regelmäßig teilnehmen und Verantwortung übernehmen: Eine langfristige Teilnahme ist entscheidend, um Vertrauen aufzubauen und stabile Bindungen zu schaffen. Die Übernahme kleiner Aufgaben oder die Organisation von Treffen können helfen, sich tiefer in die Gruppe zu integrieren.

Eigeninitiative und Verbindlichkeit zeigen: Ob durch das regelmäßige Einbringen von Ideen oder die Unterstützung bei Veranstaltungen – aktive Teilnahme stärkt die Gemeinschaft und zeigt den eigenen Einsatz für das Netzwerk.

Potenzielle Herausforderungen:

1. *Überwindung von Anlaufschwierigkeiten*

Der Einstieg in neue soziale Gruppen kann Überwindung kosten, besonders wenn man sich anfangs unsicher fühlt. Regelmäßige Teilnahme erleichtert jedoch das Einleben und fördert das Vertrauen. Ein stabiles Netzwerk braucht Zeit. Es erfordert Engagement, die Treffen fest in den Alltag zu integrieren, um langfristig soziale Kontakte aufzubauen.

2. *Konflikte und soziale Dynamiken erschweren die Umsetzung*

Besonders in größeren Gruppen bleiben Meinungsverschiedenheiten nicht aus. Unterschiedliche Hintergründe, Erwartungen oder Kommunikationsstile können zu Spannungen führen. Entscheidend ist, wie damit umgegangen wird: Respektvolle Kommunikation, aktives Zuhören und die Bereitschaft zur Perspektivübernahme sind zentrale Grundlagen für ein gutes Miteinander. Die Lösung liegt in klaren Regeln für den Austausch – etwa durch Moderation, Feedbackformate oder gemeinsame Wertevereinbarungen. Auch die bewusste Pflege von Beziehungsebene und Vertrauen – z. B. durch informelle Treffen oder gemeinsame Erfolge – kann helfen, Konflikte frühzeitig zu entschärfen und die Gruppe langfristig zu stärken. Denn echte Gemeinschaft entsteht nicht durch Harmonie, sondern durch konstruktiven Umgang mit Unterschiedlichkeit.

3. *Es fließt viel Zeit und Energie rein, aber ich bekomme nichts zurück*
Die regelmäßige Teilnahme und das Engagement für eine Gruppe – sei es im Ehrenamt, in einem Verein oder einer Nachbarschaftsinitiative – erfordern mitunter Disziplin. Gerade nach einem langen Arbeitstag kann es Überwindung kosten, sich noch aufzuraffen. Doch genau hier liegt auch eine Chance: Wer sich bewusst Zeit für soziale Verbindungen nimmt, gewinnt oft mehr Energie zurück, als er investiert. Die Lösung liegt in klarem Priorisieren und kleinen Ritualen: Ein fester Termin im Kalender, das gemeinsame Abendessen nach dem Treffen oder die Vorfreude auf vertraute Gesichter können helfen, soziale Aktivitäten im Alltag zu verankern. Denn am Ende stärkt genau das unsere psychische Gesundheit, gibt Struktur – und das Gefühl, gebraucht zu werden. Die Entscheidung, sich aktiv in Gemeinschaften zu engagieren, hat das Potenzial, das soziale und psychische Wohlbefinden erheblich zu stärken. Gemeinschaften bieten heute die Möglichkeit, gegen soziale Isolation vorzugehen, indem sie Bindungen schaffen, die Halt und Unterstützung bieten.

Entscheide für dich, ob du mit diesen Themen zu tun hast. In einer Gesellschaft, die zunehmend von Einpersonenhaushalten und dem Risiko sozialer Isolation geprägt ist, sind solche Gemeinschaften ein wesentlicher Bestandteil eines erfüllten und stabilen Lebens. Initiativen, die soziale Interaktion und generationsübergreifende Unterstützung fördern, bieten die Chance, sich in einer dynamischen und unterstützenden Gemeinschaft zu verankern – eine wertvolle Ressource für das eigene Glück und die psychische Gesundheit.

16: Bewusster Konsum und Minimalismus

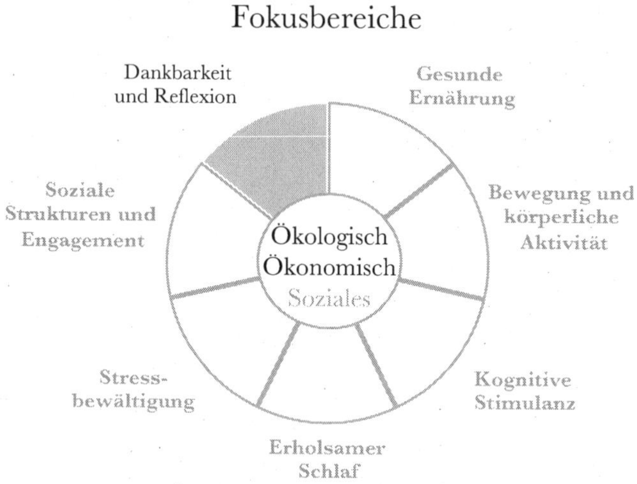

Quelle: Eigene Darstellung

Weniger Eigentum, mehr leben: Wie bewusster Eigentum und Konsum befreit

In Teilen der Welt des Überflusses und ausgeprägten Konsums kann das Weglassen ein Akt der Befreiung sein. Jährlich werden weltweit Milliarden Tonnen an Konsumgütern produziert und konsumiert – ein Trend, der erhebliche Auswirkungen auf die Umwelt hat und gleichzeitig unsere mentale Gesundheit belastet. Studien zeigen, dass wir täglich bis zu 35.000 Entscheidungen[125] treffen – viele davon unbewusst im Kontext des Konsums. Diese »Entscheidungsermüdung« (Decision Fatigue) raubt Energie, macht uns unzufriedener – und sie ist vermeidbar. Weniger Optionen bedeuten oft mehr Klarheit.

Ein bewussterer Konsum und die Hinwendung zum Minimalismus bzw. bewussteren Eigentum können helfen, diese Probleme anzugehen, indem sie die Entscheidungslast verringern, die Zufriedenheit steigern und die Umwelt schonen. Minimalismus fördert die Wertschätzung für das, was wir bereits besitzen, und reduziert den Drang, ständig neue

Dinge zu kaufen. Mit einer solchen Haltung können wir unseren ökologischen Fußabdruck minimieren und eine gesündere Beziehung zu unseren Besitztümern aufbauen.

Der globale Konsum hat in den letzten Jahrzehnten exponentiell zugenommen. Die Konsumgüterbranche generierte 2024 weltweit rund 7,5 Billionen US-Dollar Umsatz – ein Markt, in dem Nordamerika fast die Hälfte (ca. 48 Prozent) und Europa rund ein Drittel (ca. 33 Prozent) aller Umsätze repräsentieren. Diese immense Menge an produzierten und konsumierten Waren belastet nicht nur die Umwelt durch Ressourcenverbrauch und Abfallproduktion, sondern stellt auch den Einzelnen vor zahlreiche Entscheidungen und Herausforderungen.[126] Bewusster Konsum und Minimalismus setzen genau hier an, indem sie das Prinzip »weniger ist mehr« fördern. Minimalismus ist kein Verzicht – er ist Befreiung. Eine Entscheidung für das Wesentliche, für mehr Klarheit, weniger Ballast und tiefere Zufriedenheit. Es geht darum, bewusst zwischen Dingen zu wählen, die wirklich gebraucht werden, und solchen, die nur kurzfristige Wünsche erfüllen. Diese Haltung fördert Dankbarkeit und Zufriedenheit mit dem, was man bereits besitzt, und führt zu einem ressourcenschonenden Lebensstil.

Um bewussten Konsum zu praktizieren und Minimalismus im Alltag zu integrieren, können folgende Schritte hilfreich sein:

Bedürfnisse hinterfragen: Vor jedem Kauf frage dich, ob das Produkt wirklich benötigt wird oder ob es nur ein kurzfristiges Verlangen stillt. Oft genügt eine kurze Bedenkzeit, um unnötige Käufe zu vermeiden.

Qualität vor Quantität: Investiere in hochwertige, langlebige Produkte anstelle von Massenware. Langfristig sparst du Geld und reduzierst den Konsum. Oder wie man so schön sagt: »Wer billig kauft, kauft zweimal.«

Dankbarkeit kultivieren: Regelmäßig innehalten und sich bewusst machen, welche Dinge bereits vorhanden sind, fördert Zufriedenheit und mindert den Wunsch nach ständigem Neuerwerb.

Potenzielle Herausforderungen

1. ***In einer konsumorientierten Gesellschaft kann der Verzicht auf ständigen Konsum als Schwäche empfunden werden.***
Finde dein persönliches »Warum« für diesen Lebensstil und vernetze dich mit Gleichgesinnten, sei es über soziale Medien oder lokale Nachhaltigkeitsgruppen. Das hilft, den Druck zu reduzieren und inspiriert.

2. ***Es fällt oft schwer, sich von Dingen zu trennen, die wir mit Erinnerungen verbinden.***
Hier hilft es, einen sanften Übergang zu schaffen, z. B. durch eine »Übergangsbox« für Dinge, von denen du dich noch nicht trennen kannst. Fotografiere besondere Gegenstände, um die Erinnerungen zu bewahren.

3. ***Nachhaltige und qualitativ hochwertige Produkte sind teurer.***
Lege ein monatliches Sparziel fest, um langfristig in solche Produkte zu investieren, und setze auf Secondhand-Optionen. So kann man Stück für Stück nachhaltiger leben, ohne das Budget zu überlasten.

4. ***Fehlende Motivation und Gewohnheiten***
Bewusster Konsum und Minimalismus erfordern oft tiefgreifende Verhaltensänderungen. Starte mit kleinen, realistischen Schritten, z. B. einem »kauf-freien Tag« pro Woche, und dokumentiere deine Fortschritte. Belohne dich für Erfolge – statt durch materielle Dinge mit Aktivitäten, die dir Freude bereiten.

Bewusster Konsum und Minimalismus ist kein Trend. Es ist eine Haltung. Wer sich für das Wesentliche entscheidet, schafft Raum – für Klarheit, für Zeit, für echte Lebensqualität. Weniger Zeug. Mehr Leben. Indem wir den Wert unserer Besitztümer neu bewerten, Dankbarkeit kultivieren und uns auf das Wesentliche konzentrieren, kann dieser Lebensstil zu mehr Zufriedenheit und einem nachhaltigeren Umgang mit Ressourcen führen. Herausforderungen wie der gesellschaftliche Druck und das Loslassen von Gewohnheiten können durch bewusste Strategien gemeistert werden. Die langfristigen Vorteile – mehr Lebensqualität, weniger Stress und ein positiver Einfluss auf die Umwelt – sind es jedoch mehr als wert, den Weg zu einem minimalistischen und bewussten Leben zu beschreiten.

17: Ehrenamt – die unterschätzte Kraft

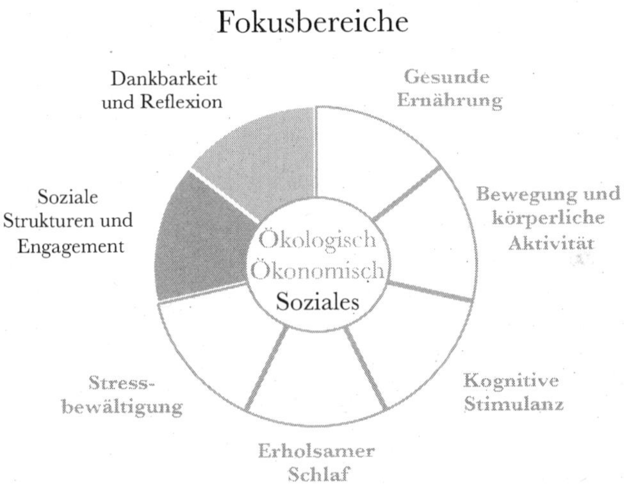

Quelle: Eigene Darstellung

Geben verändert – oft uns selbst am meisten

Manchmal verändert eine einzige Begegnung nicht nur das Leben eines anderen Menschen, sondern auch dein eigenes. Das wurde mir klar, als ich Daniel traf. Daniel war 17 Jahre alt, als er zu mir kam, im Rahmen eines Mentorenprogramms für sozial benachteiligte Jugendliche. Er wirkte schüchtern, fast verloren, und seine Geschichte berührte mir das Herz. Daniel wuchs in schwierigen Verhältnissen auf. Sein Vater war abwesend, und seine Mutter – die wichtigste Person in seinem Leben – war vor zwei Jahren an einer Krankheit gestorben. Seitdem lebte er bei seiner Großmutter, die sich liebevoll um ihn kümmerte, aber selbst kaum über die Runden kam. Daniel war klug, aber die ständige Unsicherheit, das Gefühl, nirgendwo hinzugehören, hatten ihn zurückgeworfen. »Warum sollte ich es schaffen?«, fragte er mich in einem unserer ersten Gespräche.

In seinem Zweifel zeigte sich das Potenzial von Engagement. Ich hörte ihm zu, suchte mit ihm Ausbildungswege und trainierte Bewerbungsgespräche. Wochen später hielt er seinen ersten Ausbildungsvertrag in den Händen – und sein leuchtendes Lächeln war der Beweis: Ehrenamt wirkt. Es war nicht nur ein Sieg für ihn, sondern auch eine Erinnerung für mich: Jeder Mensch verdient eine Chance, und manchmal ist es nur ein kleiner Funke, den wir entzünden müssen, damit ein Feuer des Glaubens und der Hoffnung entfacht wird.

Ehrenamtliches Engagement hat eine transformative Kraft – für die Menschen, die Unterstützung erhalten, aber auch für diejenigen, die sie geben. Warum Ehrenamt auch dich stärkt:

Dankbarkeit fördern: Du wirst erkennen, wie privilegiert dein eigenes Leben ist, wenn du die Herausforderungen anderer hautnah erlebst.

Reflexion ermöglichen: Du gewinnst neue Perspektiven auf das, was wirklich zählt, und stärkst deine Werte.

Gemeinschaft aufbauen: Indem du Zeit schenkst, trägst du aktiv dazu bei, ein starkes soziales Netz zu schaffen.

Doch das Engagement geht über den Einzelnen hinaus. Freiwilligenarbeit trägt zur sozialen Nachhaltigkeit bei, indem sie Gemeinschaften stärkt und Solidarität fördert. Projekte wie Bildungsprogramme, Umweltschutz oder Nachbarschaftshilfe sind ein Schritt zu einer gerechteren, nachhaltigeren Welt.

1. **Finde deine Passion:** Überlege, welche Themen dich begeistern oder berühren. Ob Bildung, Umweltschutz oder Arbeit mit Senioren – deine Interessen können dich zu deiner perfekten Aufgabe führen.
2. **Recherchiere lokale Möglichkeiten:** Plattformen wie Freiwilligenagenturen oder lokale Vereine bieten eine Vielzahl an Engagementmöglichkeiten. Sprich mit Menschen, die bereits ehrenamtlich tätig sind, um mehr zu erfahren.

3. **Beginne klein:** Du musst nicht gleich ein Großprojekt übernehmen. Auch ein paar Stunden im Monat können einen Unterschied machen – für die Menschen, die du unterstützt, und für dich selbst.
4. **Bringe deine Fähigkeiten ein:** Ob Mentoring, handwerkliche Tätigkeiten oder organisatorische Aufgaben – nutze, was du bereits kannst, um anderen zu helfen.
5. **Bleibe offen:** Jede Begegnung wird dir neue Perspektiven eröffnen. Sei bereit, zu lernen, zu wachsen und dich von den Geschichten der Menschen inspirieren zu lassen, die du unterstützt.

Potenzielle Herausforderungen

1. Ich habe keine Zeit für ein Ehrenamt

Der Alltag ist oft hektisch, und das Gefühl, keine Zeit für Freiwilligenarbeit zu haben, ist weit verbreitet: Starte klein, mit wenigen Stunden im Monat. Du wirst feststellen, dass die Zeit gut investiert ist und oft sogar mehr Energie gibt, als sie kostet.

2. Ich weiß nicht, wo ich anfangen soll

Die Vielzahl an Möglichkeiten kann überwältigend wirken: Suche nach Freiwilligenplattformen oder sprich mit lokalen Organisationen. Oft reicht ein erstes Gespräch, um den Einstieg zu finden.

3. Was, wenn ich es nicht schaffe

Manchmal fürchten wir, nicht genug helfen zu können oder den Anforderungen nicht gerecht zu werden: Erinnere dich daran, dass selbst kleine Taten einen Unterschied machen. Niemand erwartet Perfektion – allein dein Engagement zählt. Bei meinem Mentoren-Engagement bei den Joblingen war ich am Anfang auch skeptisch, ob ich einen Mehrwert schaffen kann und ob ich es schaffe, Vertrauen aufzubauen. Ab dem Zeitpunkt, wenn das Gegenüber merkt, dass du dir deine private Zeit nimmst, war die erste Hürde gebrochen. Weiterhin kann man sich bei Fragestellungen auch im Netzwerk sehr gut austauschen. Nach einiger Zeit entwickelt man eine Routine und die Selbstzweifel werden leiser.

Die Geschichte von Daniel zeigt, was möglich ist, wenn wir Zeit und Energie in das Leben anderer investieren. Ehrenamtliches Engagement ist nicht nur ein Akt des Gebens, sondern auch eine Bereicherung für uns selbst. Es erinnert uns an das, was wirklich zählt: Gemeinschaft, Mitgefühl und der Glaube daran, dass jede Hilfe zählt. Ehrenamt ist gelebte soziale Nachhaltigkeit – für Mitmenschlichkeit und für dich selbst. Denn manchmal braucht nicht nur Daniel eine zweite Chance – manchmal brauchen wir sie. Durch Engagement finden wir Sinn, Nähe und Gemeinschaft.

18: Investments mit Wirkung

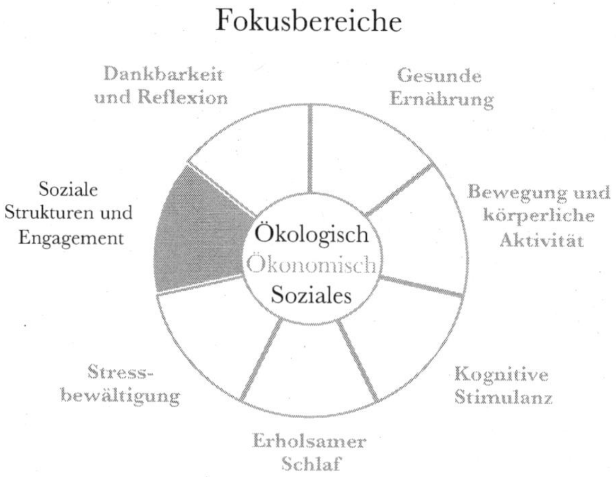

Quelle: Eigene Darstellung

Investieren mit Wirkung: Dein Geld als Hebel für Gesundheit und Nachhaltigkeit

Investitionen sind mehr als nur eine finanzielle Entscheidung – sie sind ein Statement und zeigen dein Engagement für deine Herzensthemen. Jeder Euro, den wir anlegen, hat das Potenzial, entweder positive Veränderungen zu fördern oder bestehende Probleme zu verschärfen. Warum also nicht bewusst in Projekte, Unternehmen oder Fonds investieren, die nicht nur finanziell, sondern auch gesellschaftlich und ökologisch etwas bewirken?

Wenn du in Bereiche zur Förderung der ESG-Transformation investierst, kannst du deine finanziellen Ziele mit deinem Wunsch nach einer besseren Welt verbinden und Engagement in der heutigen Welt ausdrücken.

ESG steht für die Bereiche Umwelt (Environment), Soziales (Social) und gute Unternehmensführung (Governance). Wer nach diesen Kriterien investiert, unterstützt:

- Klimaschutz und erneuerbare Energien
- Bildung und Gesundheit
- Faire Arbeitsbedingungen und Diversität
- Unternehmen, die Verantwortung übernehmen – statt nur Gewinn zu maximieren

Vor wenigen Jahren war ESG-Investment in aller Munde. Nachhaltige Fonds schossen aus dem Boden, Investmentplattformen rühmten sich mit grünen Labels, und es schien, als könnte man Rendite und Gewissen endlich unter einen Hut bringen. Die Vorstellung war verlockend: Geld anlegen und gleichzeitig ESG positiv beeinflussen. Doch was als Revolution begann, geriet ins Stocken. Die Euphorie wich der Ernüchterung. Rückläufige Kapitalflüsse, enttäuschende Renditen und die Erkenntnis, dass viele Fonds zwar grün etikettiert, aber wenig nachhaltig strukturiert waren, dämpften die anfängliche Begeisterung. In einigen Fällen waren ESG-Produkte teurer, weniger transparent und lieferten nicht die versprochene Wirkung – weder ökologisch noch ökonomisch.

Das heißt jedoch nicht, dass ESG-Investments grundsätzlich gescheitert sind. Vielmehr zeigt sich: Sie funktionieren dann, wenn sie mit Substanz gefüllt sind – mit klaren Kriterien, wirkungsorientierten Ansätzen und der Bereitschaft, nicht nur Risiken auszuschließen, sondern echten Wandel zu finanzieren.

Wer nachhaltig investieren möchte, sollte sich nicht vom Etikett blenden lassen, sondern sich mit dem Inhalt beschäftigen. Nicht jeder ESG-Fonds ist sinnvoll – aber gezielte Investments in wirkungsorientierte Projekte, klimafreundliche Technologien oder transparente Unternehmen können langfristig Wirkung entfalten. Nicht als Mode, sondern als Haltung. Und das Beste: Nachhaltige Fonds müssen nicht weniger profitabel sein.

Nachhaltigkeit in der Finanzwelt braucht klare Spielregeln – sonst bleibt sie ein leeres Versprechen. Genau deshalb hat die EU im Rahmen des »Green Deal« die SFDR-Verordnung (Sustainable Finance Disclosure Regulation) eingeführt. Sie verpflichtet Finanzakteure seit 2021 dazu, offenzulegen, wie nachhaltig ihre Produkte wirklich sind – nicht nur im Marketing, sondern in der Substanz. Das Herzstück der SFDR ist die Kategorisierung von Fonds in drei Klassen:

- Artikel 6: Fonds ohne besondere Nachhaltigkeitsziele – hier steht die Rendite im Vordergrund, ESG-Risiken werden nur verwaltet.
- Artikel 8: »Hellgrüne« Fonds – sie berücksichtigen Umwelt- oder Sozialkriterien im Investmentprozess, verfolgen aber kein konkretes Nachhaltigkeitsziel.
- Artikel 9: »Dunkelgrüne« Fonds – sie zielen explizit darauf ab, eine nachhaltige Wirkung zu erzielen, z. B. durch Investitionen in erneuerbare Energien, soziale Infrastrukturen oder nachhaltige Technologien.

Doch genau hier endet oft die Übersicht. Denn während die SFDR Transparenz schaffen soll, zeigt sich in der Praxis: Nicht jedes »grüne« Produkt hält, was es verspricht. Artikel-8-Fonds klingen nachhaltig – können aber in Ölkonzerne oder Rüstung investieren, wenn bestimmte ESG-Kriterien formal erfüllt sind. Artikel 9 ist ambitionierter – aber auch dort fehlt bislang eine einheitliche Messung der tatsächlichen Wirkung.

Deshalb wird aktuell ein weiterer Schritt diskutiert: die Einführung einer Impact-Kategorie. Eine solche Klassifizierung würde Fonds kennzeichnen, die nicht nur nachhaltig sind, sondern aktiv zur ESG-Transformation beitragen. Statt Risiken zu vermeiden, wird hier gezielt in Unternehmen investiert, die Wandel ermöglichen: Energieeffizienzlösungen, Bildungstechnologien, nachhaltige Mobilität, Kreislaufwirtschaft, Gesundheitssysteme für benachteiligte Regionen – also genau jene Bereiche, in denen dein Geld echte Hebelwirkung entfalten kann.

So startest du dein nachhaltiges Investment:

1. **Informiere dich über ESG-Investments:** Es gibt zahlreiche Fonds und ETFs, die speziell auf nachhaltige und soziale Kriterien ausgerichtet sind. Plattformen wie »Morningstar« oder »Fair Finance Guide« bieten detaillierte Informationen über ESG-konforme Produkte. Achte dabei auf die SFDR-Klassifizierungen.
2. **Setze Prioritäten:** Überlege, welche Bereiche dir besonders wichtig sind – etwa Gesundheit, Umweltschutz oder Bildung. Dies hilft dir, passende Investments zu finden.
3. **Diversifiziere dein Portfolio:** Streue deine Investments über verschiedene Sektoren und Regionen, um Risiken zu minimieren. Zum Beispiel könntest du in Gesundheitsfonds, grüne Energie und Bildungsprojekte investieren.
4. **Überprüfe regelmäßig deine Investments:** Achte darauf, dass deine Investitionen weiterhin mit deinen Werten und finanziellen Zielen übereinstimmen. Viele Plattformen bieten mittlerweile Transparenzberichte über die tatsächlichen Auswirkungen von Fonds und Unternehmen.

Potenzielle Herausforderungen:

1. Ich habe wenig Wissen über Investments

Investitionen können komplex wirken, besonders wenn man noch keine Erfahrung hat. Beginne mit kleinen Beträgen und nutze Anfängerkurse oder Tutorials. Viele Banken und Plattformen bieten Einführungen in ESG-Investments.

2. Nachhaltige Fonds klingen weniger profitabel

Es besteht die Sorge, dass ESG-konforme Fonds geringere Renditen bieten. Studien zeigen, dass nachhaltige Investments oft genauso rentabel sind wie traditionelle Fonds – und langfristig sogar stabiler, da sie Risiken wie regulatorische Strafen oder Reputationsprobleme vermeiden. Vor allem in Europa ist das in den nächsten Jahrzehnten eine große Chance. Dabei gilt es zu berücksichtigen, dass man nicht nur in aktuell grüne Unternehmen investiert, sondern auch Unternehmen auswählen kann, die sich in den nächsten Jahren transformieren möchten.

3. *Wie erkenne ich wirklich nachhaltige Unternehmen*
Greenwashing – also der Versuch, ein Unternehmen umweltfreundlicher darzustellen, als es ist – ist ein bekanntes Problem. Nutze unabhängige Rating-Agenturen, um verlässliche Informationen zu erhalten. Weiterhin wird die nichtfinanzielle Berichterstattung mit unterschiedlichen Regularien vereinheitlicht und unterliegt neuerdings in weiten Teilen auch der Prüfung durch Wirtschaftsprüfer.

4. *Ich habe nicht genug Geld, um zu investieren*
Viele glauben, dass Investments nur mit großen Beträgen möglich sind. Mit kleinen Summen beginnen – viele Banken erlauben Investitionen mit kleineren Beträgen pro Monat, bspw. als sogenannte Sparpläne. Auch Crowdfunding-Projekte oder Mikrofinanzierungsplattformen sind gute Alternativen.

Investitionen sind eine kraftvolle Möglichkeit, Engagement für deine Herzensthemen zu zeigen. Indem du bewusst in Projekte und Unternehmen investierst, die ESG-Kriterien erfüllen, kannst du nicht nur finanzielle Renditen erzielen, sondern auch dazu beitragen, eine bessere Welt zu schaffen. Ob es um die Förderung von Innovationen im Gesundheitswesen, die Unterstützung nachhaltiger Landwirtschaft oder den Ausbau sozialer Projekte geht – deine Entscheidungen als Anleger haben Gewicht. Sie können nicht nur die Zukunft von Unternehmen und Gemeinschaften beeinflussen, sondern auch deine eigene Perspektive erweitern. Denn jedes Investment ist mehr als nur eine finanzielle Transaktion – es ist ein Beitrag zu einer nachhaltigeren und gesünderen Welt.

19: Iss dich jung – pflanzenbasiert und kraftvoll

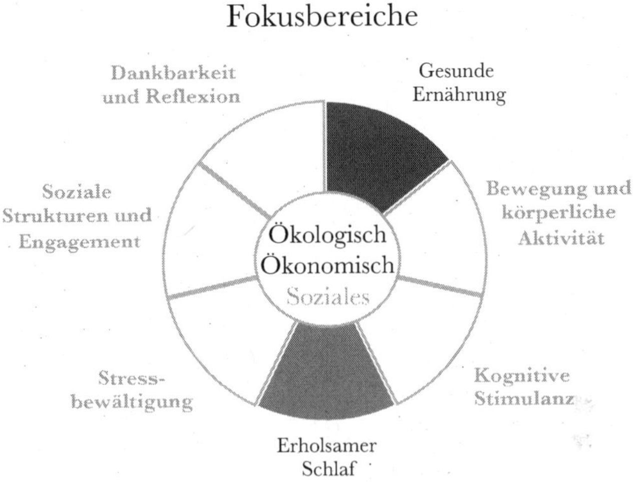

Quelle: Eigene Darstellung

Die Kraft des Ursprungs entdecken: Warum Pflanzen uns bei der optimalen Ernährung unterstützen

In einer Zeit, in der die Auswirkungen des Klimawandels und die Zunahme ernährungsbedingter Krankheiten weltweit spürbar sind, gewinnt die pflanzliche Ernährung zunehmend an Bedeutung.[127] Pflanzliche Ernährung kann nicht nur das Klima schützen – sie schenkt dir auch Energie, Klarheit und Langlebigkeit. Der Verzicht auf tierische Produkte reduziert den CO_2-Ausstoß erheblich, da die Fleischproduktion mit ca. 15 Prozent, wobei etwa 10 Prozent auf die Rinderhaltung entfallen, eine der größten Quellen für Treibhausgasemissionen ist.[128] Darüber hinaus kann der Verzicht auf Fleisch und tierisches Fett das Risiko für Herz-Kreislauf-Erkrankungen, Diabetes und bestimmte Krebsarten verringern. Die pflanzliche Ernährung bietet eine ursprünglichere, natürliche Art der Nährstoffaufnahme, wie sie im Kreislauf der Natur angelegt ist: Denn selbst das Fleisch, das ein Löwe verzehrt, basiert letztlich auf pflanzlicher Nahrung, die in der Nahrungskette weitergegeben wird. Algen, die Urquellen von Proteinen, Omega-3-Fettsäuren und anderen Nährstoffen, stellen eine reine und unverarbeitete Form der Ernährung dar, die direkt vom Organismus aufgenommen wird. Gorillas, Elefanten, Nashörner – einige der stärksten Tiere unseres Planeten leben rein pflanzlich. Ein stilles Argument gegen das Dogma vom »tierischen Muskelmacher«. Die Natur bietet verschiedene Wege zur Stärke, die sich ganz an die jeweiligen Bedürfnisse und Lebensumstände der Tiere anpassen.

Die vegetarische und vegane Ernährung basiert auf dem Verzehr von Obst, Gemüse, Hülsenfrüchten, Nüssen, Samen und Vollkornprodukten. Diese Lebensmittel enthalten alle grundlegenden Nährstoffe, die der Körper benötigt, und liefern zudem eine Vielzahl von Vitaminen, Mineralstoffen und Ballaststoffen. Während eine typische, fleischbasierte Ernährung häufig auch tierische Fette und Cholesterin enthält, die nachweislich mit einem erhöhten Risiko für Herz-Kreislauf-Erkrankungen und Entzündungen im Körper in Verbindung stehen, ist eine pflanzliche Ernährung reich an gesunden Fetten wie Omega-3 und ungesättigten Fettsäuren.[129]

Pflanzliche Proteine bieten zahlreiche gesundheitliche Vorteile im Vergleich zu tierischen Proteinen, insbesondere in Bezug auf die Prävention schwerwiegender Krankheiten. Der hohe Gehalt an gesättigten Fettsäuren und Cholesterin in tierischen Produkten kann zu einem erhöhten Risiko für Herz-Kreislauf-Erkrankungen wie Arteriosklerose und Herzinfarkt führen. Pflanzliche Proteine hingegen tragen zur Senkung des LDL-Cholesterinspiegels bei und unterstützen die Herzgesundheit, da sie frei von Cholesterin sind und reich an Ballaststoffen, Antioxidantien und entzündungshemmenden Pflanzenstoffen. Darüber hinaus wird das Risiko für Krebs durch den Verzehr pflanzlicher Proteinquellen reduziert, da sie weniger entzündungsfördernde Stoffe enthalten und gleichzeitig Schutzmechanismen im Körper stärken. Der regelmäßige Konsum von rotem und verarbeitetem Fleisch steht seit Jahren im Verdacht, das Risiko für bestimmte Krebsarten zu erhöhen. Die Internationale Agentur für Krebsforschung (IARC), eine Einrichtung der WHO, hat 2015 verarbeitetes Fleisch (wie Wurst, Schinken, Speck) als »krebserregend für den Menschen« eingestuft – in derselben Kategorie wie Tabak oder Asbest. Rotes Fleisch (Rind, Schwein, Lamm) wurde als »wahrscheinlich krebserregend« bewertet. Die stärkste Evidenz besteht für Darmkrebs: Laut einer Meta-Analyse steigt das Risiko um etwa 18 Prozent pro 50 Gramm verarbeitetem Fleisch pro Tag. Auch bei Magen-, Bauchspeicheldrüsen- und Prostatakrebs wurden mögliche Zusammenhänge festgestellt – teils abhängig von Zubereitung und genetischer Disposition.[130]

Die Vorteile pflanzlicher Nahrung zeigen sich auch in der Verringerung der Gesamtsterblichkeit und in einer Verbesserung der Lebensqualität, was sie zu einer entscheidenden Komponente für eine nachhaltige und gesunde Ernährung macht. Der direkte Verzehr pflanzlicher Nahrung ist nicht nur effizienter, sondern auch eine natürliche und ganzheitliche Methode, die Gesundheit langfristig zu fördern.[131]

So gelingt dir der Einstieg in eine pflanzenbasierte Ernährung – praxisnah und alltagstauglich:

Auswahl treffen: Wähle vielseitige pflanzliche Eiweißquellen wie Hülsenfrüchte, Nüsse, Samen und Vollkornprodukte. Diese enthalten alle essenziellen Aminosäuren und sind eine hochwertige Alternative zu tierischen Proteinen.

Frische und Vielfalt: Setze auf eine bunte Vielfalt an Gemüse und Obst, um eine breite Palette an Vitaminen und Mineralstoffen zu erhalten. Grünes Blattgemüse, Algen und Nüsse liefern beispielsweise Kalzium, Eisen und Magnesium, die wichtige Nährstoffe in einer pflanzlichen Ernährung sind. Vermeide Gemüse und Obst mit hohem Stärkeanteil oder glykämischem Index.

Gesunde Fette: Achte darauf, gesunde Fettquellen wie Leinsamen, Walnüsse und Chiasamen zu konsumieren, die reich an Omega-3-Fettsäuren sind. Diese Fettsäuren unterstützen das Herz-Kreislauf-System und wirken entzündungshemmend.

Einkaufspraktiken: Durch die Auswahl regionaler und saisonaler Produkte kann die pflanzliche Ernährung zusätzlich die Umwelt schützen und die lokale Landwirtschaft unterstützen. Eine pflanzliche Ernährung spart nicht nur Emissionen ein, sondern kann auch zu einer nachhaltigen Lebensweise beitragen.

Vorkochen und Portionieren: Bereite deine Mahlzeiten an einem festen Tag pro Woche vor. Große Mengen an Getreide, Gemüse und Proteinen lassen sich gut vorkochen und portionieren. Fülle die Gerichte in luftdichte, am besten aus Glas bestehende Behälter, die im Kühlschrank oder Gefrierfach gelagert werden können.

Snack- und Frühstücks-Optionen: Auch Snacks und Frühstück lassen sich pflanzlich und nährstoffreich vorbereiten, z. B. durch Overnight Oats mit Chiasamen oder Energy Balls mit Nüssen und Trockenfrüchten.

Potenzielle Herausforderungen

1. Mein Nährstoffbedarf lässt sich ohne Fleisch nicht decken
Bestimmte Nährstoffe wie Vitamin B12, Eisen und Kalzium sind in einer rein pflanzlichen Ernährung nicht immer ausreichend enthalten. Ein regelmäßiger Bluttest und die Einnahme von Supplementen können helfen, Mangelerscheinungen zu vermeiden. Ich ernähre mich z. B. größtenteils vegetarisch, und liege bei den kritischen Werten über dem Normbereich.

2. Vegane und vegetarische Ernährung ist nicht alltagstauglich
Der Verzicht auf tierische Produkte kann insbesondere in sozialen Situationen eine Herausforderung darstellen, da viele traditionelle Gerichte Fleisch oder tierische Zutaten enthalten. Hier hilft eine gute Vorbereitung – z. B. indem man Alternativen mitbringt oder Restaurants auswählt, die pflanzliche Optionen bieten. Weiterhin ist es ratsam, sich nicht zu stark einzuschränken und aus Praktikabilitätsgründen in nicht alltäglichen Situationen wie bspw. im Urlaub oder auf Reisen hin und wieder auf tierische Proteinquellen zurückzugreifen. Weiterhin empfiehlt es sich, seine Lieblingssnacks – bei mir sind es Macadamianüsse – immer dabei zu haben.

3. Gewohnheiten und Verlangen nach tierischen Produkten

Es kann etwas Zeit dauern, bis sich der Körper und die Geschmackspräferenzen an eine pflanzliche Ernährung gewöhnt haben. Versuche, pflanzliche Ersatzprodukte auszuprobieren und neue Geschmacksrichtungen zu entdecken. Die kulinarische Vielfalt der pflanzlichen Küche bietet unzählige kreative Alternativen.

Pflanzlich essen, heißt nicht verzichten – sondern bewusst leben. Für deinen Körper. Für deine Zukunft. Für diesen Planeten. Durch den Verzicht oder deinen teilweisen Verzicht auf tierische Produkte reduziert sich der CO_2-Ausstoß, und die pflanzliche Ernährung hilft dabei, Nährstoffe in ihrer ursprünglichsten Form aufzunehmen. Die pflanzliche Ernährung steht nicht nur für eine nachhaltigere, sondern auch für eine ursprünglichere Form der Ernährung, die dem natürlichen Nährstoffkreislauf entspricht. Mit der richtigen Planung und einem Bewusstsein für die Vorteile kann die pflanzliche Ernährung eine kraftvolle und gesunde Lebensweise sein, die Körper, Geist und Umwelt zugutekommt.

20: Basisch essen für deine Balance

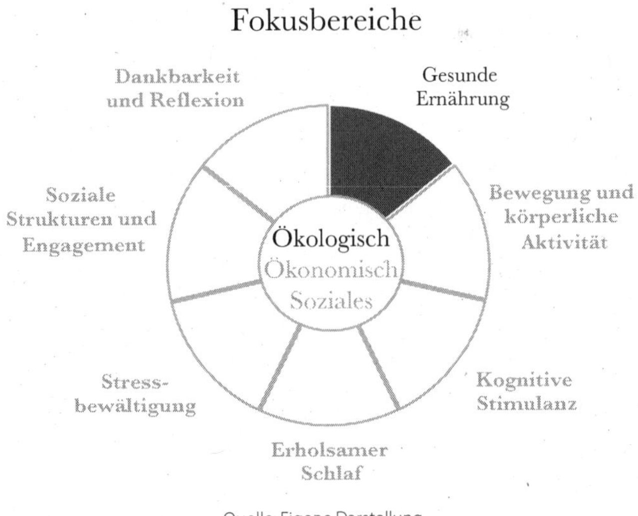

Quelle: Eigene Darstellung

Innere Gesundheit, die nach außen strahlt

Stell dir vor, dein Essen wäre mehr als bloße Energiequelle. Was, wenn jede Mahlzeit dazu beitragen könnte, deinen Körper ins Gleichgewicht zu bringen, Entzündungen zu mindern und dir Leichtigkeit und Vitalität zu schenken? Die basische Ernährung verspricht genau das: Sie soll den Säure-Basen-Haushalt des Körpers unterstützen, das Wohlbefinden steigern und langfristig Krankheiten vorbeugen. Also, was, wenn jede Mahlzeit dazu beitragen könnte, deinen Körper ins Gleichgewicht zu bringen?

Obwohl der Körper bei gesunden Menschen den pH-Wert des Blutes von Natur aus reguliert, gibt es Hinweise darauf, dass eine Ernährung mit einem Fokus auf basenbildende Lebensmittel positive Effekte auf die Gesundheit haben kann. Insbesondere durch den hohen Anteil an Obst, Gemüse und Vollkornprodukten fördert sie eine ausgewogene Ernährung, die reich an Vitaminen, Mineralstoffen und Ballaststoffen ist.

Stell dir vor, dein Essen wäre mehr als bloße Energiequelle. Was, wenn jede Mahlzeit dazu beitragen könnte, deinen Körper ins Gleichgewicht zu bringen, Entzündungen zu mindern und dir Leichtigkeit und Vitalität zu schenken? Die basische Ernährung verspricht genau das. Sie basiert auf der Vorstellung, dass bestimmte Lebensmittel im Körper entweder »säurebildend« oder »basenbildend« wirken – unabhängig vom tatsächlichen pH-Wert des Lebensmittels. Ziel ist es, durch eine vorwiegend basenbildende Kost (wie Obst, Gemüse, Kräuter, Keimlinge, Nüsse) das innere Säure-Basen-Gleichgewicht zu stabilisieren. Dieses Gleichgewicht ist entscheidend für zahlreiche Körperfunktionen – etwa den Zellstoffwechsel, die Hormonregulation und den Erhalt gesunder Knochen und Muskeln.

Ein Zuviel an säurebildenden Lebensmitteln wie Fleisch, Zucker, Weißmehl oder stark verarbeiteten Produkten kann – laut Anhängern der basischen Ernährung – auf Dauer zu einem sogenannten latenten »Übersäuerungszustand« führen. Der Körper muss dann kompensieren, z. B. über die Nieren, die Haut oder die Knochen – was langfristig das Wohlbefinden und sogar die Gesundheit beeinträchtigen kann.

Lebensmittel werden nach ihrem Einfluss auf den Säure-Basen-Haushalt im Körper eingeteilt – nicht nach ihrem Geschmack. Eine Übersäuerung des Körpers, so die Befürworter, könne langfristig gesundheitliche Probleme wie Osteoporose, Müdigkeit oder Entzündungen fördern.

Basenbildende Lebensmittel:

- Obst: Äpfel, Birnen, Bananen, Zitrusfrüchte
- Gemüse: Spinat, Brokkoli, Zucchini, Gurken
- Hülsenfrüchte: Linsen, Kichererbsen
- Nüsse und Samen: Mandeln, Leinsamen
- Kräuter und Gewürze: Petersilie, Ingwer

Säurebildende Lebensmittel:

- Fleisch und Wurstwaren
- Milchprodukte wie Käse und Joghurt
- Weißmehlprodukte wie Brot und Kuchen
- Zucker und Süßigkeiten
- Kaffee und Alkohol

Vorteile einer basischen Ernährung

1. **Förderung von Obst und Gemüse:**
   Die basische Ernährung legt großen Wert auf pflanzliche Lebensmittel, die reich an Antioxidantien, Vitaminen und Mineralstoffen sind. Dies kann helfen, Entzündungen zu reduzieren und das Immunsystem zu stärken.
2. **Unterstützung der Knochengesundheit:**
   Einige Studien legen nahe, dass eine Ernährung mit viel Gemüse und Obst den Kalziumverlust aus den Knochen verringern könnte, was langfristig die Knochengesundheit fördert.
3. **Verbesserung der Verdauung:**
   Der hohe Ballaststoffgehalt basenbildender Lebensmittel unterstützt eine gesunde Darmflora und fördert eine regelmäßige Verdauung.
4. **Natürliche Gewichtsregulation:**
   Durch den Verzicht auf Zucker, Weißmehlprodukte und stark verarbeitete Lebensmittel hilft die basische Ernährung, ein gesundes Gewicht zu halten.

So integrierst du die basische Ernährung in deinen Alltag

1. **Erhöhe den Anteil basenbildender Lebensmittel:**
   Achte darauf, dass etwa 70–80 Prozent deiner Ernährung aus Obst, Gemüse, Nüssen und Samen besteht. Reduziere säurebildende Lebensmittel wie Zucker, Fleisch und Milchprodukte.
2. **Starte den Tag basisch:**
   Ein Frühstück mit frischem Obst und Nüssen ist ein guter Einstieg in den Tag.
3. **Plane basische Hauptmahlzeiten:**
   Ersetze Fleisch durch vegetarische Proteinquellen wie Eier, Linsen oder Kichererbsen. Kombiniere Gemüse mit Quinoa oder Süßkartoffeln, um sättigende und basische Gerichte zu kreieren.
4. **Basische Getränke:**
   Trinke Wasser mit einem Spritzer Zitrone oder Kräutertees, um säurebildende Lebensmittel ins Gleichgewicht zu bringen. Vermeide zu viel Kaffee und Alkohol, da sie als stark säurebildend gelten.
5. **Schaffe Balance, nicht Perfektion:**
   Eine komplett basische Ernährung ist weder notwendig noch realistisch. Ziel ist es, den Anteil an basenbildenden Lebensmitteln zu erhöhen und insgesamt bewusster zu essen.

Potenzielle Herausforderungen

1. Ich kann nicht auf Fleisch oder Milchprodukte verzichten

Du musst nicht komplett auf säurebildende Lebensmittel verzichten. Reduziere einfach die Menge und kombiniere sie mit basenbildenden Lebensmitteln. Ein kleiner Anteil Fleisch, ergänzt durch eine große Portion Gemüse, schafft Balance.

2. Ich habe wenig Zeit, um frisch zu kochen

Bereite Gemüsegerichte in größeren Mengen vor und bewahre sie im Kühlschrank auf. Schnell zubereitete Snacks wie Obst, Nüsse oder Smoothies sind ebenfalls basisch. Hierzu zählen auch Salate, die man für mehrere Tage vorbereiten kann – in sehr kurzer Zeit.

3. Ich bin unsicher, welche Lebensmittel basisch sind

Nutze eine einfache Tabelle oder App, die basenbildende und säurebildende Lebensmittel auflistet, um dich zu orientieren.

Die basische Ernährung bietet eine einfache Möglichkeit, den Fokus auf gesunde, pflanzliche Lebensmittel zu legen und den Konsum von verarbeiteten und säurebildenden Produkten sowie Fleisch zu reduzieren. Während der Körper den pH-Wert des Blutes bei gesunden Menschen selbst reguliert, kann diese Ernährungsweise durch ihren hohen Anteil an Vitaminen, Mineralstoffen und Ballaststoffen das allgemeine Wohlbefinden fördern und auch noch die Umwelt entlasten. Basische Ernährung ist keine Diät – sie ist ein Lebensstil. Einer, der Genuss und Gesundheit verbindet, ohne Zwang, aber mit Wirkung.

21: Fleisch – Qualität statt Quantität

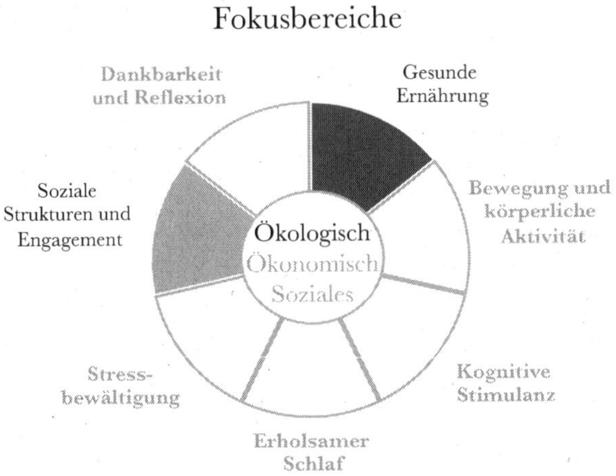

Quelle: Eigene Darstellung

Selektiverer Einsatz von qualitativ hochwertigem Fleisch als nachhaltigere und gesunde Alternative

Fleisch ist mehr als eine kulinarische Tradition – es ist ein biologisches Kraftpaket. Doch wie bei allem kommt es auf die Qualität an: Was essen wir, wie oft und woher kommt es? Doch die Frage ist: Welches Fleisch konsumieren wir, und in welchem Maß? Während Massentierhaltung erhebliche gesundheitliche, ethische und ökologische Probleme mit sich bringt, kann bewusst ausgewähltes Fleisch – insbesondere Wildfleisch, aber auch Bio-Fleisch – eine gesunde und nachhaltige Ernährung unterstützen. Doch jenseits der Extreme liegt ein Weg, der beides verbindet: bewusster Konsum. Nicht der völlige Verzicht, sondern die Frage: Welches Fleisch? Und wie viel davon? Wildfleisch steht für Natürlichkeit, Nährstoffdichte und Nachhaltigkeit. Es stammt von Tieren, die sich frei bewegen, natürlich ernähren und unter natürlichen Bedingungen leben – fernab von Mastanlagen, Antibiotika und Kraftfutter.

Fleisch enthält eine Vielzahl von Nährstoffen, die in einer ausgewogenen Ernährung eine wichtige Rolle spielen: Fleisch liefert vollständiges Protein mit allen neun essenziellen Aminosäuren – ideal für den Muskelaufbau, die Gewebereparatur und die Bildung von Hormonen und Enzymen. Zahlreiche Fachpublikationen bestätigen, dass tierisches Protein effizienter verwertet wird als pflanzliche Alternativen (Protein Digestibility Score, DIAAS).[132] Daneben enthält Fleisch besonders viel Hämeisen, eine Form von Eisen, die der Körper deutlich besser aufnimmt als pflanzliches Nicht-Hämeisen. Fleischkonsum senkt nachweislich das Risiko für Eisenmangel und Anämie. Wildfleisch wie Reh oder Wildschwein bietet sogar noch höhere Eisenwerte bei zugleich geringem Fettanteil. Vitamin B12 gehört zu den zentralen Nährstoffen im Fleisch, insbesondere in Leber und Innereien. Es unterstützt die Bildung roter Blutkörperchen, das Nervensystem und die DNA-Reparatur. Bereits 100 g Fleisch können einen erheblichen Anteil des Tagesbedarfs decken. Zink ist essenziell für die Immunfunktion, Zellteilung und Wundheilung. Fleisch enthält bioverfügbares Zink in hoher Konzentration, deutlich besser nutzbar als pflanzliches Zink. Auch Selen, ein antioxidativ wirksames Spurenelement und Schilddrüsenunterstützer, ist im Fleisch reichlich enthalten – besonders, wenn die Tiere auf natürlichen Böden aufwuchsen. Nicht zuletzt liefert vor allem Wildfleisch Omega-3-Fettsäuren in vorteilhafter Zusammensetzung: Ein günstiges Verhältnis von Omega-3 zu Omega-6 reduziert Entzündungen und fördert Herz- und Gehirnfunktion.

Neben den gesundheitlichen Vorteilen hat Wildfleisch klare ökologische und ethische Vorteile:

- **Natürlich ernährt:** Wildtiere ernähren sich von Kräutern, Beeren und anderen natürlichen Nahrungsmitteln, was sich positiv auf die Nährstoffzusammensetzung ihres Fleisches auswirkt.
- **Fettarm:** Im Vergleich zu Fleisch aus Massentierhaltung enthält Wildfleisch deutlich weniger Fett, insbesondere weniger gesättigte Fettsäuren. Das macht es zu einer ausgezeichneten Wahl für eine herzgesunde Ernährung.
- **Bessere Umweltbilanz:** Wildtiere haben keinen zusätzlichen Wasserverbrauch, keinen Futterbedarf aus Monokulturen und produzieren deutlich weniger Treibhausgase als Rinder oder Schweine.

Fleisch bewusster auswählen und genießen

1. **Setze auf Qualität statt Quantität:**
   Reduziere deinen Fleischkonsum und wähle stattdessen hochwertiges Fleisch, insbesondere Wildfleisch, oder Produkte von Betrieben mit artgerechter Tierhaltung.
2. **Bereite Wildfleisch richtig zu:**
   Wildfleisch ist fettärmer und erfordert daher schonendere Zubereitungsmethoden. Schmorgerichte, langsames Garen oder Marinaden helfen, das Fleisch zart und aromatisch zu machen.
3. **Beachte den eigenen Bedarf:**
   Der durchschnittliche Fleischbedarf eines Erwachsenen beträgt etwa 300–600 Gramm pro Woche. Halte dich an diese Empfehlung, um gesundheitliche und ökologische Vorteile zu maximieren.
4. **Lerne, regional zu kaufen:**
   Unterstütze lokale Jäger, Metzger und Bauernmärkte, um die Verfügbarkeit von Wildfleisch oder nachhaltig produziertem Fleisch zu fördern.

Potenzielle Herausforderungen

1. Wild- und Bio-Fleisch sind zu teuer

Hochwertiges Fleisch kostet mehr, vor allem Wildfleisch. Konsumiere weniger Fleisch und setze auf Qualität statt Quantität. Betrachte Fleisch als besonderen Genuss und nicht als tägliches Nahrungsmittel. Wildfleisch ist nicht nur ein Genuss – es bietet auch einen echten Nährstoffvorteil. Im Vergleich zu konventionell erzeugtem Fleisch enthält es mehr hochwertiges Eiweiß, weniger gesättigte Fette und deutlich höhere Mengen an Eisen, Zink und B-Vitaminen. Daher musst du auch weniger hiervon essen. Auch Spurenelemente wie Selen oder Magnesium sind in Wild besonders konzentriert vorhanden. Diese Tiere leben in freier Wildbahn, ernähren sich natürlich und bewegen sich viel – was sich unmittelbar in der Fleischqualität widerspiegelt.

2. Wie finde ich nachhaltiges Fleisch

Nicht jeder hat Zugang zu Wildfleisch oder nachhaltigen Produkten. Suche nach Bio-Bauernhöfen oder Online-Anbietern, die ethisch und nachhaltig produziertes Fleisch anbieten. Dabei ist die App »Waldfleisch« in deiner Region sehr hilfreich.

Wer bewusst weniger, aber hochwertigeres Fleisch konsumiert, gewinnt am Ende gleich mehrfach: mehr Nährstoffe, mehr Geschmack – und weniger Belastung durch Antibiotika oder Zusatzstoffe. Fleisch aus artgerechter Haltung, insbesondere Wildfleisch, liefert konzentrierte Mengen an Protein, Eisen, Vitamin B12, Zink und Selen – Nährstoffe, die essenziell für Energie, Blutbildung und Immunfunktion sind. Statt Fleisch als tägliches Massenprodukt zu sehen, lohnt es sich, es als das zu behandeln, was es sein kann: ein wertvoller Bestandteil einer ausgewogenen Ernährung – maßvoll konsumiert und mit Blick auf Herkunft und Qualität. Wildfleisch erfüllt dabei gleich mehrere Kriterien: Es ist nährstoffreich, fettarm, frei von industriellen Futtermitteln – und steht für eine nachhaltigere Nutzung natürlicher Ressourcen. Die Entscheidung für weniger, aber besseres Fleisch ist deshalb nicht nur ein gesundheitlicher Gewinn, sondern auch ein Statement für Verantwortung – gegenüber dem eigenen Körper, dem Tierwohl und dem Planeten. Wildfleisch ist kein Luxus für wenige, sondern eine bewusste Wahl für alle, die Ernährung neu denken wollen: zwischen Genuss und Maß, zwischen Gesundheit und Naturverbundenheit.

KAPITEL 5

Wandel als Chance – Ein nachhaltiger Weg zu einem längeren, glücklicheren Leben mit größeren finanziellen Freiheiten

Vielleicht hast du beim Lesen dieses Buches gemerkt: Nicht jeder Bereich passt sofort in dein Leben oder hat für dein Leben den Stellenwert. Manches wirkt vertraut, anderes herausfordernd. Einige Punkte konntest du vielleicht direkt umsetzen, bei anderen hast du gezögert, gestutzt oder innerlich abgewunken. Und weißt du was? Das ist vollkommen in Ordnung.

Denn dieses Buch ist kein Manifest für Perfektion. Es ist ein Kompass. Eine Einladung zur Reflexion. Und vor allem: ein Werkzeugkasten für ein längeres, gesünderes und bewussteres Leben – ganz nach deinem Takt.

Langlebigkeit ist kein Wettkampf. Es geht nicht darum, alle Maßnahmen zu hundert Prozent umzusetzen oder sich sklavisch an Regeln zu halten. Vielmehr geht es um Bewusstheit. Um kleine Entscheidungen im Alltag. Um Gewohnheiten, die du Schritt für Schritt transformierst. Jeder Spaziergang an der frischen Luft, jede bewusst gewählte Mahlzeit, jede achtsame Morgenroutine – all das sind Investitionen in deine Zukunft. In mehr Jahre – und in bessere Jahre.

Vielleicht entscheidest du dich, ab sofort öfter Wildfleisch statt industrieller Produkte zu wählen. Oder du gönnst dir regelmäßige digitale Auszeiten. Vielleicht experimentierst du mit Kaltwasseranwendungen, startest mit Intervallfasten oder integrierst ein paar Minuten Tageslicht nach dem Aufwachen in deinen Alltag. Vielleicht entdeckst du, dass du lieber regional reist, als in den Jet zu steigen – und dadurch nicht nur CO_2 sparst, sondern auch neue Perspektiven gewinnst.

Du musst nicht alles machen. Du musst nur eines tun: anfangen. Mit dem, was zu dir passt. In deinem Tempo. Mit Mut zur Unvollkommenheit.

Dabei steht dein Wohlbefinden an erster Stelle – mit synergetischem, positivem Effekt auf unsere Umwelt.

Die Welt verändert sich. Die Herausforderungen, vor denen wir stehen – gesundheitlich, ökologisch, sozial – sind komplex. Aber du hast mehr Einfluss, als du denkst. Mit jeder bewussten Entscheidung stärkst du nicht nur deinen Körper und deinen Geist, sondern auch dein Umfeld. Du wirst zum Vorbild. Zum Impulsgeber. Vielleicht sogar zum Hoffnungsträger in deiner Familie, deinem Freundeskreis, deinem Unternehmen.

Die Reise zur Langlebigkeit ist keine Flucht vor dem Tod. Sie ist eine Hinwendung zum Leben. Zu einem Leben, das getragen ist von Klarheit, Energie und innerer Balance. Und zu einem Leben, das nicht nur lang ist – sondern auch weit, tief und hell.

»Merke dir immer: Du bist mit nichts gekommen und wirst das Leben mit nichts verlassen. Du kannst in der ein oder anderen Hinsicht einen positiven oder negativen Abdruck hinterlassen.«

Anhang 1: Übersicht Zusatzstoffe bei Lebensmitteln[133]

Bedenkliche Zusatzstoffe, die am besten komplett gemieden werden sollten:

Zusatzstoff	Hauptverwendung	Gesundheitliche Folgen
E 102 (Tartrazin)	Gelbfärbung in Süßigkeiten, Getränken und Backwaren	Hyperaktivität, Allergien (Pseudoallergien)
E 104 (Chinogelb)	Gelbfärbung in Limonaden, Bonbons und Kosmetikprodukten	Hyperaktivität, allergische Reaktionen
E 110 (Gelborange)	Gelborangefärbung in Getränken, Snacks und Marmeladen	Allergien, Hyperaktivität, Verdacht auf krebserregende Wirkung
E 122 (Azorubin)	Rotfärbung in Desserts, Eiscreme und Getränken	Allergien, Hyperaktivität, möglicherweise krebserregend
E 129 (Allurarot)	Rote Färbung in Getränken, Süßwaren und Fleischprodukten	Hyperaktivität, allergische Reaktionen
E 150c (Ammoniak-Zuckerkulör)	Dunkle Färbung in Cola, Saucen und Fertiggerichten	Enthält 4-MEI, potenziell krebserregend
E 151 (Brillantschwarz)	Schwarze Färbung in Süßwaren, Saucen und Puddings	Verdacht auf krebserregende Wirkung, allergische Reaktionen
E 250 (Natriumnitrit)	Konservierung in Fleischwaren (z. B. Wurst, Schinken)	Bildung krebserregender Nitrosamine
E 620 (Glutaminsäure)	Geschmacksverstärker in Suppen, Chips und Fertiggerichten	Kopfschmerzen, Übelkeit, Überstimulation des Nervensystems
E 621 (Mononatrium-glutamat)	Geschmacksverstärker in asiatischen Gerichten, Snacks und Suppen	»Chinarestaurant-Syndrom«: Kopfschmerzen, Übelkeit, Schwindel
E 622 (Mono-kaliumglutamat)	Geschmacksverstärker in Fertiggerichten	Ähnliche Wirkungen wie Mononatriumglutamat
E 950 (Acesulfam K)	Süßstoff in Diätgetränken und Light-Produkten	Verdacht auf Beeinträchtigung des Stoffwechsels
E 951 (Aspartam)	Süßstoff in Light-Getränken, Desserts und Kaugummis	Mögliche neurologische Effekte, nicht für Menschen mit PKU geeignet
E 955 (Sucralose)	Süßstoff in Getränken, Backwaren und Süßigkeiten	Beeinträchtigung der Darmflora, hitzeinstabil
E 912 (Montan-säureester)	Oberflächenbehandlung von Obst und Süßwaren	Begrenzte Datenlage, allergische Reaktionen möglich
E 999 (Quillajaextrakt)	Schaumbildner in Getränken, z. B. Bier und Limonaden	In hohen Mengen abführend, Magen-Darm-Beschwerden
E 171 (Titandioxid)	Weißer Farbstoff in Backwaren, Süßigkeiten und Kosmetika	Genotoxisch, potenziell krebserregend
E 220 (Schwefeldioxid)	Konservierung von Trockenfrüchten, Wein und Säften	Kann Asthma und Atemwegsbeschwerden auslösen

In Maßen zuzuführende Zusatzstoffe, die am besten gemieden oder in geringen Mengen verzehrt werden sollten:

Zusatzstoff	Hauptverwendung	Gesundheitliche Folgen	Tagesmenge
E 120 (Echtes Karmin)	Roter Farbstoff aus Cochenille-Schildläusen für Süßigkeiten, Kosmetik	Kann allergische Reaktionen hervorrufen, insbesondere bei empfindlichen Personen	Keine spezifischen Grenzwerte festgelegt
E 150 (Einfaches Zuckerkulör)	Braune Färbung in Getränken, Saucen und Backwaren	Allgemein als sicher angesehen, in hohen Mengen Magen-Darm-Probleme möglich	Keine spezifischen Grenzwerte, moderater Einsatz empfohlen
E 210 (Benzoesäure)	Konservierung in Getränken, Marmeladen und Saucen	Kann allergische Reaktionen oder Atemwegsprobleme auslösen	5 mg/kg Körpergewicht pro Tag
E 339 (Natriumphosphate)	Säureregulator und Emulgator in Backwaren und Fertiggerichten	Übermäßiger Konsum kann Nierenfunktion beeinträchtigen	Keine Mindestbeschränkung, aber maximale Mengen für Lebensmittel geregelt
E 513 (Schwefelsäure)	Säureregulator in Essig und anderen Lebensmitteln	Kann in großen Mengen Schleimhäute reizen	Keine Mindestbeschränkung festgelegt, sehr geringe Mengen erlaubt
E 551 (Siliciumdioxid)	Trennmittel in Puderzucker, Gewürzen und Nahrungsergänzungsmitteln	Allgemein als sicher angesehen, aber Bedenken bei Nanopartikeln	Keine Mindestbeschränkung festgelegt, geringer Einsatz empfohlen
E 400 (Alginsäure)	Verdickungsmittel in Desserts, Eis und Saucen	Kann in hohen Mengen abführend wirken	Keine Mindestbeschränkung festgelegt, sicher bei üblicher Anwendung
E 406 (Agar-Agar)	Geliermittel in Puddings, Gelees und veganen Lebensmitteln	Kann Blähungen oder Durchfall verursachen	Keine Mindestbeschränkung festgelegt, unbedenklich bei moderatem Konsum
E 407 (Carrageen)	Verdickungs- und Geliermittel in Milchprodukten und Desserts	Möglicher Zusammenhang mit Magen-Darm-Entzündungen diskutiert	Keine Mindestbeschränkung festgelegt, geringere Verwendung empfohlen
E 420 (Sorbit)	Feuchthaltemittel und Zuckeraustauschstoff in Kaugummis, Süßwaren	Kann in hohen Mengen abführend wirken	25 mg/kg Körpergewicht pro Tag

Zusatzstoff	Hauptverwendung	Gesundheitliche Folgen	Tagesmenge
E 421 (Mannit)	Zuckeraustauschstoff in Süßigkeiten und pharmazeutischen Produkten	In hohen Mengen abführend, bei Fruktoseintoleranz problematisch	50 mg/kg Körpergewicht pro Tag
E 422 (Glycerin)	Feuchthaltemittel in Backwaren, Süßwaren und Zahnpasta	Allgemein als sicher angesehen, hohe Mengen können abführend wirken	Keine Mindestbeschränkung festgelegt, geringer Einsatz empfohlen
E 953 (Isomalt)	Zuckeraustauschstoff in Bonbons und Schokolade	Kann in hohen Mengen Blähungen und Durchfall verursachen	50 mg/kg Körpergewicht pro Tag
E 965 (Maltit)	Zuckeraustauschstoff in Diätprodukten und Süßwaren	In hohen Mengen abführend, Blähungen möglich	50 mg/kg Körpergewicht pro Tag
E 967 (Xylit)	Zuckeraustauschstoff in Kaugummis und Zahnpflegeprodukten	In hohen Mengen abführend, giftig für Hunde	50 mg/kg Körpergewicht pro Tag
E 425 (Konjakgummi)	Verdickungs- und Geliermittel in kalorienarmen Lebensmitteln	Kann Blähungen und Durchfall verursachen, Risiko des Erstickens bei unzureichender Hydration	Keine Mindestbeschränkung festgelegt, regulierter Einsatz empfohlen

ÜBER DEN AUTOR

Steffen Nitsche ist Marathonläufer, Unternehmensberater und Gastprofessor für Nachhaltigkeit an der Goethe-Universität Frankfurt. Schon früh suchte er nach Wegen, wie sich Leistungsfähigkeit, Gesundheit und Sinn verbinden lassen. An der University of Cambridge vertiefte er internationale Nachhaltigkeitsperspektiven und studierte die Erkenntnisse des Stanford Center on Longevity. Doch die entscheidenden Einsichten gewann er im eigenen Leben: in intensiven Berufsjahren, auf den Marathonstrecken dieser Welt und durch die bewusste Auseinandersetzung mit Resilienz, Gesundheit und nachhaltigem Handeln. Er plädiert für eine Nachhaltigkeitsdebatte, die die Vorteile für jeden Einzelnen in den Mittelpunkt stellt, statt den Blick allein auf Verzicht zu richten. Heute zeigt er, wie jeder Schritt für Schritt mehr Energie, Klarheit und Lebensfreude gewinnen kann – und dabei nicht nur länger, sondern auch nachhaltiger lebt.

ANMERKUNGEN

1 World Health Organization (2020): *The top 10 causes of death.*

2 World Health Organization (2020): *The top 10 causes of death.*

3 World Health Organization (2020): *The top 10 causes of death.*

4 Coady, D., Parry, I., Le, N.-P., Shang, B. (2022).: Still Not Getting Energy Prices Right: A Global and Country Update of Fossil Fuel Subsidies (IMF Working Paper No. 2022/172). International Monetary Fund

5 International Energy Agency (IEA) (2024, Dezember): *Oil Market Report – December 2024*

6 International Energy Agency (IEA) (2023). *World Energy Outlook 2023* Link: https://www.iea.org/reports/world-energy-outlook-2023

7 Coady, D., Parry, I., Le, N.-P., Shang, B. (2022): *Still Not Getting Energy Prices Right: A Global and Country Update of Fossil Fuel Subsidies.* International Monetary Fund (IMF Working Paper No. 2022/172).

8 Internationale Energieagentur (IEA) & International Renewable Energy Agency (IRENA)

9 A thesis submitted in partial fulfillment of the requirements for the degree of Master of Science (Environment and Sustainability) at the University of Michigan, Professor Gregory A. Keoleian, Chair, Dr. Hyung Chul Kim, Ford Motor Company, Research Scientist April 2021

10 Global Carbon Project (2021): Global Carbon Budget 2021. Friedlingstein et al., Earth System Science Data, 14(4), 1917–2005…

11 https://www.eea.europa.eu/en/analysis/publications/harm-to-human-health-from-air-pollution-2024

12 https://www.eea.europa.eu/en/european-zero-pollution-dashboards/indicators/pesticides-in-rivers-lakes-and-groundwater-in-europe

13 https://www.who.int/news-room/fact-sheets/detail/depression

14 WHO: https://www.who.int/data/gho/data/themes/mortality-and-global-health-estimates

15 Carstensen, Laura L. (2022): *The New Map of Life. A Report from the Stanford Center on Longevity*, Stanford University.

16 Der Earth Overshoot Day ist der Tag im Jahr, an dem die Menschheit alle natürlichen Ressourcen aufgebraucht hat, die die Erde in diesem Jahr regenerieren kann. Ab diesem Tag leben wir von dem natürlichen Kapital der Erde und nicht von den »Zinsen«, die dieses Kapital erzeugt. Diese Metapher verdeutlicht, dass wir mehr Ressourcen verbrauchen und mehr Abfall produzieren, als die Erde in der Lage ist, innerhalb eines Jahres zu erneuern und aufzunehmen. Wenn wir weiterhin so leben, wird eines Tages das natürliche Kapital aufgebraucht sein, was katastrophale Folgen für unser Überleben und Wohlbefinden haben wird.

17 https://earth.org/statistics-about-fast-fashion-waste/

18 World Health Organization. *Depressive disorder (depression).* WHO Fact Sheet, 17 March 2023. Geneva: World Health Organization

19 The Ministry for the Future, Stanley Robinson, 2020

20 Jacob Werksman, Jürgen Lefevere und Artur Runge-Metzger, *The Role of Environmental Economics in Recent Policy Making at the European Commission*, in *EU Climate Policy*

Explained (2010): „Since the 1990 s, the EU has played a leading role in the development of international climate change policy."

21 Maslin, M. (2023). *COP26 and climate finance shortfalls. The Lancet Planetary Health*, 7(3), e189–e190. doi:10.1016/S2542-5196(23)00025-8; Brulle, R. J. (2019). *The climate lobby: a sectoral analysis of lobbying spending on climate change in the USA, 2000 to 2016. Climatic Change*, 149(3), 289–303

22 Envoria, *Global ESG Regulations and Their Impact on European Companies*, 2024

23 Bundeszentrale für politische Bildung (2020): *Konsumgeschichte Deutschlands im 20. Jahrhundert.*

24 Hachtmann, Rüdiger (2007): *Die Konsumgesellschaft in Deutschland 1890–1990…*

25 Nützenadel, Alexander (2019): *Nach dem Boom. Wirtschaftliches Verhalten in der deutschen Nachkriegsgesellschaft.*

26 Rodrik, Dani (2011): *The Globalization Paradox. Democracy and the Future of the World Economy.*

27 WWF Indien (2020): *Human-Wildlife Conflict in the Sundarbans.*

28 Sen, Amartya (1999): *Development as Freedom*. Oxford University Press.

29 Thaler, Richard; Sunstein, Cass (2008): *Nudge. Wie man kluge Entscheidungen anstößt.*

30 Das utilitaristische Prinzip, auch bekannt als Utilitarismus, besagt, dass die moralische Richtigkeit einer Handlung anhand ihres Beitrags zum größtmöglichen Glück oder Wohl für die größtmögliche Anzahl von Menschen bewertet wird. Es wird oft durch die Maxime »das größtmögliche Glück für die größtmögliche Zahl« beschrieben.

31 Zuboff, Shoshana (2019): The Age of Surveillance Capitalism. PublicAffairs.

32 *Origins of Surfing in Bali. 1930 s Arrival: Surfing reached Bali in the 1930 s, starting at Kuta Beach with its beginner-friendly waves. Cultural Exchange: Local surfers were inspired by visiting Australians and Americans, forming early surf communities.* [https://www.findsurfcampbali.com/blog/origins-of-surfing-in-bali]

33 The Jakarta Post (2025): *The global problem of over tourism and why Bali is at a tipping-point.*

34 Eurostat (2025): *Glossary: Carbon dioxide equivalent.*

35 World Meteorological Organization (2025): *WMO confirms 2024 warmest year on record at about 1.55 °C above pre-industrial level*; https://wmo.int/news/media-centre/wmo-confirms-2024-warmest-year-record-about-155degc-above-pre-industrial-level.

36 National Oceanic and Atmospheric Administration (NOAA) (2018): *Costliest U. S. Tropical Cyclones Tables Updated*. Technical Report, National Weather Service, National Hurricane Center.

37 https://toolkit.climate.gov/topics/coastal/sea-level-rise

38 *Climate change in the Philippines* – „Globally, an estimated 150 million people live in communities that will be submerged in water by 2050." https://en.wikipedia.org/wiki/Climate_change_in_the_Philippines; Hakaimagazine (2024): *The Marshall Islands Aren't Giving In to Sea Level Rise* – „Without drastic intervention, much of the country could be rendered uninhabitable." [https://hakaimagazine.com/news/the-marshall-islands-arent-giving-in-to-sea-level-rise; Climate Central (2019): *Flooded Future: Global vulnerability to sea level rise worse than previously understood* – Schätzung: Bis zu 18 Millionen Menschen in Bangladesch könnten durch steigenden Meeresspiegel bis 2050 betroffen sein. [https://www.climatecentral.org]; BBC (2019): *Jakarta is sinking – what does the future hold for the city?* – Umzug der indo-

nesischen Hauptstadt aufgrund steigenden Meeresspiegels und Bodensenkung. https://www.bbc.com/news/world-asia-49239844; IPCC (2019): *Special Report on the Ocean and Cryosphere in a Changing Climate (SROCC)* – Hohe Verwundbarkeit für dicht besiedelte Küstenregionen in China, den USA und dem Mittelmeerraum.

39 Steffen, W., Richardson, K., Rockström, J., Cornell, S. E., Fetzer, I., Bennett, E. M., Sörlin, S. (2015): Planetary boundaries: Guiding human development on a changing planet. *Science*, 347(6223), 1259855.

40 Secretariat of the Convention on Biological Diversity (2020): *Global Biodiversity Outlook 5*, Montreal; IPBES (2019): *Global Assessment Report on Biodiversity and Ecosystem Services. Summary for Policymakers*, Bonn: Intergovernmental Science-Policy Platform on Biodiversity and Ecosystem Services; Primack, Richard B. (2014): *Essentials of Conservation Biology*, Sinauer Associates.

41 Smart Water Magazine (2024): *Drought in Andalusia: coping with an escalating water crisis*, 6 February 2024 – Andalusische Stauseen operierten zu Beginn des Jahres 2024 bei nur 21 % ihrer Kapazität.

42 Reuters (2017): *Drought has cost Italian farmers 1 billion euros: agriculture group*, 23 Juni 2017 – Extreme Dürre und hohe Temperaturen verursachten Verluste von rund einer Milliarde Euro in der Landwirtschaft.

43 California Department of Water Resources (via Wikipedia) (2025): *Water in California* – Groundwater as critical supply: in drought years, groundwater can rise to 60 % of the total supply; overdraft leads to severe aquifer decline and land subsidence.

44 IPCC (2022): *AR6 Working Group III, Chapter 10: Transport*, in: *Climate Change 2022: Mitigation of Climate Change*, Cambridge University Press – Verkehrssektor verantwortlich für rund 15 % der globalen Treibhausgasemissionen.

45 Drawdown (o. J.): *Food, Agriculture, and Land Use* – „Today, agriculture and forestry activities generate 24 % of greenhouse gas emissions worldwide."

46 Lund, Jay (2018): *Lessons from California's 2012–2016 Drought*, in: *Journal of Water Resources Planning and Management*, S.

47 Columbia University Center on Global Energy Policy (2023): *Decarbonizing Steel and Cement*

48 Intergovernmental Panel on Climate Change (IPCC): *Climate Change 2022 – Mitigation of Climate Change*. Working Group III Contribution to the Sixth Assessment Report. Summary for Policymakers. Genf, 2022, S. 12.

49 Stanford Center on Longevity (2018): *The New Map of Life Initiative – Domains core to longevity: early childhood, education, work, financial security, built environment, climate, health and technology, lifestyle and fitness, and intergenerational relationships*, in: *The New Map of Life Full Report*. Stanford University.

50 National Health Service (NHS) UK (o. J.): *Understanding calories* – „An average man needs 2,500 kcal a day; an average woman needs 2,000 kcal a day. This could be different based on your age, weight, height, how much exercise you do."

51 Longo, Valter / Anderson, James (2016): *Nutrition, longevity and disease: From molecular mechanisms to interventions*, in: *Cell Metabolism*, 23(6), S. 1049–1064…

52 WHO (2021): *Healthy diet* – Richtlinien und globales Ernährungsverhalten.

53 U.S. Department of Agriculture (USDA) / U.S. Department of Health and Human Services (2020): *Dietary Guidelines for Americans 2020–2025*, 9th Edition. Washington, D.C. – Abschnitt „Calories per gram of macronutrients"

54 Gropper, Sareen S. / Smith, Jack L. (2021): *Advanced Nutrition and Human Metabolism*, 8th Edition, Cengage Learning; Whitney, Eleanor Noss / Rolfes, Sharon Rady (2018): *Understanding Nutrition*, 15th Edition, Cengage Learning.

55 World Health Organization (WHO) (2022): *World mental health report: Transforming mental health for all.* Geneva: WHO; Kirmayer, Laurence J. (2001): *Cultural variations in the clinical presentation of depression and anxiety: Implications for diagnosis and treatment*, in: *Journal of Clinical Psychiatry*, 62(Suppl 13), S. 22–28; Patel, Vikram et al. (2018): *The Lancet Commission on global mental health and sustainable development*, in: *The Lancet*, 392(10157), S. 1553–1598…

56 Stern, Yaakov (2012): *Cognitive reserve in ageing and Alzheimer's disease*, in: *The Lancet Neurology*, 11(11), S. 1006–1012; Hertzog, Christopher / Kramer, Arthur F. / Wilson, Robert S. / Lindenberger, Ulman (2009): *Enrichment effects on adult cognitive development: Can the functional capacity of older adults be preserved and enhanced?*, in: *Psychological Science in the Public Interest*, 9(1), S. 1–65; World Health Organization (2019): *Risk reduction of cognitive decline and dementia: WHO guidelines*. Geneva: WHO.

57 Destatis Schätzung vom 1. Juli 2024: https://www.destatis.de/DE/Themen/Laender-Regionen/Internationales/Thema/bevoelkerung-arbeit-soziales/bevoelkerung/Weltbevoelkerung.html

58 United Nations: https://www.un.org/en/academic-impact/97-billion-earth-2050-growth-rate-slowing-says-new-un-population-report

59 Cambridge University, 3 – The Sharing Economy and Environmental Sustainability: https://www.cambridge.org/core/books/reengineering-the-sharing-economy/sharing-economy-and-environmental-sustainability/8EF4240C9D91F93B40BD9C651797800C

60 DESTATIS (2021): https://www.destatis.de/DE/Themen/Laender-Regionen/Internationales/Thema/Tabellen/Basistabelle_Erwerbstaetige.html; auf Basis von 3,3 Mrd. Erwerbstätigen und einer Annahme von 40 % an Pendlern (In Europa ca. 60 % (siehe: https://www.destatis.de/DE/Themen/Arbeit/Arbeitsmarkt/Erwerbstaetigkeit/Tabellen/pendler1.html) ergeben sich 1,3 Mrd. Pendler weltweit.

61 Carlos Moreno (2024): The 15-Minute City: A Solution for Saving Our Time & Our Planet.

62 Carlos Moreno (2024): The 15-Minute City: A Solution for Saving Our Time & Our Planet.

63 Carlos Moreno (2024): The 15-Minute City: A Solution for Saving Our Time & Our Planet.

64 Owen, N., Healy, G. N., Matthews, C. E., Dunstan, D. W. (2010): Too much sitting: the population-health science of sedentary behavior. *Exercise and Sport Sciences Reviews.*

65 Hof, Wim (2020): *The Wim Hof Method: Activate Your Full Human Potenzial.* Sounds True.

66 *Buijze, G. A. et al. (2016): »The Effect of Cold Showering on Health and Work: A Randomized Controlled Trial.« PLOS One. DOI: 10.1371/journal.pone.0161749*

67 Bleakley, C. M., Davison, G. W. (2010): »What is the biochemical and physiological rationale for using cold-water immersion in sports recovery? A systematic review.« *British Journal of Sports Medicine.*

68 Shevchuk, N. A. (2008): »Adapted cold shower as a potential treatment for depression.« *Medical Hypotheses.*

69 https://www.eurekalert.org/news-releases/1038050

70 Verband der Automobilindustrie (VDA), Tatsachen und Zahlen, Jahresberichte

71 Europäisches Parlament; https://www.europarl.europa.eu/topics/de/article/20190313STO31218/co2-emissionen-von-pkw-zahlen-und-fakten-infografik

72 Statista: Distribution of carbon dioxide emissions produced by the transportation sector worldwide in 2022, by sub sector; https://www.statista.com/statistics/1185535/transport-carbon-dioxide-emissions-breakdown/

73 Earth System Science Data, Global Carbon Budget 2022; https://essd.copernicus.org/articles/14/4811/2022/

74 Statista: Distribution of carbon dioxide emissions produced by the transportation sector worldwide in 2022, by sub sector; https://www.statista.com/statistics/1185535/transport-carbon-dioxide-emissions-breakdown/

75 Deutscher Bundestag; https://www.bundestag.de/presse/hib/kurzmeldungen-930712

76 World Health Organization; https://www.who.int/europe/publications/i/item/9789289053563

77 WHO: https://www.who.int/news-room/fact-sheets/detail/road-traffic-injuries

78 World Health Organization: https://www.who.int/europe/de/publications/i/item/WHO-EURO-2018-3287-43046-60243

79 UN-Habitat; https://www.youtube.com/watch?v=jldYHb6Xg00&list=PLTQZbEc6Bv58t-mS9QzUhgJUvwm9nebECv

80 https://rad-spannerei.de/2012/02/06/niederlande-fahrradland-nummer-1

81 Statista: https://www.statista.com/statistics/564717/airline-industry-passenger-traffic-globally

82 Europäisches Parlament; https://www.europarl.europa.eu/RegData/etudes/ATAG/2022/729452/EPRS_ATA%282022%29729452_DE.pdf

83 State of Global Air; https://www.stateofglobalair.org; European Environment Agency; https://www.eea.europa.eu/publications/air-quality-in-europe-2022

84 Berechnung basiert auf dem Leasing eines Mittelklassewagens mit einem Verbrauch von 8 l pro 100 km und bei einer jährlichen Laufleistung von 20.000 Kilometer. Der angenommene Durchschnittspreis von Benzinkosten liegt bei 1,6 EUR pro Liter. Sonstige Kosten beinhalten Parkgebühren, Strafzettel.

85 Siehe Beispielrechnung oben.

86 Sudimac, S., Sale, V., Kühn, S. (2022): How nature nurtures: Amygdala activity decreases as the result of a one-hour walk in nature. Mol Psychiatry 27, 4446–4452

87 Hartig, Terry; Mang, Marlis; Evans, Gary W. (2016-07-26): »Restorative Effects of Natural Environment Experiences«. *Environment and Behavior*. Die Attention Restoration Theory (ART) beschreibt, wie natürliche Umgebungen unsere kognitive Leistungsfähigkeit verbessern können. Sie basiert auf der Idee, dass das moderne Leben unsere Fähigkeit zur gezielten Aufmerksamkeit erschöpft, da wir ständig Reizen ausgesetzt sind, die unsere Konzentration fordern – sei es durch Arbeit, Technologie oder die Hektik der Stadt. ART geht davon aus, dass die Natur eine besondere Form der »sanften Faszination« bietet, die unsere Aufmerksamkeit unbewusst fesselt, ohne sie zu überfordern. Dies ermöglicht es unserem Gehirn, sich zu regenerieren und die erschöpfte Fähigkeit zur gezielten Aufmerksamkeit wiederherzustellen. So können Aktivitäten wie ein Spaziergang im Wald oder das Betrachten einer Landschaft dazu beitragen, mentale Müdigkeit abzubauen und die Konzentration zu fördern.

88 Journal of Environmental Psychology (1991): https://psych.utah.edu/_resources/documents/psych4130/Ulrich%20et%20al_1991.pdf

Die Stress Recovery Theory (SRT) konzentriert sich auf die emotionale und physiologische Wirkung der Natur auf unser Wohlbefinden. Sie postuliert, dass natürliche Umgebungen uns helfen, uns schneller von Stress zu erholen. Der Kontakt mit der Natur fördert positive Emotionen, reduziert physiologische Stressreaktionen wie einen erhöhten Herzschlag oder Blutdruck und mindert negative Gefühle wie Angst oder Ärger. Nach SRT wirken natürliche Umgebungen stressreduzierend, indem sie eine beruhigende Atmosphäre schaffen. Elemente wie sanftes Wasserrauschen, grüne Landschaften oder das Zwitschern von Vögeln erzeugen eine erholsame Wirkung, die das Stressniveau senkt und das emotionale Gleichgewicht wiederherstellt.

89 Robert Koch-Institut: https://www.gbe.rki.de/DE/Themen/EinflussfaktorenAufDieGesundheit/GesundheitsUndRisikoverhalten/KoerperlicheAktivitaet/koerperlicheaktivitaet_node.html

90 Atchley, Ruth Ann, Strayer, David L., Atchley, Paul (2012): Creativity in the Wild: Improving Creative. Reasoning through Immersion in Natural Settings: https://journals.plos.org/plosone/article?id=10.1371%2Fjournal.pone.0051474

91 *Effects of different light expositions on wakefulness, mood, and attention in shift workers: an ongoing field study in a morning and evening shift system. WILEY, Journal of Sleep Research, S. 119; Wirkung verschiedener Langzeitlichtbedingungen bei Industriearbeitern in wöchentlicher Wechselschicht.* Somnologie 22 (2018), Supplement 1, S. S 21–S 22: https://www.umsicht.fraunhofer.de/de/presse-medien/pressemitteilungen/2019/ilight-studie.html

92 Journal of Environmental Psychology (1991): https://psych.utah.edu/_resources/documents/psych4130/Ulrich%20et%20al_1991.pdf

93 Global Burden of Disease Study, C. Global, regional, and national incidence, prevalence, and years lived with disability for 301 acute and chronic diseases and injuries in 188 countries, 1990–2013: A systematic analysis for the Global Burden of Disease Study 2013. *Lancet* 2015, *386*, 743–800.

94 Ezzati, A.; Rosenkranz, S. K.; Horne, B. D. (2022): Importance of Intermittent Fasting Regimens and Selection of Adequate Therapy on Inflammation and Oxidative Stress in SARS-CoV-2 Infection. *Nutrients*, *14*, 4299.

95 Lee, M. B.; Hill, C. M.; Bitto, A.; Kaeberlein, M. (2021): Antiaging diets: Separating fact from fiction. *Science*, *374*.

96 Longo, R. L. et al. (2020): *»Fasting enhances stem cell activation and regenerative potential«*, *Stem Cell*, https://news.mit.edu/2018/fasting-boosts-stem-cells-regenerative-capacity-0503

97 WWF (2023): Putting an end to the plastic pollution.

98 WWF (2023): Putting an end to the plastic pollution.

99 DeLuca, Jennifer A. A. et al. (2018): Bisphenol-A alters microbiota metabolites derived from aromatic amino acids and worsens disease activity during colitis. Experimental Biology and Medicine; doi: 10.1177/1535370218782139

100 NEJM (2024): »Microplastics and Nanoplastics in Atheromas and Cardiovascular Events«; https://www.nejm.org/doi/10.1056/NEJMoa2309822; Microplastics' role in cell migration and distribution during cancer cell division, 2024: https://www.nejm.org/doi/10.1056/NEJMoa2309822

101 BUND (2021): Mikroplastik kann Zellen schädigen; https://www.bund.net/themen/aktuelles/detail-aktuelles/news/neue-studie-mikroplastik-kann-zellen-schaedigen/

102 https://blog.planetcare.org/de/deine-kleidung-konnte-dich-verfolgen-wie-mikrofasern-die-menschliche-gesundheit-beeinflussen/

103 Impacts of microplastics on immunity, 2022: https://pmc.ncbi.nlm.nih.gov/articles/PMC9552327/

104 https://www.br.de/radio/bayern2/lebenslang-lernen-was-passiert-im-gehirn-100.html

105 https://www.spektrum.de/magazin/neuroplastizitaet-wie-lernen-das-gehirn-veraendert/1437617

106 Direktvertrieb für nachhaltige Lebensmittel. *Europäische Investitionsbank* (2022): URL: https://www.eib.org/de/stories/food-sustainable-agriculture-direct-selling

107 Chang, A.-M., Aeschbach, D., Duffy, J. F., Czeisler, C. A. (2015): Evening use of light-emitting eReaders negatively affects sleep, circadian timing, and next-morning alertness.

108 World Health Organization (2024): https://www.who.int/europe/de/news/item/25-09-2024-teens--screens-and-mental-health

109 Quarks (2019): https://www.quarks.de/technik/energie/so-viel-energie-verbraucht-das-internet/

110 Association of ultra-processed food consumption with all-cause and cause-specific mortality: population-based cohort study, 2024: https://www.bmj.com/content/385/bmj-2023-078476

111 Artificial sweeteners and cancer risk: Results from the NutriNet-Santé population-based cohort study, 2022: https://journals.plos.org/plosmedicine/article?id=10.1371/journal.pmed.1003950

112 Longo, Valter (2018): The Longevity Diet: Discover the New Science Behind Stem Cell Activation and Regeneration to Slow Aging, Fight Disease, and Optimize Weight, Avery/Penguin Random House.

113 Estruch, R., Ros, E., Salas-Salvadó, J., Covas, M. I., Corella, D., Arós, F., … Martínez-González, M. A. (2013: Primary prevention of cardiovascular disease with a Mediterranean diet. *New England Journal of Medicine.*

114 Longo, Valter (2018): The Longevity Diet: Discover the New Science Behind Stem Cell Activation and Regeneration to Slow Aging, Fight Disease, and Optimize Weight, Avery/Penguin Random House.

115 https://www.rochesterfirst.com/news/national-news/eggs-added-to-fdas-updated-healthy-claim-food-list/#:~:text=«The%20FDA%20announcement%20reaffirms%20the,like%20vitamin%20D%20and%20choline

116 U.S. Food and Drug Administration (FDA) (2024): *FDA Proposes to Update Definition of »Healthy« Claim on Food Labeling.* https://www.fda.gov/food/nutrition-facts-label/fda-proposes-update-definition-healthy-claim-food-labeling

117 He, X., Wamer, W. G., Zhong, W. (2017) : Effectiveness of Commercial and Homemade Washing Agents in Removing Pesticide Residues on and in Apples.

118 Chronotype, Unhealthy Lifestyle, and Diabetes Risk in Middle-Aged U.S. Women: A Prospective Cohort Study, 2023: https://www.acpjournals.org/doi/10.7326/M23-0728

119 https://www.medscape.com/viewarticle/night-owls-may-be-greater-risk-t2d-beyond-lifestyle-2024a1000gcj

120 Taylor, B. J., Hasler, B. P. et al. (2020): Circadian phase and depression: a meta-analytic review. *Translational Psychiatry.*

121 Scheer, F. A. J. L., Hilton, M. F., Mantzoros, C. S., Shea, S. A. (2009): Adverse metabolic and cardiovascular consequences of circadian misalignment. *Proceedings of the National Academy of Sciences.*

122 Statista, 2023: https://www.destatis.de/DE/Presse/Pressemitteilungen/Zahl-der-Woche/2024/PD24_27_p002.html#:~:text=Im%20Jahr%202023%20betrug%20der,der%20europäischen%20Statistikbehörde%20Eurostat%20mitteilt.

123 Springer, 2023: https://link.springer.com/article/10.1007/s15006-023-3136-0

124 https://www.frontiersin.org/journals/public-health/articles/10.3389/fpubh.2022.1054615/full

125 Neuralword (2023): https://www.neuralword.com/de/bildung-geschichte-wissenschaft-allgemeinbildung-gesellschaft/schreiben-und-kommunikation/die-anzahl-der-taeglichen-entscheidungen-wie-viele-entscheidungen-treffen-wir-am-tag

126 EHI Retail Institute: https://www.handelsdaten.de/branchen/konsumgueterindustrie

127 Carstens-Stiftung (2018): »Klimawandel, pflanzenbasierte Ernährung und Gesundheit.« *Carstens-Stiftung.de.* https://www.epicurious.com/expert-advice/is-grass-fed-beef-sustainable-article

128 Potsdam-Institut für Klimafolgenforschung (PIK) (2022): »Umstellung auf gesunde Ernährung erhöht die Chancen, 1,5-Grad-Ziel zu halten.« *PIK-Potsdam.de.*

129 Ostfeld, R. J. (2017): »Definition of a plant-based diet and overview of this special issue.« *Journal of Geriatric Cardiology.* Zong, G., et al. (2016): »Saturated fats compared with unsaturated fats and sources of carbohydrates in relation to risk of coronary heart disease.« *Journal of the American College of Cardiology.*

130 International Agency for Research on Cancer (2015): *IARC Monographs evaluate consumption of red meat and processed meat.*

131 Song, M., et al. (2016): »Association of Animal and Plant Protein Intake With All-Cause and Cause-Specific Mortality.« *JAMA Internal Medicine.* DOI: 10.1001/jamainternmed.2016.4182. Budhathoki, S., et al. (2019): »Association of Animal and Plant Protein Intake With All-Cause and Cause-Specific Mortality in a Japanese Cohort.« *JAMA Internal Medicine.* DOI: 10.1001/jamainternmed.2019.2806. Richter, C. K., et al. (2015): »Plant Protein and Animal Proteins: Do They Differentially Affect Cardiovascular Disease Risk?« *Advances in Nutrition.* DOI: 10.3945/an.114.007433.

132 Gilani, G. S., Xiao, C. W., Cockell, K. A. (2012): *Impact of antinutritional factors in food proteins on the digestibility of protein and the bioavailability of amino acids and on protein quality.* British Journal of Nutrition.

133 https://www.zentrum-der-gesundheit.de; https://www.efsa.europa.eu/en; https://www.fao.org/home/en/